Jean Ziegler   Eine Schweiz – über jeden Verdacht erhaben

Dieses Buch ist dem Andenken von
Salvador Allende
Roger Genoud
Khariton Chavichvily
Christoph Eckenstein
gewidmet.

Jean Ziegler

Eine Schweiz – über jeden Verdacht erhaben

Büchergilde Gutenberg

Aus dem Französischen von Klara Obermüller. Titel der Originalausgabe: *Une Suisse au-dessus de tout soupçon.*

ISBN 3-7632-2683-4
Lektorat: Wieland Eschenhagen
Umschlag von Wolfgang Rudelius
Ausstattung von Martin Faust

Lizenzausgabe für die Büchergilde Gutenberg,
Frankfurt am Main, Olten, Wien, mit Genehmigung
des Hermann Luchterhand Verlages GmbH & Co KG,
Darmstadt und Neuwied

Satz und Druck
bei der Druck- und Verlags-Gesellschaft mbH,
Darmstadt
Bindung bei der Großbuchbinderei Osswald & Co,
Neustadt/Weinstr.
Printed in Germany 1982

Inhalt

Schweiz oder Schweizerische Eidgenossenschaft, Republik in Mitteleuropa, hervorgegangen aus dem Bündnis von 1291 zwischen den drei Talschaften Uri, Schwyz und Unterwalden *(Larousse)*.
Ihre Oberfläche beträgt 41 295 km², das sind 0,15 % der bewohnbaren Gebiete der Erde. Ihre Bevölkerung macht weniger als 0,03 % der Weltbevölkerung aus, nämlich 6 431 000. Die Eidgenossenschaft ist der erste Geldmarkt der Welt, der erste Markt für Gold, der erste Markt für Rückversicherung; sie ist die drittstärkste Finanzmacht der Erde, die elftwichtigste Industriemacht. Die Schweizer sind das zweitreichste Volk der Erde *(Schweiz, OECD, Etudes économiques, Paris 1975)*.

Die Pyramide der Märtyrer erdrückt die Erde.
(René Char, Quand tombent les toits)

Heuchlerisch schreit Ihr, es gelte, den Bürgerkrieg zu vermeiden. Man dürfe unter das Volk keine Fackel der Zwietracht werfen. Und welcher Bürgerkrieg ist empörender als jener, bei dem alle Mörder auf der einen Seite stehen, alle Opfer ohne Verteidigung auf der anderen! Der Kampf um Gleichheit und Eigentum muß endlich beginnen. Das Volk muß alle die seit langer Zeit bestehenden barbarischen Institutionen umstürzen. Im Krieg der Reichen gegen die Armen war bisher alle Verwegenheit auf der einen und alle Feigheit auf der anderen Seite. Dies soll nun anders werden. Ja, ich wiederhole es, alle Übel haben ihren Gipfel erreicht, sie können schlimmer nicht werden. Sie können nur durch einen vollständigen Umsturz beseitigt werden.
Fassen wir das Ziel der Gesellschaft, das gemeinsame Glück, ins Auge und gehen wir daran, nach tausend Jahren diese barbarischen Gesetze zu ändern.
(*Gracchus Babeuf,* Rede an das Volk von Paris nach dem Massaker auf dem Marsfeld, *am 17. Juli 1791*)

Einige haben die moralische Notwendigkeit der Revolution legitimieren wollen. Sie haben daraus eine Entwicklung des menschlichen Wesens abgeleitet, das, in Unterdrückung und Ausbeutung, von seinem Sein getrennt wäre. So haben sie, gleich Richtern, eine Verbindung zwischen dem Wahren und dem Guten, dem Wesen und dem Ideal, dem Sein und dem Sein-Sollen erfunden: Die Revolution ist die Vollendung des Wesens, sie ist somit die Bewegung des Wahren. Aber nichts Menschliches ist unmenschlich, und das Sein ist nicht dessen be-

raubt, was es nicht ist: Wenn es jenes nicht ist, so nicht deshalb, weil es nicht in seiner Natur läge, sondern einfach, weil es nicht in seiner Macht steht, es zu sein.
(Pierre Goldmann, Souvenirs obscurs d'un Juif polonais né en France*)*

Die proletarische Revolution wird von der Schweiz ausgehen. (Lenin, in: A. Solschenizyn, Lenin in Zürich*)*

Vorwort zur 3. Auflage: Ändere die Welt, sie braucht es

> Lerne das Einfachste, für die
> Deren Zeit gekommen ist
> Ist es nie zu spät!
> Lerne das Abc, es genügt nicht, aber
> Lerne es! Laß es Dich nicht verdrießen
> Fang an! Du mußt alles wissen!
> Du mußt die Führung übernehmen!
> . . . .
> Scheue Dich nicht zu fragen, Genosse!
> Laß Dir nichts einreden
> Sieh selber nach!
> Was Du nicht selber weißt
> Weißt Du nicht.
> Prüfe die Rechnung.
> Du mußt sie bezahlen.
> Lege den Finger auf jeden Posten
> Frage: wie kommt er hierher?
> Du mußt die Führung übernehmen.
>
> *Bertolt Brecht*
> *Die Mutter*

Die erste deutsche Ausgabe von *»Eine Schweiz – über jeden Verdacht erhaben«* erschien im Herbst 1976. Vier Jahre sind verstrichen: von der französischen Original-Ausgabe des Buches sind inzwischen 260 000 Exemplare verkauft worden, von der italienischen Ausgabe 120 000; das Buch erschien in Amerikanisch, Englisch, Spanisch, Japanisch und in 14 weiteren Sprachen – z. B. in dänischer, bulgarischer und serbokroatischer.[1]

Warum dieses Publikumsinteresse an einem Buch, das von einem der kleinsten, anscheinend unbedeutenden Länder der Welt berichtet? Die plausibelste Hypothese: Die Schweiz gleicht einer Retorte – sie beherbergt in seiner reinsten Form, gleichsam als Prototyp, jenes Gesellschafts-, Produktions- und Symbolsystem, das die Welt beherrscht: das System des multinationalen Monopolkapitalismus.

1 Das Buch hat mir in den letzten vier Jahren nebst großer persönlicher und politischer Ermutigung und neuer Freundschaft auch viel Ungemach eingebracht; siehe *Roman Brodmann, Der Un-Schweizer. Was machen Eidgenossen mit einem Dissidenten? Vom Fall Ziegler zum Fall Schweiz*, Luchterhand Verlag, Darmstadt und Neuwied 1977.

Der multinationale Monopolkapitalismus wächst wie ein Krebsgeschwür, jeden Tag und jede Nacht; er bestimmt in diesem letzten Viertel des Zwanzigsten Jahrhunderts das Leben der großen Mehrheit der vier Milliarden Menschen, die unseren Planeten bewohnen, denn die gewalttätige Logik des profitorientierten kapitalistischen Weltmarktes definiert heute die Wirtschaftspolitik sowohl der bürgerlichen Halbdemokratien des Westens wie der totalitären Staaten des Ostens wie der Entwicklungsländer.

Warum 1980 eine Neuausgabe von *»Eine Schweiz – über jeden Verdacht erhaben«*? Was ist denn neu an der seit 1976 dargestellten Problematik? Drei unerwartete, überraschende Ereignisse sind eingetreten:

1. Seit der ersten Ausgabe dieses Buches sind viele Masken gefallen. Die kalten Monster von der Zürcher Bahnhofstraße sind heute zwar mächtiger, arroganter, als je zuvor; ihre Herrschaft über ihre Kolonien in Afrika, Asien und Lateinamerika konnten sie ausbauen. Aber ihre Symbolgewalt, ihre ideologische Herrschaft, der seichte Konsensus, hinter dem sie bislang ihre Praxis verschleierten, unüberschaubar und damit allgemein annehmbar machten, ist inzwischen weitgehend zerfallen. Im europäischen und transatlantischen Ausland werden immer mehr Stimmen laut – von geschädigten Regierungen, aufgebrachten Journalisten usw. –, die nach Blockierung der Fluchtgeldströme und nach öffentlicher Kontrolle über die frei wütenden multinationalen Konzerne der Schweiz im Ausland rufen. Warum ist die Schutzmauer des Schweigens plötzlich eingestürzt? Die gegenwärtige Krise des internationalen kapitalistischen Systems, die keine Existenzkrise, wohl aber eine Anpassungskrise an die neuen Nord-Süd- und Ost-West-Beziehungen (Kartellpreis der Ölproduzenten, Neu-Verteilung der Einflußsphären zwischen den Supermächten, etc.) ist, hat die Aufmerksamkeit für das globale Funktionieren des Systems geweckt.
2. Die unerwartete Häufung der von der Oligarchie nicht mehr zu meisternden Funktionsschäden der schweizerischen Akkumulations-Maschine im Verlauf der letzten vier Jahre: die auch gerichtsnotorischen Skandale der *Schweizerischen*

Kreditanstalt in Chiasso, der *Schweizerischen Bankgesellschaft* in Südafrika, der *Schweizerischen Volksbank* in New York, der Privatbank *Pictet* in Rom, der *Brown Boveri* in São Paulo, die Zusammenbrüche der *Bank Leclerc* in Genf und der *Bank Weisskredit* in Lugano — um nur einige wenige Beispiele der allerjüngsten Zeit zu nennen — haben der biederen Maske der schweigsamen Philantropen aus der Schweiz arg zugesetzt.[2] Wieviel Geld den in- und ausländischen Klienten der Schweizer Großbanken in diesen Strudeln der Skandale und Manipulationen fortgerissen wurde, läßt sich nicht mit Sicherheit sagen. Bei Bank-Bankrotts melden sich ausländische Gläubiger sowieso recht selten: ihre Einlagen bestehen meist aus illegal erworbenem, mindestens illegal ausgeführtem Fluchtkapital. Das Nachwort dieser Neuauflage wird die jüngste Entwicklung des helvetischen Banken-Banditismus näher untersuchen. Eine Ziffer immerhin ist für die jüngsten Verluste der Kunden schweizerischer Großbanken bemerkenswert: die Eidgenössische Banken-Kommission veröffentlichte am 5. 2. 1980 einen Untersuchungs-Bericht, wonach die Kunden von 16 Schweizer Banken in der Periode 1971—1979 *über eine Milliarde Franken* verloren haben.

3. In der Schweiz sind die Menschen aufgewacht. Die unaufhaltsam anschwellenden Fluchtgeldströme, die Umleitung der Petro-Dollar-Milliarden auf helvetische Nummernkonten, die völlig unkontrollierte Devisen- und Geldspekulation der Schweizer Großbanken — und die hoffnungslose Unfähigkeit der eidgenössischen Regierung, den Banken-Banditismus wenigstens versuchsweise zu reglementieren — haben zu einem astronomischen Anstieg des internationalen Kaufwertes des Schweizer Frankens geführt. Ganze Industriezweige — die jahrhundertealte, äußerst prestigereiche schweizerische Uhrenindustrie zum Beispiel — liegen des-

2 Zu den Bankskandalen kamen in den letzten drei Jahren auch noch eine Reihe internationaler Justizverfahren, in denen schweizerische multinationale Industrie- und Handelsgesellschaften angeklagt oder verurteilt wurden. *Beispiele:* Die vom amerikanischen Senat eröffnete Untersuchung gegen die *Nestlé-Trust*; die Verurteilung der Chemiegesellschaft *Hoffmann La Roche* durch die kanadische Justiz wegen Preismanipulation, Monopolpraktiken u. a., der Prozeß wegen Finanzierung von Folter- und Repressionsorganisationen in Brasilien gegen den Präsidenten der Gesellschaft *Brown Boveri,* Sao Paulo, u. a.

wegen in der Agonie. Zwar wurde die Arbeitslosigkeit bis heute meistens exportiert: durch das entschädigungslose Heimschicken von Hunderttausenden von andalusischen, sizilianischen, jugoslawischen Gastarbeitern.[3] Das phänomenale Ansteigen der Bankprofite und die Zerstörung weiter Zweige der Exportindustrie, die wegen des hohen Frankenkurses ihre nach wie vor meist ausgezeichneten Produkte nicht mehr verkaufen können, haben auch den frömmsten Eidgenossen die Augen geöffnet.

Das Schweizer Volk ist eines der ältesten, politisch klügsten Völker der Erde. Es liebt seine Freiheit, seine Geschichte, seine Traditionen. Jedoch: über Jahrzehnte hinweg schien es im helvetischen Konsensus erstarrt. Dem Banken-Banditismus, der sein Ansehen in der Welt zerstört, stand es mit Indifferenz gegenüber. Er gehörte zum politischen und gesellschaftlichen Alltag. Und wenn das kollektive Bewußtsein dann doch hin und wieder in Bewegung geriet, so geschah das im Rhythmus helvetischer Alpengletscher: seit dem zusammengebrochenen Generalstreik von 1918 hat sich die schweizerische politische Landschaft mit der Geschwindigkeit von wandernden Eismassen verschoben: um ein paar Millimeter pro Generation.

Aber in den Alpen gibt es auch – wenn auch sehr selten – Gletscherstürze. Ich vermute, ein solcher Gletschersturz steht unmittelbar bevor.[4]

Die größte Partei der Schweiz, die sozial-demokratische, und der ihr nahestehende Gewerkschaftsbund, welche objektiv, trotz ihrer oft widersprüchlichen Politik, zusammen mit den kommunistischen Formationen die besten, lebendigsten Kräfte des Landes verkörpern, haben zur Struktur-Reform des von einer schmalen Oligarchie beherrschten monopolkapitalistischen Akkumulations-, Ausbeutungs- und Hehlersystems an-

3 Nur durch dieses massive Herausdrängen ausländischer Arbeiter und Angestellter ist die erstaunlich geringe Zahl von registrierten Voll-Arbeitslosen im Inland zu erklären. Im Januar (Monats-Durchschnitt) 1980 waren es genau 11 373.
Wegen des hohen Frankenkurses und der dadurch ausgelösten Krise der Exportindustrie sind seit 1973 390 000 – das sind 14 % – der schweizerischen Arbeitsplätze vernichtet worden.

4 Im Oktober 1979 fanden die vorläufig letzten Wahlen für die beiden Kammern des Eidgenössischen Parlaments statt: zum ersten Mal seit der Gründung des Bundesstaates 1848 blieben mehr als die Hälfte sämtlicher Schweizer Stimmbürger und -bürgerinnen zu Hause: massivste Stimmenthaltung als individueller, noch nicht organisierter hunderttausendfacher Protest.

gesetzt. Die von ihnen redigierte und bereits mit über 140 000 Unterschriften im Bundeshaus zu Bern deponierte Verfassungs-Initiative »gegen den Mißbrauch des Bankgeheimnisses und der Bankenmacht« (deren Wortlaut und Kommentar ich im Anhang wiedergebe) verlangt vier konkrete Reformen:

- Einschränkung des allerheiligsten Bankgeheimnisses,
- Verallgemeinerung der internationalen Rechtshilfe mit ausländischen Staaten – insbesondere der Bundesrepublik Deutschland – zur Verfolgung von Steuerflüchtigen und Devisenschiebern,
- minimale öffentliche Kontrolle über die Großbanken,
- Entflechtung: die multinationalen Finanzimperien, die heute – dank Depotstimmrecht, Großkredit, Beteiligungskapital – praktisch drei Viertel aller größeren Industrie-, Handels-, Immobilien- und Dienstleistungsgesellschaften der Schweiz beherrschen, sollen einen Teil ihrer Industriebeteiligung abgeben.

Über die Initiative wird das Volk in spätestens eineinhalb Jahren, Ende 1981, entscheiden. Der der Volksabstimmung vorausgehende Kampf um Information, Reform und Vernunft aber hat bereits begonnen. Die neue, erweiterte, überarbeitete Ausgabe* meines Buches will für diesen Kampf Waffen liefern.

Jean Ziegler, Genf 1980

* Die Zahlen der im Text erscheinenden Anhänge und Rahmeneinschübe von Strahm, Hollenstein und Kappeler geben für die heutigen Verhältnisse immer noch zutreffende Größenordnungen an. Sie konnten für diese Ausgabe aus verlagstechnischen Gründen nicht auf den neuesten Stand gebracht werden.

Vorwort

Geredet habe ich auf allen Märkten
Und der Träume waren unzählige, aber
Den Geschädigten war ich ein Schaden
Nützlich war ich den Schädigern.
Eines habe ich gelernt und weiß es für euch
Selber sterbend:
Was soll das heißen, es ist etwas in euch und
Kommt nicht nach außen! Was wißt ihr wissend
Was keine Folgen hat?
Ich zum Beispiel habe nichts getan.
Denn nichts werde gezählt als gut, und sehe aus wie immer, als was
Wirklich hilft, und nichts gelte als ehrenhaft mehr, als was
Diese Welt endgültig ändert: sie braucht es.
Wie gerufen kam ich den Unterdrückern!
Oh, folgenlose Güte! Unmerkliche Gesinnung!
Ich habe nichts geändert.
Schnell verschwindend aus dieser Welt ohne Frucht
Sage ich euch:
Sorgt doch, daß ihr diese Welt verlassend
Nicht nur gut wart, sondern verlaßt
Eine gute Welt!

Bertolt Brecht
Die heilige Johanna der Schlachthöfe

Wir bitten euch ausdrücklich, findet
Das immerfort Vorkommende nicht natürlich!
Denn nichts werde natürlich genannt
In solcher Zeit blutiger Verwirrung
Verordneter Unordnung, planmäßiger Willkür
Entmenschter Menschheit, damit nichts
Unveränderlich gelte.

Bertolt Brecht
Geschichte einer Reise

Die Geschichte überrascht uns da, wo wir geboren sind. Ich bin in der Schweiz zur Welt gekommen. In seinem Buch »*Les Rendez-vous manqués*« spricht Régis Debray von jenem »imaginären Appell«, der in einer einzigen, aufrüttelnden Bewegung alle kritischen Gewissen, alle revolutionären Kräfte eines Volkes und einer Epoche erweckt und zusammenruft[1]. Ich weiß: Diesen Appell gibt es in der Schweiz

1 R. Debray, *Les Rendez-vous manqués,* Seuil, Coll. »Combats«, 1975, S. 38.

heute nicht. Es gibt in der Schweiz nicht einmal das, was man im landläufigen Sinn *Geschichte* nennt. Oder besser gesagt: Dieses Imaginär-Vereinigende, diese Geschichte ist nichts als Bodensatz, als verworrenes Gestammel, verfehlt schon, ehe gedacht, Träume von Ereignissen, die schließlich nicht oder anderswo stattfinden. Dieses ganze Buch hindurch werde ich sie aufscheuchen müssen, sie aus entfremdender, erstickender Undurchdringlichkeit, unter dem Betondeckel des Schweigens und der offiziellen Gleichmacherei hervorholen, sie der herrschenden Meinung abringen.

Eine schmale Oligarchie, die nie ihr Vichy erlebt hat, die nie entlarvt worden ist, herrscht seit mehr als 150 Jahren über einen Staat und ein Volk, deren Gesetzgebung, ideologisches System und Parteibürokratien genauestens auf ihre Bedürfnisse zugeschnitten sind.

Die Schweizer leben in einem der formell demokratischsten Staaten der Welt. Doch ihr Staat, ihr Land ist ihnen irgendwie abhanden gekommen. Sie sind wieder Untertanen geworden, Komplizen einer Politik, die die Welt verwüstet. Nur: der Kaiser sitzt heute nicht mehr auf der fernen Habsburg, sondern in den klimatisierten Verwaltungs-Tempeln der Großbanken und Konzerne an der Zürcher Bahnhofstraße, in Vevey, Basel und Genf.

Im weltweiten kapitalistischen System spielt die schweizerische Oligarchie eine zentrale Rolle: jene des Hehlers. Dank einem krankhaft aufgeblasenen Bankensystem, dank solch bewundernswürdigen Einrichtungen wie dem Bankgeheimnis und dem Nummernkonto, erfüllt die schweizerische Oligarchie diese Hehleraufgabe aufs vorzüglichste. Mit ihrer täglichen Beute finanziert sie sodann ihre eigenen Abenteuer im Ausland: Ihre multinationalen Konzerne kontrollieren heute von Indonesien bis Südafrika, von Brasilien bis Guatemala ganze Regionen und Völkerschaften. Als einziges unter den Industrieländern der OECD weist die Schweiz mit den Ländern des Elends eine positive Handelsbilanz auf. Im Rahmen des weltweiten imperialistischen Systems üben die Bankherren von Zürich und Genf zahlreiche weitere Funktionen aus: Sie halfen den Erstickungstod Chiles unter Präsident Allende organisieren, indem sie den Zufluß internationaler Kredite zuerst eindämmten, dann vollends stoppten. Sie »stabilisieren« und »stärken« die rassistischen Diktaturen in Südafrika und Rhodesien, die mörderischen Regimes von Bolivien, Uruguay, Argentinien und Indonesien. Ihren glänzendsten Sieg erringen die Herren der Bankimperien Helvetiens jedoch an einer ganz anderen Front: jener des ideologischen Klassenkampfes. Durch ihren international durchorganisierten, bewundernswürdigen Propagandaapparat, durch die Kolonisation weiter Kreise der einheimischen politischen Elite verbreiten die Bankherren den Mythos der Übereinstimmung ihrer täglichen Plünderungs- und Hehlerstrategie mit den Interessen des Staates und des Schweizervolkes. Unermüdlich reden sie von Neutralität, Freiheit, Volksherrschaft und Frieden. Ihr Gesicht hinter der Rotkreuzflagge halb verborgen, pflegen diese kalten Monster im Ausland wie bei ihren eigenen Untertanen den Eindruck, sie seien wohl mächtige und reiche, aber nichtsdestoweniger friedfertige und gottesfürchtige Philanthropen.

Warum dieses Buch? Das imperialistische Weltsystem ist — im Hegelschen Sinne des Wortes — das konkret universell Böse. Dieses System beherrscht und verwüstet heute drei Viertel der Menschheit. Ich bin im Gehirn des Ungeheuers geboren, im »privilegierten« Herzen des Systems. Von hier aus führe ich meinen Kampf.

»Was ist, ist falsch«, sagt Max Horkheimer. Was ist es denn, was da falsch ist? Robert MacNamara, Präsident der Weltbank und der IDA (International Development Association) hat in einem seltenen Augenblick der Selbstkritik die Antwort gegeben:

> »Die Hälfte der zwei Milliarden Menschen in den unterentwickelten Ländern leidet unter Hunger oder Unterernährung. 20 bis 25 % ihrer Kinder sterben, bevor sie das fünfte Lebensjahr erreicht haben. Von denen, die überleben, sind Tausende zu einem Leben als Krüppel verurteilt, weil ihr Gehirn geschädigt, ihr physisches Wachstum behindert und ihre Vitalität durch Unterernährung geschwächt ist. 800 Millionen unter ihnen sind Analphabeten. Trotz tatsächlicher Fortschritte auf dem Gebiet der Erziehung muß man annehmen, daß der Analphabetismus unter ihren Kindern noch verbreiteter sein wird ... Die Lebenserwartung der Menschen in den unterentwickelten Ländern liegt rund

zwanzig Jahre unter derjenigen in den Industrienationen. Ein Drittel der Weltbevölkerung (jene der Industrieländer) verfügt über $^7/_8$ der Weltproduktion, die andern zwei Drittel der Menschheit müssen sich mit dem verbleibenden Achtel begnügen.«[2]

Ich habe gesagt, in der Schweiz gebe es nur eine sehr verworrene Vorstellung davon, wie die Welt aussehen könnte. Der »imaginäre Appell«, das Bewußtsein der möglichen Revolution fehlt in der Schweiz. Oder besser: es wird von der immer wachen Oligarchie im Keime erstickt. Ich kann nicht der Sprecher einer Partei, einer Gewerkschaft, ja nicht einmal der Arbeiterbewegung der Schweiz sein. Ich kann nur für einen wenig bekannten Teil dieser Bewegung sprechen, in Berufung auf eine stumme Solidarität, eine recht vage Genossenschaft, im Namen dessen, was ich mir wünsche, daß diese Bewegung sei und eines Tages noch werde. Es gibt in der Schweiz eine Arbeiterbewegung, eine Linke. Aber sie ist nicht frei. Sie hat sich zum Teil verführen lassen zu Anpassung und Unterwerfung. Zum Teil, denn es ist ihr ein Rest von Überzeugung, Gewohnheiten und Riten geblieben. Manchmal flackert sogar Widerstand auf. Aber als Gefangene der Vorstellungen und Werte der herrschenden Oligarchie werden auch die noch lebendigen Teile der Arbeiterbewegung immer wieder überwältigt, denn sie haben das umfassende Wissen davon verloren, wozu die revolutionäre Idee, der »imaginäre Appell«, sie ruft.

Ich habe in einem früheren Werk, *›Die Lebenden und der Tod‹ (›Les Vivants et la Mort‹)*, meinen persönlichen Weg dargelegt. Als sozialistischer Parlamentarier und Hochschullehrer versuche ich, den untrennbaren Kampf auf theoretischer und praktischer Ebene zu führen. Dieses Buch ist ein Ergebnis dieses Kampfes und zugleich ein Mittel in ihm. Es stellt keine umfassende soziologische Analyse der Schweiz dar.[3] Es enthält

2 Auszug aus der Rede in Nairobi, 24. September 1974; in *»Maldéveloppement: Suisse-monde«*, Commission des organisations suisses de coopération au développement, Genf 1975; auch R. S. MacNamara, *The Essence of Security*, Harper and Row, 1972.

3 Um böswilligen Angriffen zuvorzukommen, füge ich hier im vollen Bewußtsein der Nutzlosigkeit des Unterfangens hinzu: »Eine Schweiz – über jeden Verdacht erhaben« ist kein Angriff gegen den Föderalismus, das Minderheitenprinzip, die Mehrsprachlichkeit und die kulturelle Vielfalt, die sich das Schwei-

auch kein für die Linke verbindliches Programm. Es entwirft, ausgehend von meiner eigenen im In- und Ausland gewonnenen Erfahrung, eine Soziographie der herrschenden kapitalistischen Klasse der Schweiz, wie sie gegenwärtig in diesem Land und auf der ganzen Welt in Verbindung mit anderen imperialistischen Oligarchien am Werk ist.

Die Welt, in der wir leben, ist ein Massengrab. Dieses Massengrab wird von den imperialistischen Oligarchien Tag für Tag mit neuen Opfern gefüllt. Eine dieser Oligarchien kenne ich aus nächster Nähe: jene, die von der Schweiz aus operiert. Ich will ihre Praxis darlegen. Und gleichzeitig will ich die Abhängigkeit vom Imperialismus aufzeigen, die diese Oligarchie der Schweiz als Staat und als Volk beschert.

Kein Zweifel: der Imperialismus als höchstes Stadium des Kapitalismus befindet sich heute in der »Krise«[4]. Aber diese »Krise« ist eine Krise der Umstrukturierung, der Anpassung, keine Agonie. Für sie sehe ich mindestens zwei Ursachen:

1. Seit der Entkolonisierung hat das rasch wachsende, nach Hegemonie strebende Kapital der Metropolen in der gesellschaftlichen Landschaft unseres Planeten eine qualitative Veränderung herbeigeführt. Jedermann kennt die klassische Definition der Entstehung des weltweiten Herrschaftssystems und der Praxis des Imperialismus, wie sie Lenin formuliert hat.[5]

Seit der Ausarbeitung der Leninschen Theorie jedoch haben sich das Subjekt der imperialistischen Aggression gegenüber

zervolk im Laufe von sechs Jahrhunderten seiner konfliktreichen Geschichte geschaffen hat; das Buch verzichtet darauf, ihre Vorzüge zu prüfen und läßt auch all jene Aspekte außer acht, die nicht direkt etwas mit dem Problem des Imperialismus zu tun haben.

4 Ich entnehme diesen Begriff – ohne den theoretischen Überlegungen, die zu dieser Diagnose geführt haben, in allen Punkten zu folgen – der Arbeit von Samir Amin. Vgl. S. Amin et al., *La Crise de l'Impérialisme,* Minuit, 1975; zahlreiche andere Autoren kommen über andere Untersuchungen zu ähnlichen Schlüssen. Vgl. vor allem J. Attali, *La Parole et l'Outil,* PUF, 1975; A. Meister, *L'Inflation créatrice,* PUF, 1975; C. Julien, *L'Empire américain,* Grasset. Um die primären ideologischen Quellen und die Entstehung der Praxis des primären Imperialismus zu verstehen, vgl. H. U. Wehler, *Der Aufstieg des amerikanischen Imperialismus,* Göttingen 1974.
Die von Wehler angestellten Untersuchungen – er ist selbst stark geprägt von der Schule von Wisconsin – und vor allem das Pionierwerk von Taylor (*The Tragedy of American Diplomacy,* 1959) behandeln die Zeit von 1865 bis 1900.

5 W. I. Lenin, *Der Imperialismus als höchstes Stadium des Kapitalismus,* geschrieben in Zürich im Jahre 1916.

den Völkern der Peripherie, die Art der Beziehungen, auf denen die Macht des Imperialismus in den drei abhängigen Kontinenten basiert, sowie die Strategie der Ausbeutung verändert. Der Hauptaggressor der armen Völker ist heute nicht mehr – wie Lenin meinte – der kapitalistische Staat in seiner Form als Erobererstaat, als Schutzmacht oder Vormundschaftsstaat, sondern ein überstaatliches kapitalistisches System, das sein altes Instrument, den Staat[6], nicht mehr oder nur noch in geringem Maße einsetzt. Diese Umwandlung führte zur Bildung der trans- oder multinationalen Gesellschaft[7].

Die Motivation der multinationalen Gesellschaft ist der Profit, ihre Strategie die ständige Ausweitung ihrer Macht über Völker und Dinge. In der Dritten Welt und in den Regionen des Zentrums tendieren die multinationalen Gesellschaften zu einer zunehmenden Beseitigung des unter ihnen noch bestehenden Wettbewerbs.[8] Mit andern Worten: Der Imperialismus gibt sich Regeln, um seine Herrschaft auszuüben, und diese Regeln stärken seine Herrschaft. Diese Erkenntnis bestimmt unsere Überlegungen, die wir im Schlußkapitel unseres Buches für die Rolle des Klassenkampfes und des antiimperialistischen Kampfes in der Schweiz und in Europa anstellen werden.

2. Die imperialistischen Oligarchien, denen in ihrem Beutezug für die Kontrolle der Rohstoffe teilweise Einhalt geboten worden ist, die in Kuba, Vietnam, Kambodscha und China

6 Unter den Gründervätern der Soziologie des Imperialismus hat m. E. Bucharin als einziger die Entwicklung, in der wir heute stecken, klar vorausgesehen: die weltweite Verflechtung des Kapitals, die hegemonistische Kartellbildung der Banken und die Schaffung transnationaler Gesellschaften, die den Staat verdrängen und die wesentlichen Bestandteile seiner ökonomischen und politischen Kräfte für sich in Anspruch nehmen. Siehe N. Bucharin, *Der Imperialismus und die Akkumulation des Kapitals,* Marxistische Bibliothek, Wien 1926.

7 Vereinte Nationen, Sammelwerk: *Les Sociétés multinationales et le Développement mondial,* UNO-Dokument Nr. ST/ECA/190, New York und Genf 1973.

8 Die Ausschaltung des Wettbewerbs zwischen den multinationalen Gesellschaften wird objektiv begünstigt durch die fortschreitende Überwindung der Konkurrenz zwischen den Staatsapparaten. Die friedliche Koexistenz zwischen der UdSSR und den USA wie auch die zahlreichen Abkommen über gegenseitige Sicherheit, die zwischen den beiden Großmächten und ihren Satelliten geschlossen worden sind, begünstigen die Beschlagnahme zahlreicher Gebiete in der Dritten Welt durch den Imperialismus.

geschlagen worden sind und die selbst auf ihrem eigenen Territorium von allerdings noch schwachen revolutionären, antiimperialistischen Bewegungen wenigstens teilweise in Unruhe versetzt werden, entfalten heute ihre Kräfte neu. Sie ersinnen und praktizieren eine neue Strategie. Eine Fülle von Fragen stellt sich. Ich will einige nennen. Zur Praxis: Welche strategischen Positionen hat die antiimperialistische internationale Arbeiterbewegung heute schon erobert? Welches ist die Position der sozialistischen Staaten der Dritten Welt innerhalb der internationalen Staatengesellschaft und wie stark ist sie? Welche Rolle spielt die Sowjetunion und welche China? Welche Bastionen halten die noch sehr schwachen antiimperialistischen Kräfte im Herzen der kapitalistischen Staaten? Welche Völker der Peripherie und des Zentrums haben heute objektiv die Möglichkeit, sich zu befreien? [9] Zur Theorie: Welches sind, aus der Sicht des Klassenkampfes, die bereits eroberten Stellungen? Und endlich, welches psychologische und organisatorische Niveau hat das antiimperialistische Bewußtsein im Zentrum und an der Peripherie erreicht? [10] Keiner kann auf alle diese Fragen gleichzeitig antworten. Auch ich nicht. Doch diese Fragen laufen wie Grundwasser durch mein Buch. Ich versuche, teilweise Antworten zu finden, indem ich den klinischen Fall Schweiz unter die Lupe nehme.

Ich habe weder die Mittel noch die Absicht, allein und anhand eines einzigen Falles eine zusammenhängende und endgültige Theorie des sogenannten Sekundär-Imperialismus aufzustellen. Aus zwei Gründen kann es sich hier lediglich um einen Beitrag handeln: Der sekundäre Imperialismus ist von der gegenwärtigen Krise des primären Imperialismus betroffen und befindet sich daher in tiefgreifender Umwandlung.

Weder die Strategie, die er plant, noch die neuen Mittel, die er einsetzt, können heute schon genau begriffen werden. Zu-

9 Für die Kenntnis der Kämpfe, die sich gegenwärtig an der Peripherie abspielen, sind die Werke zweier Autoren unerläßlich: von Roger Genoud und Régis Debray, siehe insbesondere: R. Genoud, *Sur les Révolutions partielles du Tiers Monde,* Temps Modernes, Nr. 328, 1973, S. 884 ff.; G. Delaprez, *Pour lire Roger Genoud,* ibid., S. 911 ff. M. Rodinson, *Révolution et révolutions,* Nachwort zu R. Genoud, ibid., S. 911 ff. R. Debray, *La Critique des armes,* Bd. I und II, Seuil, 1974; *La Guérilla du Ché,* Seuil, 1974.

10 Jean Daniel hat die Frage so formuliert: »Wo liegt der Schnittpunkt in unserer Welt, an dem sich diese schneller ändert als unser Wunsch, sie zu verändern?«, siehe J. Daniel, *Le Temps qui reste,* Stock, 1973.

dem zeichnen sich die Aktivitäten der schweizerischen Sekundär-Oligarchie durch außerordentliche Undurchsichtigkeit aus. Statistiken über Investitionen, stille Reserven, Gewinne der Großbanken und der multinationalen Konzerne fehlen in der Schweiz fast völlig. Die Aktionärsberichte und die Abschlußbilanzen sind meistens von der Direktion wissentlich unrichtig und unvollständig formuliert. Die Bilanzfälschung ist der Nationalsport der schweizerischen Aktiengesellschaften. Kleinaktionäre, Behörden und Publikum verfügen über so gut wie keine stichhaltigen Auskünfte. So steht denn auch mir für die empirische Untermauerung meiner Hypothesen stellenweise nur unzureichendes Material zur Verfügung.

Vier Spezialisten leisteten mir wertvolle Hilfe. Mit ihrem Einverständnis zitiere ich aus ihren jüngsten Arbeiten Statistiken, Daten, etc., die geeignet sind, meine eigenen theoretischen Analysen empirisch zu belegen.[11] Wertvolle Dienste bei der Zusammenstellung der Dokumentation haben mir der Dokumentationsdienst der Schweizer Bundesversammlung in Bern, Mitarbeiter der Bibliothek der Vereinten Nationen und Bibliothekare des Instituts für Entwicklungsstudien in Genf geleistet. Der französische Originaltext des Buches wurde von Frau Dr. Klara Obermüller mit großer Sorgfalt und sprachlich bewundernswürdig übersetzt. Für die engagierte Arbeit gehört ihr und dem Lektor für die deutschsprachige Ausgabe, Wieland Eschenhagen, mein herzlichster Dank. J. Z.

11 R. H. Strahm, *Schweizerische Industrieinvestitionen in Entwicklungsländern*, Schweizer Kapital und Dritte Welt, Erklärung von Bern, 1975, S. 57–105; zu beziehen bei: Erklärung von Bern, Gartenhofstr. 27, Zürich 8004.
H. Hollenstein, *Die Entwicklungspolitik des schweizerischen Staates*, Civitas, Jahrgang XXIX, 1973–74. Der Artikel wurde im Frühjahr 1973 abgeschlossen.
B. Kappeler, *Schweizerische Finanz- und Entwicklungsländer*, Schweizer Kapital und Dritte Welt, op. cit., S. 1–57.
D. Castelnuovo-Frigessi, *Colonialismo a domicilio: i lavoratori stranieri in Svizzera*, Il ponte, 1974, S. 1447–1479.

I. Das schweizerische Imperium

1. Der Streit der Herren

Von den Großen dieser Erde
Melden uns die Heldenlieder:
Steigend auf so wie Gestirne
Gehn sie wie Gestirne nieder.
Das klingt tröstlich, und man muß es wissen.
Nur: für uns, die sie ernähren müssen
Ist das leider immer ziemlich gleich gewesen.
Aufstieg oder Fall: wer trägt die Spesen?
  Freilich dreht das Rad sich immer weiter
  Daß, was oben ist, nicht oben bleibt.
  Aber für das Wasser unten heißt das leider
  Nur: daß es das Rad halt ewig treibt.

Ach, wir hatten viele Herren
Hatten Tiger und Hyänen
Hatten Adler, hatten Schweine
Doch wir nährten den und jeden.
Ob sie besser waren oder schlimmer:
Ach, der Stiefel glich dem Stiefel immer
Und uns trat er. Ihr versteht: ich meine
Daß wir keine andern Herren brauchen, sondern keine!
  Freilich dreht das Rad sich immer weiter
  Daß, was oben ist, nicht oben bleibt.
  Aber für das Wasser unten heißt das leider
  Nur: daß es das Rad halt ewig treibt.

Und sie schlagen sich die Köpfe
Blutig, raufend um die Beute
Nennen andre gierige Tröpfe
Und sich selber gute Leute.
Unaufhörlich sehn wir sie einander grollen
Und bekämpfen. Einzig und alleinig
Wenn wir sie nicht mehr ernähren wollen
Sind sie sich auf einmal völlig einig.
  Denn dann dreht das Rad sich nicht mehr weiter
  Und das heitre Spiel, es unterbleibt
  Wenn das Wasser endlich mit befreiter
  Stärke seine eigne Sach betreibt.

Bertolt Brecht
Die Ballade vom Wasserrad

Was ist Imperialismus? Lenin hat, unter dem mächtigen Gewölbe der ehemaligen, zur Stadtbibliothek umgewandelten Predigerkirche in Zürich sitzend, 1916 auf diese Frage geantwortet. Schematisch: Das kapitalistische System lebt von der unaufhörlichen, stets fortschreitenden Kapitalakkumulation.

Eines Tages – und dieser Tag ist heute in der Schweiz und in anderen kapitalistischen Staaten angebrochen – tritt der Kapitalismus in sein hegemonistisches Stadium. Das heißt, in den Händen ganz weniger kommt es zu einer derartigen Konzentration wirtschaftlicher Macht, daß der Wettbewerb unter Kapitalisten aufhört und sich in den verschiedenen lebenswichtigen Wirtschaftssektoren eines Landes Monopole bilden. Diese Monopole aber haben eine natürliche Expansionstendenz. Sie müssen weiterwachsen, neue Märkte erschließen, Rohstoffgebiete sichern, kurz ihre Profite, ihren Akkumulationsrhythmus, ihre Macht unaufhörlich steigern. Dies ist nur möglich durch die Eroberung neuer, jenseits der ursprünglich nationalen Grenzen liegender Regionen. »Alle Geschichte ist von nun an Warengeschichte«, sagt Max Horkheimer. Welche Ware wird Geschichtssubjekt? Das sogenannte Finanzkapital, das zusammengesetzt ist aus dem Bank- und dem Industriekapital. Exportiert wird von jetzt an das Finanzkapital. Diejenigen, die es besitzen, bilden die Oligarchie eines Landes. In den Händen der kapitalistischen Oligarchien des Zentrums (das heißt der Länder Westeuropas, Nordamerikas, Japans, auf deren Boden der hegemonistische Kapitalismus gewachsen ist) wird das Finanzkapital zu einer Eroberungswaffe von ungeheurer Macht. Im Vergleich zu ihr sind die Armeen des Dschingis Khan, Alexanders und der Cäsaren niedliche Spielzeugwaffen. Dem Finanzkapital der Metropolen unterwirft sich ein Volk der Peripherie nach dem andern; als Peripherie werden all jene Länder bezeichnet, die jenseits der westeuropäischen und nordamerikanischen Subkontinente und der japanischen Inselgruppe liegen und die nicht zu den Ländern der staatssozialistischen Weltregion gehören.

Bevor wir weitergehen, wollen wir zwei Vorfragen stellen. Gibt es überhaupt spezifische Eigenschaften, die den sekundären vom primären Imperialismus unterscheiden? Oder ist der sekundäre Imperialismus – hier der schweizerische – einfach ein Imperialismus, der unter Vormundschaft steht und vollständig abhängig ist, kurz: eine bloße Relaisstation in der weltweiten Hierarchie der Menschenverachtung und des Profits? Die Begründer der Soziologie des Imperialismus haben diese Frage eindeutig beantwortet: Es gibt – für sie – keine

Unterschiede zwischen den verschiedenen Imperialismen, die einer genauen Untersuchung standhalten. Der schweizerische Sekundär-Imperialismus wäre demnach ein Vulgär-Imperialismus wie jeder andere, der sich in nichts von einem hypothetischen Primär-Imperialismus unterschiede. Seit der Veröffentlichung der Arbeiten von Lenin, Bucharin und Rosa Luxemburg hat sich die gesellschaftliche Landschaft des Planeten grundlegend verändert.[1] Die Frage stellt sich heute anders. Sie bedarf einer erneuten Überprüfung.

Unser Buch handelt vom klinischen Fall Schweiz, vom helvetischen Sekundär-Imperialismus. Die Schweiz – wir werden sehen, wie – wird von einer schmalen, aber überaus mächtigen Banken-Oligarchie verwaltet. Im weltweiten kapitalistischen System übt diese Oligarchie bestimmte Funktionen aus: Funktionen der Hehlerei, der »Resozialisierung« gestohlener Gelder, der Aufrechterhaltung – unter der Maske der Neutralität – eigener multinationaler Kanäle für die Reinvestition der Beute. Der Ausdruck Sekundär-Imperialismus verweist auf den amerikanischen Primär-Imperialismus. Sein Subjekt: die nordamerikanische Oligarchie, nicht das nordamerikanische Volk. Die Außenpolitik staatssozialistischer Mächte (Beispiel: UdSSR) kann in bestimmten Momenten Formen annehmen, die zum Projekt einer kollektiven und friedlichen Organisation der Planeten in krassem Widerspruch stehen (Beispiel: Invasion der Tschechoslowakei 1968). Ihre Analyse gehört jedoch nicht zu der von uns hier behandelten Problematik.[2]

In der Einleitung habe ich von der Krise des Imperialismus gesprochen. Von einer Krise der Anpassung, der Umgestaltung infolge des Auftretens einer neuen Form der Aggression gegenüber den armen Völkern: nämlich des transnationalen

1 Insbesondere Lenin, *Der Imperialismus als höchstes Stadium des Kapitalismus*, geschrieben im Frühjahr 1916 in Zürich;
R. Luxemburg, *Die Akkumulation des Kapitals*, veröffentlicht 1913;
N. Bucharin, *Der Imperialismus und die Akkumulation des Kapitals;* dieses Buch ist aus einem von Bucharin 1915 in der Zeitschrift *The Communist* publizierten Artikel entstanden – (siehe Vorwort, Anm. 4).

2 Für eine eingehende Prüfung dieser Frage vgl. *»Mao Tsé-Tung et l'Union soviétique«,* Texte und Kommentare, im Anhang des Buches von Alain Bouc: *Mao Tsé-Toung ou la Révolution approfondie,* Le Seuil, 1975, S. 226 ff. Siehe auch J. F. Revel, *La Tentation totalitaire,* Laffont, 1976; und E. Morin, *Autocritique,* Le Seuil, 1970.

kapitalistischen Unternehmens. Dieses Unternehmen ist hervorgegangen aus der weltweiten Verflechtung und zunehmenden Monopolisierung des Kapitals.[3]
Sein Einbruch in die Geschichte führt im sozialen Gefüge des Planeten zu tiefgreifenden Veränderungen. Ich werde versuchen, die wichtigsten aufzuzeigen.
Der Vormarsch der multinationalen Unternehmen in den Staaten der Peripherie führt dort zu einer Zerstörung des politischen Systems und seiner Institutionen. Seit Beginn der Kolonialisierung war der kapitalistische Staat der Dritten Welt durch den hegemonistischen Mutterstaat entworfen und errichtet worden: Sowohl die ökonomischen Strukturen als auch die staatlichen Institutionen des Koloniallandes entsprachen den Interessen des Finanzkapitals des Zentrums. Dieser periphere Staat jedoch ist heute einem unerwarteten Angriff ausgesetzt, dem er in den meisten Fällen unterliegt. Der Angriff wird von den multinationalen Unternehmen selbst geführt, die damit unzufrieden sind, daß der periphere kapitalistische Staat mit seinem Mangel an Wirksamkeit ihrem Vordringen und ihrer Profitsucht Schranken setzt.
Das Beispiel Brasiliens und Chiles, das in diesem Buch häufig zitiert wird, kann in diesem Fall *verallgemeinert* werden. Um zu zeigen, wie die gesellschaftlichen Strukturen in zunehmendem Maße zerstört und durch eine faschistische Diktatur ersetzt werden, deren tragende Kräfte, die Söldner, vom Mutterland des primären Imperialismus und den multinationalen Gesellschaften der sekundären Metropolen ausgerüstet, finanziert und indoktriniert werden, hätten wir ohne weiteres auch die Fälle Uruguay, Südkorea, Bolivien, Zaire, Guatemala, Argentinien oder Indonesien anführen können. Überall in der Dritten Welt kündigt sich dieselbe Veränderung an: die Verdrängung des kapitalistischen Staates des Zentrums durch die transnationalen Gesellschaften als neue Subjekte der imperialistischen Aggression führt an der Peripherie zum Verschwinden der alten heterogenen Gesellschaftssysteme. In den Ländern am Persischen Golf, in Zentralarabien, hat es solche heterogenen politische Systeme nie gegeben. Aber dort, wo – wie in Chile vor 1973 und in Brasilien vor 1964 – offene und

3 A. Touraine, *Production de la société,* Le Seuil, 1973, S. 255 ff.

vielschichtige politische Systeme existiert haben, ist ihr Widerstand gegenüber dem Vordringen des Imperialismus durch die transnationalen Unternehmen selbst gebrochen worden. Ein völlig neuartiges Herrschaftssystem wird errichtet: die Diktatur einheimischer Militärs, die in imperialistischen Schulungszentren (der amerikanischen Zone von Panama, den amerikanischen Anti-Guerilla-Schulen im Norden von Thailand, usw.) ausgebildet worden sind. Dieses neue Herrschaftssystem sichert den multinationalen Gesellschaften die wirkungsvolle und einträgliche Superausbeutung des Volkes, das durch seine eigenen Soldaten als Stellvertreter des hegemonistischen Kapitals des Zentrums darniedergehalten wird.[4]

Die Neugestaltung des Imperialismus hat noch weitere Folgen: insbesondere die Liquidierung des traditionell-kapitalistischen Produktions- und Konsumapparats an der Peripherie, wie er aus der Kolonialzeit hervorgegangen ist;[5] die Zerstörung des traditionellen Sozialgefüges der unterdrückten Bevölkerung sowie die Einrichtung eines neuen Kapitalverkehrs zwischen der herrschenden kapitalistischen Klasse an der Peripherie und den Bankimperien der Metropole. Diesen Vorgang wollen wir untersuchen.

In der Dritten Welt richtet die multinationale Gesellschaft ihre Geschäftspraxis nach den »Bedürfnissen« oder – genauer – den Konsumgewohnheiten der herrschenden und mittleren bis höheren Klassen der jeweiligen Länder aus. Aus begreiflichen Gründen kümmert sie sich nicht um die realen und dringenden Bedürfnisse der unterernährten Massen, die mit ihren jämmerlichen Einkünften ohnehin vom Markt ausgeschlossen sind. Es ist die Kaufkraft der oberen Klassen, welche die Struktur der Verkaufspreise, die Investitionsstrategie und die Verteilerorganisation der multinationalen Gesellschaften bestimmt. Um sich davon zu überzeugen, braucht man nur die Preisstruktur von Säuglingsnahrung zu unter-

4 Für eine zusammenhängende Theorie über die Umwandlung des Staates an der Peripherie vgl. A. Touraine, op. cit.

5 Im Hinblick auf die zunehmende Zerstörung der peripheren Volkswirtschaften durch die multinationalen Gesellschaften verdanke ich wertvolle Hinweise Dan Galin, Generalsekretär der UITA (Union internationale des travailleurs de l'alimentation), Charles Levinson von der internationalen Chemiegewerkschaft, Dan Benedict von der internationalen Metallarbeitergewerkschaft; die drei Organisationen haben ihr Hauptquartier in Genf.

suchen, wie sie von der Firma Nestlé in Chile, in Kolumbien, in Guatemala praktiziert wird – alles Länder, die eine verheerende Säuglingsunterernährung aufweisen.[6] Nun entwickeln aber die herrschenden und mittleren bis höheren Klassen in den armen Ländern keineswegs von sich aus eigene Konsumgewohnheiten. Sie handeln aus purer Nachahmung und begnügen sich damit, die Konsumgewohnheiten (Waren, Statussymbole, usw.) der herrschenden Klasse der entsprechenden imperialistischen Zentren nachzuäffen. Diese Nachahmungsgewohnheiten der herrschenden Klassen an der Peripherie haben mörderische Konsequenzen, denn sie drängen sich als herrschende Gewohnheiten auch den mittleren und armen Schichten auf und zerstören deren angestammte Konsumgewohnheiten, deren materielle und kulturelle Eigenheiten und führen so zu immer weiterer Verarmung, zu Kulturverlust und Verelendung.[7]

In gleicher Weise zwingt das multinationale Unternehmen der Peripherie die spitzfindigsten Technologien für ihre Industrialisierung, ihre Landwirtschaft und ihre Dienstleistungsbetriebe auf. Denn rasche Produktionssteigerung und Anhäufung von kurzfristigem Kapital als Folge der technologischen Rationalisierung gehen auf Kosten der Beschäftigungslage.

Das eben erwähnte Beispiel des Nestlé-Konzerns ist lehrreich: Nestlé ist der zweitgrößte Nahrungsmittelkonzern der Welt. 98 % seiner Produktion liegen außerhalb der schweizerischen Landesgrenzen. Die industrielle Perfektion der Nestlé-Produkte ist bewundernswürdig, der Grad der Rationalisierung in dem von Nestlé-Ingenieuren geschaffenen Produktions-

6 Dieses multinationale Unternehmen der Lebensmittelbranche verfolgt eine Strategie der Monopolisierung der Milchproduktion und der Produktion von Agrumen in den Ländern, in welchen sie sich niederläßt. Sie stellt dann im Lande selbst eine Reihe von Lebensmittelprodukten für Säuglinge (Milch, Pulversuppen, Vollnährmittel) her, deren Verkaufspreis der Kaufkraft der führenden und der mittleren bis führenden Klassen entspricht. Unwillkürliche Folge: Diese bevorzugten Klassen werden tatsächlich mit neuen und hochwertigen Lebensmitteln versorgt, wogegen die Klasse der Armen sich in zunehmendem Maße mit der Unterernährung ihrer Kinder konfrontiert sehen, weil sie vom Markte ausgeschlossen sind; siehe die Studie »Nestlé«, erarbeitet von der *UITA* (Union internationale des travailleurs de l'alimentation), Genf, die periodisch nachgeführt wird.

7 Zu einer zusammenhängenden Theorie der Kulturzerstörung, vgl. G. Balandier, *Sens et Puissance*, PUF, 1971; J. Duvignaud, *Le Language perdu*, PUF, 1973.

prozeß steht wohl einzigartig da. Jedoch: Überall, wo in der Dritten Welt Nestlé-Manager einbrechen, droht vermehrte Kindersterblichkeit. Was geschieht? Wo früher nach traditioneller Art Milch produziert und verteilt wurde, entsteht jetzt ein praktisches Ankaufsmonopol. Nestlé kauft alle oder doch die meiste Milch eines Landes auf, verarbeitet sie zu Kondens-, Pulvermilch oder angereicherter Säuglingsnahrung. Nestlé verkauft die Fertigprodukte an jene Konsumenten des abhängigen Landes, die sie kaufen können, nämlich an die wenigen Familien der tatsächlich herrschenden Schicht. Folge: Es gibt keine Milch mehr in den »Calampas«, den schrecklichen Elendsvierteln rund um Santiago; dafür wird hochwertige Säuglingsnahrung in den Luxusvierteln von Providencia verkauft. Ich habe die verheerende Strategie des schweizerischen Sekundär-Imperialismus an einem einzigen Nachmittag begriffen. April 1972: Wir sitzen in »Tomas Moro«, Präsident Allendes einfachem, mit modernen chilenischen Gemälden ausgestatteten Wohnhaus. Eine lange, leidenschaftliche Diskussion über die (nach Präsident Allende) zweifelhafte Rolle der Sozialistischen Internationale in Lateinamerika, über die Ziele der chilenischen Revolution, über ihre Feinde im Innern und im europäischen Ausland ist im Gang. Plötzlich unterbricht er, Salvador Allende, warmherzig, lebendig, klug, unsere Diskussion: Der erste frei gewählte marxistische Präsident Lateinamerikas erzählt aus seiner Zeit als junger Arzt in den Elendsvierteln von Valparaiso. Er erklärt, warum er mit neunundzwanzig Jahren den erfolgversprechenden Arztberuf gegen den damals anscheinend völlig aussichtslosen politischen Kampf als Sozialist eingetauscht hatte. „Wegen der unterernährten Kinder«, sagt Allende.

Am nächsten Morgen standen wir am staubigen Wegrand vor den ersten Baracken der Calampa von »Nueva Habana«. Pünktlich um sechs kamen die drei Milch-Camions über das Schuttfeld gerattert. Sie brachten gegen teure Devisen in Argentinien gekaufte Milch für die Kinder von »Nueva Habana«. Unter den 42 Punkten, welche die Parteien der späteren Unidad Popular am 31. 12. 1969 unterschrieben und die mit Präsident Allendes Wahlsieg vom September 1970 zum Regierungsprogramm von Volks-Chile wurden, steht an dritter Stelle: »Jedes chilenische Kind soll pro Tag und bis zum

15. Lebensjahr einen halben Liter Milch erhalten.« Die Augen der Kinder von »Nueva Habana« werde ich, solange ich lebe, nicht mehr vergessen.
Wo immer in der Dritten Welt das Finanzkapital der multinationalen Gesellschaften siegreich seinen Eroberungszug beendet, entsteht eine dualistische Gesellschaft. Sie ist gekennzeichnet durch das konfliktgeladene Nebeneinander zweier gegensätzlicher Gesellschaften innerhalb ein und derselben Nation: einer schmalen Schicht mit intensivem Konsum und der Mehrheit des Volkes, der es am Wesentlichsten, an Nahrung, Hygiene, Erziehung, Unterkunft und sozialer Mobilität fehlt. Das Vorgehen der multinationalen Gesellschaften verschärft zwangsläufig diesen Gegensatz.
Die Untersuchungen von Strahm und Kappeler beweisen es: Die Steigerung der industriellen und landwirtschaftlichen Produktion, die fortgeschrittene Technologie, die massiven Kapitalinvestitionen bringen unter diesen Bedingungen dem Land weder wirtschaftlichen noch sozialen Fortschritt. Denn die Anhäufung des Kapitals, wie es aus einem verstärkten Produktionsapparat resultiert, kommt lediglich einer verschwindend kleinen Minderheit der einheimischen Bevölkerung und vor allem den multinationalen Gesellschaften zugute.
Die von den herrschenden Klassen der Dritten Welt erbeuteten Kapitalien fließen ununterbrochen wieder in den Kreislauf jener als »sicher« bezeichneten Reinvestitionen, die von den Bankmonopolen des Zentrums empfohlen werden. Die Folgen dieses Fehlens von nationalem Kapital, das im Land selbst investiert werden könnte, zeigen sich überall im Umkreis der großen Städte Lateinamerikas, Asiens und Afrikas. Eine verelendete Bevölkerung, ein Heer von Arbeitslosen, unterernährten Frauen und Kindern drängen sich im Schatten herrschaftlicher Wohnquartiere, am Fuße von Wolkenkratzern, am Rand von Parks und Gärten der besitzenden Klassen. Es sind die *Randgruppen*. Ein historisch völlig neues Phänomen: Statt mit der Entwicklung des Kapitalismus an der Peripherie allmählich zu verschwinden, vergrößert sich dieses Lumpenproletariat ununterbrochen. Immer neue Schichten von Unterdrückten werden vom sozialen Vakuum aufgesogen, auf die Straßen getrieben, in Elendsquartiere verschleppt.

»Die einen sind im Dunkeln
Und die anderen sind im Licht.
Und man siehet die im Lichte
Die im Dunkeln sieht man nicht.«

So schreibt Brecht in der »Dreigroschenoper«.

Vierundzwanzig Stunden pro Tag, 365 Tage im Jahr, ein Leben lang, ist es für rund 800 Millionen Menschen auf unserer Erde dunkle Nacht. Diese Menschen sind die unmittelbaren Opfer der gemeinsamen Aggression der transnationalen Gesellschaften und ihrer örtlichen politischen Schaltzentralen. Ein neuer Grad der Erniedrigung ist erreicht[8]: Diese Millionen von Menschen – ungefähr 40 % der Bevölkerung allein in Lateinamerika – haben keinerlei Aufgabe mehr, weder eine soziale noch eine wirtschaftliche, sie finden sich nicht einmal mehr in den Statistiken der Lasttiere, da sie nach Auffassung der neuen Herren Un-Personen, Un-Behauste, Un-Beschäftigte, kurz nicht existent sind.

Mich interessiert hier besonders der kulturelle Imperialismus, der diesen wirtschaftlichen und politischen Imperialismus unterstützt, indem er ihn zu rechtfertigen sucht. Die weltweite Verflechtung des Kapitals geht zwangsläufig Hand in Hand mit einer weltweiten Ausbreitung der von der Oligarchie des Zentrums verkündeten »Werte«.

Anouar Abdel-Melek, ägyptischer Sozialist, der unter Nasser im Konzentrationslager saß, dann nach Paris floh und heute ohnmächtig der weitgehend freiwilligen Unterwerfung Sadat-Ägyptens unter die Herrschaftsgewalt des Imperialismus zuschaut; erklärt den Vorgang:

»... Es sieht so aus, als sei der Einsatz (heute) von ganz anderer Bedeutung: so etwa die Kontrolle der Orientierungs-, Regulierungs- und Entscheidungsvorgänge innerhalb der Entwicklung der Erde, ausgehend vom Monopol über die fortgeschrittenen Bereiche wissenschaftlicher und ideeller Kreativität. Der Imperialismus ist heute in der Lage, die Völker, Nationen und Kulturen im Kern ihrer Persönlichkeit zu treffen, ihnen insbesondere das problematische Feld

8 Keine familiäre oder gesellschaftliche Struktur kann dieser Erniedrigung widerstehen. In Sri Lanka (Ceylon) sind die Proletarier der multinationalen Teeplantagen gezwungen, ihre Kinder zu verkaufen, um ihnen eine Überlebenschance zu sichern. Siehe die Untersuchung der *Sunday Times*, 1975, 1. Trimester.

ihres Denkens und die Tonart ihrer Empfindungen vorzuzeichnen.« Und weiter: »Die gemeinsame Aktion des militärisch-industriellen Bereichs und der vorherrschenden westlich-zentristischen Kulturzentren, ausgehend von einem hohen Entwicklungsstand des monopolistischen Großkapitals und, vor allem, den Errungenschaften der industriellen Revolution, bestimmt den gegenwärtigen Gehalt des Imperialismus, der recht eigentlich ein hegemonialer Imperialismus ist, als den höchsten Grad der Ausübung rationaler Gewalt, durch Feuer und Schwert, aber auch durch den Versuch der Kontrolle über die Gehirne und das Empfindungsvermögen, den die Geschichte der Menschheit je gekannt hat.«[9]

Ich weise mit Nachdruck darauf hin: Nicht nur das instrumentale Wissen, sondern auch das Wissen um die Probleme, die sich den unterworfenen Menschen stellen, ihre Sensibilität, ihre Träume, ihr Empfindungsvermögen werden heute durch die transnationalen kapitalistischen Unternehmen kontrolliert.

Die positivistische, techno-administrative, rein warenbezogene, von jeder existentiellen Problematik freie Profitideologie, welche die »organischen Intellektuellen« (Gramsci) des multinationalen hegemonistischen Kapitals ausarbeiten und verbreiten, schafft die psychologischen Bedingungen für das unangefochtene Einbrechen des Imperialismus in die uralten Kultur- und Zivilisationswelten der afrikanischen, asiatischen und lateinamerikanischen Völker. Pietre hat dafür ein schönes Wort gefunden: der »*Imperialismus der Leere*«[10]. In der Tat ist der Imperialismus des hegemonistischen multinationalen Kapitals im Gegensatz zum alten Imperialismus der Staaten nicht mehr Träger einer alternativen Zivilisation. Er zerstört durch Feuer und Schwert – oder, einfacher gesagt, durch die militärische Besetzung der Universitäten, die technische und verwaltungsmäßige Indoktrinierung der einheimischen herrschenden Klassen, die restlose Übernahme der Presse und anderer örtlicher Kommunikationsmittel – die Kultur oder die Kulturen des eroberten Volkes, die Ideologie oder die Ideolo-

9 A. Abdel-Melek, *Pour une sociologie de l'impérialisme,* in: L'Homme et la Société, Nr. 6, S. 290–291.

10 A. Piettre, *Impérialisme et culture,* Le Monde, 3. Mai 1975, p. 4.

gien jener Klassen, welche die alte heterogene Gesellschaft regierten. Um sie wodurch zu ersetzen? *Durch nichts.* Oder, genauer, durch eine Marktideologie, die den Menschen auf seine bloße Warenfunktion reduziert und ihn seiner eigentlichen Daseinsberechtigung, seines persönlichen Schicksals und seiner elementaren kulturellen Mittel beraubt, mit denen er den ihm vom Kapital aufgezwungenen neuen Werten widerstehen könnte.

Das also ist das Monopol des Wissens – der technologischen, experimentellen, wissenschaftlichen Kenntnisse und als Folge davon: der in universelles „Wissen" verwandelten Warenideologie eines Volkes –, das getragen ist von Geld und Waffen, das geschaffen wird von den transnationalen Unternehmen der Metropolen und das heute die wirtschaftliche, politische, kulturelle und existentielle Abhängigkeit der unterworfenen Völker umfassend absichert. Für Marx war das Wissen lediglich eine Produktivkraft unter vielen. Meiner Ansicht nach ist – seit der zweiten industriellen Revolution, der Entdeckung der spaltbaren Materie und dem Vordringen in die Stratosphäre – das Wissen zur ersten und wichtigsten aller Produktivkräfte geworden.

Nun hat jedes Wissen seine Geschichte. Es gibt so etwas wie eine Genesis der Erkenntnis. Was mich hier interessiert, ist das von den multinationalen Gesellschaften verwaltete Wissen und somit der gesellschaftliche Ursprung dieses Wissens. Ich interessiere mich nicht für den Vorgang der individuellen Sozialisation des einen oder anderen Herrschers eines transnationalen Imperiums.

Beispiele: Der Verwaltungsratspräsident der Nestlé ist Franzose; der Verwaltungsratspräsident von IBM auch. Was es zu verstehen gilt, ist nicht ihre Schulung, ihre frühere individuelle Sozialisation, sondern der gesellschaftliche Ursprung und die Entstehungsgeschichte des beherrschenden sozialen Wissens, das die von ihnen geleiteten Unternehmen in die Welt setzen. Nun aber gilt Nestlé als »schweizerisch«, IBM als »amerikanisch«.

Alles Wissen ist in seinem Ursprung an die identifizierbare, materielle und symbolische Problematik einer Gesellschaft, einer bestimmten Gruppe von Menschen gebunden. Was mich dabei übrigens am meisten erstaunt, das ist die Übereinstim-

mung mit dem spezifischen nationalen Empfinden eines Landes, welche die multinationalen Gesellschaften in allem, was sie sagen und tun, für sich in Anspruch nehmen.[11] Die transnationalen Unternehmen nennen sich selbst »amerikanisch«, »deutsch«, »japanisch«, »schweizerisch« etc. Ist dies eine List, eine taktische Überlegung, um die eigene Welteroberungsstrategie hinter der patriotischen Maske einer fingierten nationalen Identität zu verbergen? Oder handelt es sich um eines jener Phänomene »geistiger Rückständigkeit«, wie Marx dies nannte, ein Beispiel dafür, daß die Erkenntnisse des Menschen immer hinter seiner gelebten materiellen Situation herhinken? Eine andere Hypothese scheint mir wahrscheinlicher: Das transnationale Unternehmen als neuer Träger der imperialistischen Aggression schlägt seine Wurzeln – wie jede andere Tätigkeit der heutigen kapitalistischen Gesellschaft – in ein teilweise autonomes kulturelles Feld, das schon vor dem Aufkommen des hegemonistischen Kapitals bestanden hat.
Beispiel: Der amerikanische Imperialismus ist ebenso sehr von dem militanten Calvinismus der Wanderprediger der 13 Gründer-Staaten des 18. Jahrhunderts wie von der der amerikanischen Kapitalakkumulation innewohnenden Logik (und allen ihren ideologischen Nebenprodukten wie Taylorismus, Behaviorismus, soziologischem Neopositivismus usw.) geprägt. Der universalistische Humanismus der Rationalisten und Enzyklopädisten des 18. Jahrhunderts ist zum Verständnis der Entstehung des deutschen Sekundär-Imperialismus absolut notwendig. Für jedes transnationale Unternehmen, für jedes beherrschende Wissen kann das kulturelle Ursprungsfeld genau festgestellt werden.
Wer meiner Analyse widerspricht, den verweise ich auf einen weitverbreiteten Streit. Mangels Raum kann ich hier meine persönliche Stellung nicht begründen. Jene, die sagen, mein Argument sei trügerisch und sowohl der Calvinismus des 16. Jahrhunderts in Europa als auch der Universalismus der Enzyklopädisten des 18. Jahrhunderts seien eben gerade bestimmte ideologische Erscheinungen, die von zwei aufeinanderfolgenden Etappen der Kapitalakkumulation in Europa

11 I. Berlin, *The bent twig, a note on nationalism,* Zeitschrift *Foreign Affairs,* Bd. 51, 1. Oktober 1972, p. 11 ff.

geschaffen worden seien, verweise ich auf die bekannte Theorie von der Genesis autonomer Kollektiv-Subjektivitäten von Roger Bastide, der ich meinerseits mit Überzeugung zustimme.

Kehren wir zur eingangs gestellten Frage zurück: materielle und symbolische Besonderheit des Sekundär-Imperialismus gegenüber dem Primär-Imperialismus oder theoretische und praktische Übereinstimmung aller Formen des Imperialismus? Eine empirische Tatsache habe ich schon erwähnt: jene der subjektiven Identifizierung jeder Oligarchie mit der jeweiligen Nation, auf dessen Boden sie entstanden ist. Diese Tatsache allein reicht zum Beweis nicht aus. Wir müssen den Bereich kollektiver Empfindungen verlassen und uns an die Untersuchung der Machtbeziehungen machen, die objektiv das Vorgehen der primären und der sekundären Oligarchien bestimmen.

Beispiel: Wenn die Vereinigten Staaten plötzlich auf ihre Terrorpolitik in Brasilien verzichteten, d. h. wenn sie aufhörten, die Armee, die Polizei und die zahlreichen anderen Einrichtungen zur Unterdrückung der Gewerkschaften und der Organisationen des Volkes zu finanzieren, auszurüsten und zu indoktrinieren, würden dann die schweizerischen und deutschen Unternehmen in Brasilien weiterhin so fantastische Gewinne erzielen, wie sie es seit Inkrafttreten des Dekrets Nr. 5 aus dem Jahr 1968[12] getan haben? Sicher nicht. Militärdiktatur, offener Terror und Folter bilden die unentbehrlichen Bedingungen für die Ausbeutung der menschlichen Arbeit und der Bodenschätze durch die ausländischen multinationalen Gesellschaften. Ohne diesen Terror würde das Volk spontan ein annehmbares Mindesteinkommen, eine angemessene Besteuerung des Auslandkapitals sowie Investitionen zugunsten der sozialen Infrastruktur verlangen. Umgekehrt gibt es in Brasilien infolge des Terrors bis heute weder die Möglichkeit zu Lohnverhandlungen noch eine Sicherheit des Arbeitsplatzes. In den sieben Staaten des Nordostens sterben 52 % aller Kinder vor Erreichen des 5. Lebensjahres an Unterernährung.[13] Hunderttausende verlieren infolge Proteinmangels ihr Augen-

12 Arruda, M. e. a. *Multinationals and Brazil,* ed. Latin American Research Unit, Toronto, 1975 B. o. Box 673, Toronto 1.

13 »Mortalidade infantil no Nordeste« *Jornal do Brasil,* 16. August 1974.

licht, aber rund 30 % des brasilianischen Nationaleinkommens werden exportiert, und die multinationale Oligarchie scheffelt Jahr für Jahr unermeßliche Reichtümer.

Gehen wir einen Schritt weiter: Eine Militärdiktatur, wie sie die Vereinigten Staaten in Brasilien errichtet haben, kann nicht isoliert funktionieren. Es müssen an ihren Grenzen ähnliche Regimes entstehen, wenn das Aufkommen von Spannungen und Unruheherden auf dem ganzen Kontinent verhindert werden soll. Uruguay, Bolivien, Chile, Argentinien – ein eisernes Netz von Satelliten-Diktaturen umspannt heute die unglückseligen Völker im südlichen Teil des lateinamerikanischen Kontinents. Nun ist es jedoch offensichtlich, daß keiner der europäischen oder japanischen Sekundär-Imperialismen, die heute in dieser Region operieren, über die finanziellen und militärischen Mittel verfügt, die nötig sind, um ein solches Netz von Diktaturen zu schaffen. Unsere Untersuchung konzentriert sich auf den Fall Schweiz: Der helvetische Staat verfügt weder über eine genügend starke Armee noch über ausreichende finanzielle Mittel und schließlich auch nicht über die nötige Machtposition in der Staatengesellschaft der Erde, die es ihm erlauben würde, in Lateinamerika, Asien, Ozeanien oder Afrika autonome Herrschaftsgebiete aufzubauen. Die Schweiz besitzt nicht einmal eine Ideologie der Aggression. Die von ihr gepflegte neutralistische Ideologie ist nicht imperialistisch, sie ist nationalistisch und sogar gewissermaßen kosmopolitisch. Die föderalistische und dezentralisierte Struktur des helvetischen Staates, ergänzt von einem Selbstverständnis, in dem sich der merkantile Protestantismus mit dem tiefverwurzelten Respekt vor der ethnischen Vielfalt der Kantone verbindet, ist schuld daran, daß es der schweizerischen Oligarchie schwerfällt, ihre tagtägliche Aggression armer Völker zu erklären und zu rechtfertigen.

Die heimlichen Herrscher der Schweiz:

Die *heilige Johanna der Schlachthöfe* (Brecht) singt:

»Die aber unten sind, werden unten gehalten
Damit die oben sind, oben bleiben.
Und der Oberen Niedrigkeit ist ohne Maß

Und auch wenn sie besser werden, so hülfe es
Doch nichts, denn ohnegleichen ist
Das System, das sie gemacht haben:
Ausbeutung und Unordnung, tierisch und also
Unverständlich.«

Wer sind die Herren des Systems in der Schweiz? Wer ist – hierzulande – die Oligarchie?

Die Oligarchie als vorherrschende Gesellschaftsform des hegemonistischen Kapitalismus entsteht in der letzten Phase der Überakkumulation, der vollendeten Gewinnmaximierung und der beschleunigten Ausbeutung des Mehrwerts. Sie schließt diejenigen unter den Kapitalisten zu einer Gruppe zusammen, die dank ihres gewaltigen Anteils an den Produktionsmitteln und dank ihres persönlichen Reichtums unwidersprochen über Wahl und Ausrichtung des Akkumulationsprozesses gebieten. In der Schweiz sind diese Oligarchen fast ausnahmslos aus Patrizierfamilien hervorgegangen, deren Reichtümer noch aus den Anfängen der Akkumulation stammen. Schauen wir uns die beiden tragenden Säulen der Oligarchie näher an. Erstens: Die Oligarchie ist im Besitz der überwiegenden Mehrheit der Produktionsmittel. Zwischen den Verwaltern der multinationalen Imperien in der Schweiz und deren Besitzern (Schmiedheiny, Abegg, Wille, Schwarzenbach u. a.) verläuft eine klare Grenze.

Beispiel: Der mächtigste pharmazeutische Konzern der Welt, die Hoffmann-La Roche AG, Basel, befindet sich in den Händen dreier Familien: der Hoffmann, Oeri und Sacher. Diese drei Familien kassieren jährlich allein an Dividenden 16 Millionen Schweizerfranken![14] Nicht einer ihrer Söhne bekleidet einen Direktionsposten innerhalb des Unternehmens. Aber die Chefs der drei Familien sitzen im Verwaltungsrat. Dank diesem System wird ein »Manager«, so ehrgeizig er auch sein mag, niemals ihre Allgewalt in Frage stellen können. Selbst wenn er ein astronomisch hohes Gehalt bezieht, bleibt der »Manager« immer der Angestellte der herrschenden Familie.

Eine Ausnahme, die die Regel bestätigt: Philippe de Weck,

14 Vgl. C. M. Holliger, *Die Reichen und die Superreichen in der Schweiz*, Hoffmann & Campe, 1974.

bis Ende 1979 Generaldirektor der Schweizerischen Bankgesellschaft, der größten Bank des Landes, war ein Lohnempfänger. Sein Gehalt: 1,2 Millionen Franken im Jahr. Gleichzeitig ist er ein verhältnismäßig bedeutender Aktionär der Bank, die er geleitet hat; denn die Bankgesellschaft hat die Bank de Weck in Freiburg aufgekauft, und Philippe selbst ist mit einer Bankierstochter aus Genf (aus der Familie de Saussure) verheiratet, die ihrerseits Aktionärin der Bankgesellschaft ist.
Auch eine Umkehrung anderer Art ist möglich.
Beispiel: Die Familie Bally in Schönenwerd besitzt und leitet eine der mächtigsten Industrieholdings in Europa (Schuhe, Chemie usw.). Zusammen mit andern Zürcher Familien gehört sie zu den Gründern der Schweizerischen Bankgesellschaft. Infolge einer zu raschen Expansion ist es heute die Bankgesellschaft, d. h. die Koalition der Bally feindlichen Oligarchen, die den Konzern von Schönenwerd beherrschen.
Die zweite tragende Säule der Oligarchie ist schlicht und einfach der unermeßliche Reichtum ihrer Mitglieder.
Beispiel: Das schweizerische Vermögen in der Schweiz beläuft sich auf 226 Milliarden Franken. 3,3 % der Bevölkerung kontrollieren allein mehr als die Hälfte dieser Reichtümer.
Brecht hat hin und wieder unrecht. Zum Beispiel im *Kaukasischen Kreidekreis:*

»Ach, zum Tragen spät und frühe
Ist zu schwer ein Herz aus Stein
Denn es macht zu große Mühe
Mächtig tun und Böse sein.«

Nein, Mühe macht das bei uns keinem. Weder den mageren, traurigen Genfer Bankiers noch den gottesfürchtigen, arbeitsamen Herren, die allmorgendlich um Viertel vor acht auf dem Zürcher Paradeplatz aus der Straßenbahn steigen und sich hinaufbegeben in die marmornen Zwingburgen weltumspannender Macht.

Ihre Erscheinungsformen können Abneigung, aber auch amüsierte Aufmerksamkeit erwecken. Sie können irritierend oder verabscheuungswürdig sein. Malerisch dagegen sind nur wenige unter den helvetischen Oligarchen. Einer bloß kommt mir in den Sinn: Cortésy, weiland Kaiser über das Nestlé-Imperium. Durch Zufall habe ich im Sommer 1968 eine Süd-

atlantik-Überquerung in einer Swissair-Boeing mit ihm und seinen Satrapen erlebt. Cortésy und sein Hof waren unterwegs in ihre südamerikanischen Kolonien.
Das bunte Spektakel mischte echt eidgenössische Bescheidenheit und Sparsamkeit mit imperialer Arroganz: In Pantoffeln, die Hemdsärmel hochgekrempelt, thronte der dickleibige, recht sympathische Cortésy im Erstklass-Fauteuil. Aus der Touristenkabine beorderte er lautstark einen nach dem andern seiner Satrapen zum Befehlsempfang.
Psychologische Besonderheiten, affektive und kulturelle, unterscheiden die Männer der helvetischen Sekundär-Oligarchie von ihren Komplizen der nordamerikanischen Primär-Herrschaft. Zwischen dem humanistisch gebildeten Genfer Bankier, der sich streng ans abstrakte Wort hält, der abends alte Handschriften entziffert, seine Bibel kennt und in frommer Überzeugung das Rote Kreuz unterstützt, und dem amerikanischen Bankmanager, der im »Geiste« jener seichten, neopositivistischen Philosophie der Harvard Business School erzogen worden ist, gibt es Nuancen.
Es sind jedoch nicht die psychologischen Unterschiede, die mehr oder weniger große Transparenz eines Gesichts, die mich hier interessieren. Mich interessiert die Realität oligarchischer Macht: nämlich ihre strukturelle Gewalt. Manche älteren Arbeiten über den sekundären Imperialismus begnügen sich mit dem Identitätsnachweis der verantwortlichen Personen.
Beispiel: Fritz Giovanoli hat eine Liste von ungefähr 200 Persönlichkeiten aufgestellt, welche die wichtigsten Schlüsselpositionen der Wirtschaft innehaben.[15] Seit Veröffentlichung dieses Buches hat sich die Konzentration des Kapitals verschärft. Eine vergleichende Untersuchung der Verwaltungsratssitze ergibt, daß heute eine ganz kleine Zahl von Männern (ungefähr 26) eine Art Machtelite bilden, deren Einfluß sich auf sämtliche Schlüsselpositionen der oligarchischen Wirtschaftskontrolle erstreckt.[16] Diese Männer kontrollieren unermeßliche Reichtümer und herrschen über ein geheimnisvolles wie gewalttätiges und mächtiges Imperium.

15 F. Giovanoli, *Libre Suisse, voici tes maîtres*, Sozialdemokratische Partei der Schweiz, Zürich, 1939.
16 Für die detaillierte Analyse der Verwaltungsratsmandate siehe das jährlich publizierte Register.

Nach den Schätzungen des ehemaligen Präsidenten der Nationalbank, Max Iklé, und einer Großbank besaß die Schweiz 1970 ein Auslandsvermögen von 166 Milliarden Franken, von welchen 86 Milliarden Franken ausländisches Vermögen in der Schweiz abgezogen werden müssen, womit man auf den Betrag von 80 Milliarden Franken schweizerisches Nettovermögen im Ausland kommt. Falls diese Summe gleichmäßig verteilt wäre, würde dies pro Kopf der Bevölkerung 14 400 Fr. ausmachen, was das durchschnittliche Pro-Kopf-Auslandsvermögen der Amerikaner von 1500 Fr. in gewaltigem Ausmaß übersteigt.[1] Dieses Auslandsvermögen verteilt sich auf Fabrikationsanlagen der Industrie, auf Wertschriften, Versicherungsanlagen, Grundbesitz und Bankguthaben. Den größten Teil unter diesem Vermögen der Schweiz im Ausland und des Auslandes in der Schweiz bilden beide Male die *Bankguthaben.* 53 Milliarden Franken wurden von den Banken aus ausländischer Hand aufgenommen, und 66 Milliarden Franken wurden von ihnen im Ausland angelegt. Die Schlüsselstellung der drei Großbanken im Verkehr mit dem Ausland wird hier sehr deutlich, denn ein großer Teil dieser Summen läuft durch die Konten dieser drei Institute.

Eine derart starke Gläubigerposition der Schweiz schlägt sich natürlich auch in den schweizerischen Einkommen aus dem Ausland nieder, über welche die rohen Schätzungen der Ertragsbilanz Auskunft geben.

Die Kapitalerträge (Zinsen, Dividenden) machten 1971 nach Abzug der schweizerischen Zinsen ans Ausland 3500 Millionen Franken aus, wovon allein jene 13 Milliarden Franken, welche die Banken dem Ausland über dessen schweizerische Guthaben hinaus geliehen

Beispiele[17]: 1979 hat allein die Bilanzsumme der drei größten schweizerischen Bankimperien – Schweizerische Kreditanstalt (SKA), Schweizerischer Bankverein (SBV), Schweizerische Bankgesellschaft (SBG) – die Ziffer von 191 Mrd. Franken überstiegen. Im selben Jahr betrug das Bruttosozialprodukt der Eidgenossenschaft knapp 161 Mrd. Drei der mehr als 4000 Banken in der Schweiz (einschließlich Filialen) kontrollieren folglich allein eine Summe, die jene aller in der Schweiz in einem Jahr produzierten Reichtümer bei weitem übersteigt; eine Summe, die mehr als fünfzehnmal größer ist

17 Die Gesamtheit der Zahlen, die das Bruttosozialprodukt betreffen, stammt vom Dokumentationsdienst der Bundesversammlung. Allerdings sind das nur ungefähre Zahlen mit oft erheblichen Abweichungen. Aus zwei Gründen: Der statistische Apparat der Schweiz ist außerordentlich schwach (wegen der strukturellen Undurchsichtigkeit, die von der Wirtschaft beabsichtigt ist); sodann grassiert in der Schweiz eine Epidemie »falscher Bilanzen«, vgl. P. Del Boca, *Le Faux Bilan de la société anonyme*, Dissertation, Lausanne.

hatten, 800 Mio einbrachten. Weiter nahmen die Banken für Kommissionen und Gebühren 500 Mio Fr. ein, sowie 100 Mio für ihr eigenes Geld im Ausland (Wertschriftenbesitz). Zählt man noch die Nettoeinnahmen der schweizerischen Versicherungen aus dem Ausland von 340 Mio Fr. dazu, dann warfen das erwähnte Auslandvermögen der Schweiz und ihre finanziellen Dienstleistungen im Jahre 1971 mindestens 4,5 Milliarden Franken ab.[2] Zusammen mit den Lizenzeinnahmen von vermutlich über 1 Milliarde Franken stieg diese Summe sogar auf über 5,5 Milliarden Franken oder auf 6 % des Volkseinkommens.[3] Diese Zahlen sagen aber noch nichts über den schweizerischen Besitz an Bank- und Versicherungsguthaben in der Dritten Welt aus. Um diese zu verfolgen, müssen wir die internationalen Geld- und Kapitalmärkte studieren, auf welchen die drei schweizerischen Großbanken eine gewichtige Stellung einnehmen.
(Kappeler, op. cit.)

1 Nach einem nicht ganz überzeugenden Einwand H. Kleinewefers in der NZZ vom 13. 1. 1972 soll das schweizerische Auslandvermögen wesentlich unter den von Iklé errechneten Zahlen liegen.

2 Nach Schätzungen der Kommission für Konjunkturfragen. Beilage zum Monatsbericht der Schweiz. Nationalbank Heft 7/1972. Mitteilungen von F. W. Schulthess an der Generalversammlung 1972 der Kreditanstalt.

3 Die Industrie-Investitionen der US-Firmen warfen 1970 in Asien (ohne Olländer) 16,8 % Gewinn ab, in Afrika 24,3 % und in Europa 9,5 %. (Vgl. Financial Times vom 17. 12. 1971 »US investment rises«.) Wenn die schweizerischen Firmen wie in den USA amtliche Angaben machen müßten, dürfte man sich auf ähnliche Erträge gefaßt machen.

als das Jahresbudget der Eidgenossenschaft (Bundesbudget 1979: 12 Mrd. Franken). Die Reichen in der Schweiz werden jedes Jahr reicher: Die Bilanzsumme der SKA ist zwischen 1978 und 1979 um 16,3 % auf 55,23 Mrd. Franken gestiegen, jene des SBV um 9,39 % auf 69,18 % Mrd. und jene der SBG gar um 10,53 % auf 67,37 Mrd. Die SBG erzielte 1979 einen Reingewinn von 290,28 Millionen Franken, der SBV von 258 Mill. und die ebenfalls skandalgeschüttelte SKA von 247 Mill.

Wir werden es im nächsten Kapitel sehen: Diese Riesenprofite werden weitgehend dank dem Fluchtkapital erzielt. Indes – und hier liegt das Geheimnis ihrer Macht – die Hehler von Zürich, Basel und Genf garantieren dem flüchtigen Kapitalisten, erfolgreichen Spekulanten oder Mafia-Chef zwar Anonymität und Sicherheit für sein Geld, sie zahlen ihm aber kaum Zinsen. Die Fluchtmilliarden erhält der Schweizer Bankier sozusagen gratis. Mit ihnen finanziert er die eigenen multinationalen Abenteuer der von ihm kontrollierten Industrie-, Bank- und Handelsgesellschaften.

Die Schweiz beherbergt in ihren Grenzen 447 multinationale Gesellschaften mit 1456 Filialen; 85,7 % dieser Filialen befinden sich in Industrieländern des Zentrums, 14,3 % in Ländern der Dritten Welt.[18] Die nachstehende Tabelle führt die wichtigsten »schweizerischen« multinationalen Gesellschaften unter Angabe ihres Anteils in Prozenten am Umsatz im Ausland an[19]:

Nestlé	98 %	BBC	76 %
Continental Linoleum	91 %	Schindler	67 %
Ciba-Geigy	85 %	Sika Konzern	66 %
Unikeller Holding	85 %	Holzstoff	65 %
Holderbank	84 %	Luwa	61 %
Hoffmann-La Roche	80 %	Georg Fischer	48 %
Sandoz	80 %	Oerlikon-Bührle	43 %
Interfood	80 %	Sulzer	46 %
Alusuisse	80 %		

Die Analyse des gemeinsamen Vorgehens des nordamerikanischen Primär-Imperialismus und der helvetischen Sekundär-Oligarchie – zum Beispiel in Brasilien, Chile – läßt, zumindest auf den ersten Blick, auf eine totale Abhängigkeit der letzteren vom ersteren schließen. In Wirklichkeit liegen die Dinge viel komplizierter: die Praxis der beiden Oligarchien produziert Konflikte. Sie zeigen sich sowohl in den Metropolen wie an der Peripherie. Ich will einige davon nennen.

So beeindruckend die wirtschaftliche und finanzielle Macht der sekundären Oligarchie auch scheint, so ausgedehnt auch ihr Ausbeutungssystem sein mag, ihre Macht ist nicht zu vergleichen mit derjenigen der nordamerikanischen Oligarchie. Diese zwingt der schweizerischen Oligarchie in der Regel ihre Präsenz auf, sie setzt sich in der Schweiz fest, und zwar massiv und gegen den Willen der örtlichen Oligarchie. In der Schweiz

18 Bericht der Vereinten Nationen, op. cit. Zum Umfang, dem Ort und der Struktur der privaten industriellen Investitionen der Schweiz in den Entwicklungsländern, siehe den Anhang zum vorliegenden Kapitel.

19 Tabelle wiedergegeben von P. Nobel, *Solidarität oder Rentabilität? Schweiz-Dritte Welt*, Verlag Schulthess, Zürich, Sammelwerk, 1973, S. 133.

arbeitet einer von fünfzig Schweizern für eine US-Firma. Meist geht sie siegreich aus dem Wettlauf mit den schweizerischen Banken und Trusts hervor, wenn es um die Beherrschung des Inlandmarktes oder um die Eroberung besonders fruchtbarer Gebiete an der Peripherie geht (zum Beispiel Südafrika oder Brasilien). Im November 1974 hat sie die Schweiz praktisch gezwungen, auf eine selbständige Erdölpolitik zu verzichten und sich der Internationalen Energieagentur anzuschließen, einem unter der Leitung Kissingers gegen die Erdölproduzenten gerichteten Kampfkartell.
Die primäre Oligarchie will sich auf dem schweizerischen Markt mit Kapital eindecken.
Beispiele: Honeywell, multinationaler Hersteller sogenannter »Anti-Personen-Waffen« (Bomben mit Mehrfachsprengsätzen usw.), Dow Chemical, multinationaler Hersteller von Napalm, legen ihre Finanzierungsanleihen in der Schweiz auf. Die amerikanische Regierung verlangt und erhält die Abänderung des schweizerischen Bankengesetzes: 1974 zwang sie den Bundesrat dazu, ein sogenanntes »Rechtshilfeabkommen« zu unterzeichnen, das die Schweizer Banken verpflichtet, ihre Akten amerikanischen Untersuchungsbeamten zu öffnen.
Das System der Handelsbanken, das das ganze wirtschaftliche Leben der Schweiz dominiert, ist seinerseits gekennzeichnet durch den Kampf um Profite zwischen primärer und sekundärer Oligarchie. Hier ein paar Zahlen: Ende 1973 gab es in der Schweiz 99 ausländische Banken, mehrheitlich von amerikanischem Kapital beherrscht und aufgeteilt auf 84 Banken in ausländischer Hand (Aktiengesellschaften nach schweizerischem Recht), sowie 15 Filialen ausländischer Institute (Filialen ohne juristische Persönlichkeit)[20]. Infolge Dollarsturz und Überbewertung des Schweizerfrankens droht die Zahl der vom Ausland kontrollierten Banken und Filialen langfristig noch anzusteigen. Die Banken, Finanzgesellschaften, Investitionstrusts, Devisenspekulanten und diskreten »Treuhandbüros«, ganz gleich ob ausländisch oder schweizerisch, liefern sich auf Schweizer Boden einen Kampf, in dem praktisch jeder Schlag erlaubt ist.[21]

20 Zahlen im Bulletin der Auslandsbanken in der Schweiz, das jedes Jahr im Juni erscheint.

21 Die schweizerische Gesetzgebung, welche Statut und Praxis der ausländischen

Anderes Beispiel: Die helvetischen Bankimperien sind die wichtigsten stillen Gesellschafter des rassistischen Südafrika. Drakonische Gesetze garantieren dort die Ausbeutung des schwarzen Arbeiters; es wimmelt nur so von industriellen Einrichtungen, die – über dazwischengeschaltete Holdinggesellschaften – Finanzgruppen in Genf, Zürich und Basel gehören. Um den Grad dieser Ausbeutung zu schildern, gebe ich kommentarlos die folgende Meldung aus dem *Manchester Guardian* wieder:

> »Aus Protest gegen ihre unmenschlichen Arbeitsbedingungen sind 700 schwarze Arbeiter der südafrikanischen Niederlassung der Alusuisse am 28. März 1973 in den Ausstand getreten. Die Direktion der Alusuisse, die jedes Gespräch mit den Arbeitern ablehnte, hat sämtliche Streikenden entlassen. Sie rief überdies die Regierung gegen ihre eigenen Arbeiter zu Hilfe: die Regierung entsandte ein Kontigent von 100 bewaffneten Polizisten, die unter den Arbeitern ein Blutbad anrichteten.«[22]

Nun ist aber heute in Südafrika ein heftiger Kampf zwischen den nordamerikanischen Konzernen und dem helvetischen Sekundär-Imperialismus um die Kontrolle des dortigen Marktes, des Finanzkapitals und der Arbeitskraft entbrannt. Folge: Es kommt vor, daß die Vereinigten Staaten öffentlich das Apartheid-Regime anklagen. Die helvetischen Konzerne haben einen originellen Gegenzug erfunden: Sie verlegen jene Phasen der Produktion, die die brutalste Ausbeutung des Arbeiters verlangen, außerhalb von Südafrika: auf die Insel Mauritius, nach Port-Louis. Die multinationalen Gesellschaften haben dort eine Freizone errichtet, in die sie jährlich Tausende von Tonnen Halbfertigware leiten. Diese Produkte

Banken regelt, ist notorisch ungenügend. Dies aus einem einfachen Grunde: Die Mehrzahl der ausländischen Institute in der Schweiz sind Aktiengesellschaften. Nun verlangt aber das schweizerische Obligationenrecht eine Mehrheit von Schweizern unter den Mitgliedern des Verwaltungsrates. Zahlreiche ausländische Banken, Finanzgesellschaften etc. ziehen deshalb – genau wie die einheimischen Imperien – Parlamentarier, Parteipolitiker, Professoren, Geschäftsanwälte und lokale Größen aller Art bei. Diese Männer sind dann selbstverständlich versucht, die Ansätze zu einer ernsthaften Reglementierung der ausländischen Banktätigkeiten in der Schweiz im Keim zu ersticken.

22 *Manchester Guardian*, 29. März 1973; Alusuisse ist eine multinationale Gesellschaft für Bauxit, Tonerde und Aluminium; Gewinn 1974: 204 Millionen Schweizer Franken.

werden dort durch weibliche Handlanger fertiggestellt, die für noch skandalösere Löhne und unter noch schlimmeren hygienischen Bedingungen arbeiten als in Südafrika. Die Fertigprodukte werden über Großbritannien nach Westeuropa, insbesondere nach den Ländern des Gemeinsamen Marktes reexportiert.[23]

Alle diese Widersprüche zwischen der Primär- und der Sekundär-Oligarchie lassen sich nicht aus der Welt schaffen. Letztlich sind sie jedoch nebensächlich. Entscheidend für sämtliche Beziehungen zwischen dem primären und dem sekundären Imperialismus ist die funktionelle Einheit. Der sekundäre schweizerische Imperialismus (oder der französische, der japanische, westdeutsche usw.) übernimmt unerläßliche, genau umrissene Aufgaben innerhalb ein und desselben weltbeherrschenden Systems. Diese Funktionen werden wir, was die Schweiz betrifft, genau untersuchen. Die funktionelle Einheit ist wesentlicher als alle Anzeichen von Konkurrenz innerhalb der parallel verlaufenden Tätigkeiten der verschiedenen gegenwärtigen Imperialismen, oder genauer, sie legt das eben noch erträgliche Maß an tatsächlicher Konfrontation, Konkurrenz und Widersprüchlichkeit zwischen den einzelnen Oligarchien fest. Diese Widersprüche jedoch stellen das weltweite Herrschaftssystem niemals wirklich in Frage, mindestens so lange nicht, als sie – was zweifellos heutzutage der Fall ist – im Rahmen der strategischen Einheit der imperialistischen Staaten verwaltet werden können. Wenn sie zu einer Gefahr für die sekundäre Oligarchie werden sollten, so wird diese ihre Strategie darauf richten, Aufnahme in einer supranationalen Organisation wie dem europäischen Gemeinsamen Markt oder der Internationalen Energieagentur zu finden.

Auf diesen Punkt lege ich Wert; er ist charakteristisch für die zwiespältige Natur des sekundären Imperialismus: Da er stets in Gefahr ist, zum Satelliten abzusinken, wird seine relative und widersprüchliche Unabhängigkeit in zunehmendem Maße fragwürdig; doch je mehr diese verfällt, desto intensiver widmet sich die sekundäre Oligarchie ihrer Rolle als Instrument, als unentbehrlicher Helfershelfer des primären Imperialismus! Das ist nur scheinbar paradox: Der Imperialismus stellt

23 Zu Details des Vorgangs siehe *Afrique-Asien*, 1973.

seine Agenten von Natur aus vor absolute und nur schwer widerrufbare Entscheidungen. Wenn es auch stimmt, daß zwei Oligarchien – die amerikanische und die schweizerische in unserem Fall – sich innerhalb eines bestimmten Marktes bekämpfen können, so ist es nicht minder offensichtlich, daß beide – ganz gleich, worin sie sich widersprechen oder worin sie sich entgegenkommen – nach dem gleichen widersprüchlichen System politischer und wirtschaftlicher Organisation der Erde vorgehen. Die Strategie der Banken, der Industrie, des Militärs, des Handels und der Politik aller imperialistischen Oligarchien ist überall und immer die gleiche: nämlich die der monopolistischen Beherrschung der Märkte, der Gewinnmaximierung und der größtmöglichen Ausbeutung des arbeitenden, abhängigen Menschen.

Anhang

Um die »autonome« Macht des schweizerischen Industriekapitals kennenzulernen, muß man sein Vordringen in der Dritten Welt verfolgen. Texte und Tabellen sind von Strahm.

J. Z.

Umfang und Verteilung schweizerischer Industrieinvestitionen

Der Buchwert der schweizerischen Investitionen in der Dritten Welt lag Ende 1972 bei rund 4 Milliarden Franken[1]. Der eigentliche Finanzwert, also die gesamte Summe der Investitionen (die aus dem Grundkapital, aus den seit der Gründung reinvestierten Gewinnen und aus Darlehen oder Anleihen finanziert wurden) beträgt selbstverständlich *ein Mehrfaches* dieser Summe, ist jedoch kaum genau schätzbar.

1. Geographische Verteilung

Wesentlich mehr Informationswert als diese Globalzahl haben die Angaben über die geographische Verteilung der schweizerischen Investitionen. Die letzte und einzig zugängliche Untersuchung über die Verteilung der Direktinvestitionen stammt von der OECD und geht ins Jahr 1967 zurück.

1 Wenn wir den von G. Etienne publizierten Bestand von 3454 Mio Ende 1968 nehmen (in: Institut Universitaire de Hautes Etudes Internationales, (Ed.), G. Etienne, *Les investissements privés suisses dans le Tiers Monde*, Genêve 1971 S. 46) und die jährlich von der Handelsabteilung ausgewiesenen Investitionen addieren, erhalten wir für Ende 1971 aufgrund von Angaben der Handelsabteilung einen Kapitalstock von 3840 Mio Franken (in: R. Büchi/K. Matter (Ed), *Schweiz-Dritte Welt, Solidarität oder Rentabilität?*, Zürich 1973, S. 123).

Sie wurde aber erst fünf Jahre später publiziert[2]. Seither verweigern sowohl die Industrieverbände als auch die Handelsabteilung des Volkswirtschaftsdepartements jede Auskunft über die geographische Streuung der schweizerischen Auslandsinvestitionen. Es scheint, daß die Bundesbehörden diese detaillierten Zahlen nicht einmal kennen, denn der Bund hat keine Kompetenz, solche Statistiken bei der Industrie zu erheben. Der Bund kann also heute die Zahlen nur auf vertraulicher Grundlage bei den Industrieverbänden erfragen[3].

Der Versuch, eine Kompetenz und Pflicht zur Erhebung finanzieller Flüsse und Rückflüsse zwischen der Schweiz und Entwicklungsländern im »Bundesgesetz über internationale Entwicklungszusammenarbeit und humanitäre Hilfe« zu verwirklichen, scheiterte 1973 am Widerstand der bürgerlichen Mehrheit im eidgenössischen Parlament.

Tabelle I

Geographische Verteilung der Privatinvestitionen der Schweiz und der OECD (DAC)-Länder in Entwicklungsländern (Ende 1967)

	Schweiz in Mio $	Total DAC-Länder in Mio Dollar	Schweiz in % vom DAC-Total
Süd-Europa	130	1 993	6,5
davon: Spanien	110	1 377	8,0
Afrika	60	6 591	0,9
davon: Guinea	19	93	20,5
Tanzania	3,0	60	5,0
exclusive: Südafrika (1966)	231	5 313	4,3
Zentral- und Südamerika	427	18 449	2,3
davon: Argentinien	116	1 821	6,4
Niederl. Antillen	21	381	5,5
Mexico	80	1 786	4,5
Brasilien	140	3 728	3,8
Asien und Nahost	77	8 094	1,0
davon: Thailand	8,0	214	3,7
Hongkong	10	285	3,5
Taiwan	5,0	149	3,3
Singapur	5,0	183	2,7
Südkorea	2,0	78	2,6
Total Entwicklungsländer	694	35 127	1,98

Quellen: OECD s. Literaturhinweise (2)
Südafrika: UN, Document ST/PSCA/Ser. A/10; Tab. C. 3

2 OECD/Development Assistance Directorate, *Stock of private direct investments by DAC countries in developing countries.* Ende 1967, OECD Paris 1972, S. 13–134. Den Hinweis auf die Existenz dieses Dokuments und einige Interpretationen verdanke ich Dr. Heiner Schweizer (geb. 1943, gest. 18. 1. 1973).

3 EPD/EVD, Entwicklung/Développement Nr. 17/Januar 1973.

In *Tabelle I* ist die geographische Verteilung des Totalbestands an direkten Privatinvestitionen der Schweiz und aller 16 westlichen Industrieländer, die im Rahmen der OECD dem CAD angehören, für das Jahr 1967 aufgeführt.

Die geographische Verteilung der schweizerischen Investitionen gibt einen Hinweis auf die Motive und Interessenlage der Unternehmer.

Während weltweit die Schweiz einen Anteil von rund 2 Prozent aller Investitionen in Entwicklungsländern hat, ist sie im relativ reichen *Südeuropa* (das nach OECD-Definition zu den Entwicklungsländern gezählt wird) und in *Lateinamerika* mit 6,5 bzw. 2,3 Prozent *überdurchschnittlich* vertreten.

In *Afrika und Asien,* wo sich mehr ärmere Länder finden, hat die Schweiz mit 0,9 bis 1 Prozent einen *unterdurchschnittlichen* Anteil.

In Südafrika (das in den Totalzahlen nicht eingeschlossen ist) und in Hongkong, Thailand, Taiwan, Singapur und Südkorea, sowie in Argentinien, Mexiko, Brasilien und Antillen ist der schweizerische Anteil wiederum überdurchschnittlich hoch. Das einzige Land im afrikanischen und asiatischen Kontinent, das zu den am wenigsten entwickelten Staaten gehört und wo die Schweiz überdurchschnittlich vertreten ist, ist Guinea. Dort hat die Schweiz größere Extraktivindustrien aufgebaut (Alusuisse).

Der Hauptanteil der schweizerischen Investitionen ist auf wenige Länder konzentriert. Eine andere Erhebung der Handelsabteilung für das Jahr 1968, die sich offenbar nicht genau mit der OECD-Untersuchung deckt, zeigt, *daß 58 % aller schweizerischen Investitionen in der Dritten Welt (und Südeuropa) auf 4 Länder entfallen,* nämlich:

Brasilien	19,2 %
Spanien	15,1 %
Argentinien	12,2 %
Mexiko	11,5 %

43 % aller schweizerischen Investitionen entfallen also allein auf die drei reichsten lateinamerikanischen Länder[4].

Das Schweizer Kapital ist in der Dritten Welt auf jene Länder und Regionen konzentriert, die erstens einen relativ fortgeschrittenen Stand der Industrialisierung erreicht haben und zweitens ein Klima der politischen Stabilität und der freien Wirtschaft aufweisen. Ausnahmen bilden nur die extraktiven Industrien, die sich nach den natürlichen Gegebenheiten richten müssen (z. B. Alusuisse in Guinea). In überdurchschnittlichem Maße verifiziert sich an Schweizer Industrieinvestitionen die bekannte These:

Unternehmen suchen Diktaturen mit freien Märkten und meiden arme Regionen.

2. Die größten Konzerne

Bezüglich der Wirtschaftssektoren, die von den Schweizern bevorzugt werden, stehen die Fabrikationsbetriebe mit 55 Prozent aller schweizerischen Investitionen (immer gemessen am Buchwert) an erster Stelle. Es folgen die Infrastrukturzweige (insbesondere Elektrizität) mit 16 Prozent und Handel mit 7 Prozent. Weitere Sektoren sind der Tourismus, das Bankwesen und die Minen.

4 G. Etienne, op. cit. (1).

Tabelle II
Direktinvestitionen schweizerischer Konzerne in Entwicklungsländern (ohne Südeuropa)

Konzern	Konzern-Umsatz 1973 Mio Fr.	Personalbestand 1973 total	Schweiz	Mehrheitsbeteiligung in EL 1970/72
Nestlé	16 420	127 800	7 250	*81 Fabriken in 28 Entw.Ländern:* 66 in 14 EL in La. 10 in 6 EL in As. 7 in 7 EL in Af.
Ciba-Geigy	8 154	73 300	20 800	*29 in 21 EL* 14 in 9 EL in La. 5 in 5 EL in Af. 10 in 7 EL in As. und Nahost
Hoffmann-La Roche	4 617	35 000	6 000	*16 in 12 EL* 12 in 8 EL in La. 4 in 4 EL in As.
BBC	7 220	95 500	19 600	*6 in 5 EL* Brasilien 2, je 1 in Argentinien, Peru, Mexico, Indien
Sandoz	3 616	33 600	ca. 9 500	*29 in 21 EL* 16 in 11 EL in La. 10 in 7 EL in As. und Nahost 3 in 3 EL in Af.
Sulzer	2 848	37 100	20 300	*12* 6 in Lateinamerika 2 in Afrika 4 in Asien + Nahost
Alusuisse	2 293	23 200	5 300	*9 in 7 EL* Brasilien 2, Nigeria 2, Niederl. Antillen, Costa Rica, Madagaskar, Guinea, Sierra Leone
Holderbank	1 730	16 000	1 700	*7 in 6 EL* Mexiko, Costa Rica (2), Kolumbien, Brasilien, Peru, Zaire
Oerlikon-Bührle	1 259 (ohne La.)	15 400	10 400	*3 in 2 EL* Brasilien, Chile, Argentinien (Minderheitsbeteiligung in Indien, Pakistan, Sudan, Türkei)

Quellen: Geschäftsberichte u. Literaturhinweis (5) (kein Anspruch auf Vollständigkeit der Angaben)

La = Lateinamerika
As = Asien
Af = Afrika

Die Präsenz der Schweizer Wirtschaft in den Entwicklungsländern zeigt sich an der hohen Zahl von Niederlassungen. Die fünf größten internationalen Konzerne der Schweiz kontrollieren mindestens 161 Tochtergesellschaften und Fabrikationsbetriebe in den Entwicklungsländern, die neun größten deren 192.
In *Tabelle II* sind die Mehrheitsbeteiligungen (Beteiligung 50 % und mehr des Kapitals) von 10 der zwölf größten Schweizer Industriekonzerne in den Entwicklungsländern (ohne Südeuropa) aufgeführt.
Nicht inbegriffen sind die bloßen Verkaufsfilialen und Verteilzentren, ebenso nicht die rund 40 von Schweizern kontrollierten Fabriken in Südafrika. Über Hoffmann-La Roche und deren Investitionen kennen wir nur ungenaue Angaben. Unsere Zusammenstellung erhebt keinen Anspruch auf Vollständigkeit, zumal die Abgrenzung zwischen effektiver Kontrolle (in der Regel Mehrheitsbeteiligung) und Minderheitsbeteiligung, sowie zwischen Fabrikationsbetrieben und bloßen Verteilzentren nicht immer leicht ist[5]
Die Beteiligung der schweizerischen Finanzgesellschaften und der von der Schweiz aus operierenden Holdings sind in diesem Beitrag ausgeklammert. (Der vorausgehende Beitrag von Beat Kappeler befaßt sich damit.) Allein von den rund 1000 amerikanischen Holdingsgesellschaften, die die Geschäfte der US-Firmen in aller Welt kontrollieren, haben deren 600 aus fiskalpolitischen Gründen ihren Sitz in der Schweiz[6].
Der bedeutendste und größte Schweizer Konzern ist die *Firma Nestlé*, die in der Weltrangliste unter den 100 größten Gesellschaften figuriert. Mit 297 Fabriken im Jahre 1972 in der ganzen Welt, davon 81 in 28 Entwicklungsländern, sowie mit 10 Verwaltungszentren und 697 Verkaufsstellen in der ganzen Welt, ist sie wahrscheinlich hinsichtlich der geographischen Streuung der multinationalste Konzern überhaupt. Sie ist aufgeteilt in drei verschiedene Kontrollbereiche: Die Nestlé Alimentana SA umfaßt das Mutterhaus in Vevey, kontrolliert ganz Europa ohne die Sterling-Zone, die USA und Asien. Die Nestlé Ltd. ist verantwortlich für die Sterling-Zone, und die Unilac Inc. ist für Panama und alle Länder jenseits des Atlantiks (ohne USA) zuständig. Mit 16,4 Mrd. Umsatz ist der Nestlé-Konzern die größte Finanzmacht innerhalb der Schweiz – größer als jede öffentliche Körperschaft: Im Vergleich dazu erreichte die Bundesfinanzrechnung 1973 die Summe von 11,6 Mrd. Franken. Während der Bund ein Defizit von 779 Mio. Franken verzeichnen mußte, konnte der Nestlé-Konzern einen Reingewinn von 687 Mio Franken ausweisen: privater Reichtum – öffentliche Armut.

5 Quellen waren: die Geschäftsberichte (Nestlé, Ciba-Geigy, BBC, Sandoz, Alusuisse, Sulzer, Holderbank, Oerlikon-Bührle) und folgende Publikationen: Pressedienst der SBG, in NZZ 311 v. 8. 7. 1974, S. 3, Hermann Strehler, *Politique d'Investissement à l'étranger des grandes entreprises industrielles suisse (these Neuchatel)*, St. Gallen 1969, Max Iklé, *Die Schweiz als internationaler Bank- und Finanzplatz*, Zürich, 1970, S. 171.
Peter Nobel, *Multinationale Unternehmungen*; in: Büchi/Matter, *Schweiz – Dritte Welt, Solidarität oder Rentabilität?*, Zürich 1973, S. 134.
Focus Nr. 22, Sept. 71, Zürich, p. 17.
6 OECD, *Stock of private investment*, op. cit. (2), S. 139.

3. Personalverteilung

Den gesamten Personalbestand in den schweizerischen Firmen in Entwicklungsländern gab die Bundesverwaltung für das Jahr 1971 mit 100 700 an: in den südeuropäischen Entwicklungsländern 16 200, Afrika 7 900, Lateinamerika 55 000 und Asien 21 600[7]. Den nach Entwicklungsländern aufgeteilten Personalbestand in schweizerischen Firmen kennen wir ebensowenig wie die länderweisen Investitionssummen der letzten Jahre.

(Strahm, op. cit.)

7 EPD/EVD, Entwicklungs/Développement Nr. 17/Januar 1973.

2. Eine »Nation von Hehlern«[1]

Denn wie man sich bettet, so liegt man
Es deckt einen keiner da zu
Und wenn einer tritt, dann bin ich es
Und wird einer getreten, dann bist's du.

Bertolt Brecht
Aufstieg und Fall der Stadt Mahagonny

Sag ihm, der den Wagen zieht
Er wird bald sterben.
Sage ihm, wer leben wird?
Der im Wagen sitzt.

Bertolt Brecht
Turandot oder der Kongreß der Weißwäscher

Nur wer im Wohlstand lebt, lebt angenehm

Bertolt Brecht
Die Dreigroschen-Oper

a) Bankiers und Banditen

Im Rahmen des weltweiten imperialistischen Systems übernimmt die schweizerische Bank eine unentbehrliche Funktion: die des Hehlers. Die imperialistische Oligarchie eines jeden Landes im Zentrum wie auch ihre lokalen Komplizen in den Ländern der Peripherie (die herrschenden Klassen des peripheren Kapitalismus) brauchen einen Ort, dessen Bankgesetzgebung, freie Währungskonvertibilität, relativ stabile Politik und Stand der technischen und verwaltungsmäßigen Einrichtungen (Fernschreiber, Flughäfen, Buchhaltung) es ihnen erlauben, ihre Beute zunächst einmal in Sicherheit zu bringen und sie anschließend profitträchtig zu reinvestieren. Es gibt zwei Arten von Schmuggelorganisationen: Die erste wird von den Handelsbanken selbst unterhalten. Diese Netze sind in der Regel sehr gut organisiert. Es kommt außergewöhnlich selten vor, daß ein Bankier sich erwischen läßt. Und doch ist es geschehen, und zwar im Falle des Genfer Privatbankiers Hentsch, der ein solches Netz in Schweden leitete. Er wurde

1 Das Wort von Lenin ist ungerecht, denn es ist nicht die Nation, sondern die Oligarchie, welche Hehlerdienste leistet; zu den Texten Lenins über die Schweiz siehe M. Pianzola, *Lenin en Suisse,* Librairie Rousseau, Genf 1956.

1972 von der schwedischen Polizei verhaftet und vom Gericht in Göteborg verurteilt. Die zweite Art wird von berufsmäßigen Schmugglern organisiert, welche die Daten der Übergabe, die Modalitäten der Kommissionen usw. festlegen; diese »Übermittler« werden von den exportierenden Kunden bezahlt. Sie bringen die Fluchtgelder auf eine schweizerische Bank. Für spanische Peseten beträgt die Kommission gegenwärtig 7 %[2]; der Transport erfolgt per Koffer in Tausendernoten.

Es ist noch nie eine offizielle Zahl über die Höhe des in die Schweiz gebrachten Fluchtkapitals bekanntgeworden.[3] Der Bundesrat selbst gibt zu, daß er weder den Betrag noch die Herkunft noch die Aufbewahrungsorte dieser in den meisten Fällen astronomischen Summen kennt. Daraus ergibt sich eine interessante politische Frage: Entweder führen die Schweizer Banken keine Buchhaltung, oder die Regierung weiß nicht und will nicht wissen, was in ihrem eigenen Land vor sich geht!

1979 kontrollierten allein die fünf wichtigsten Bankimperien der Schweiz (Schweizerische Bankgesellschaft, Schweizerischer Bankverein, Schweizerische Kreditanstalt, Volksbank, Bank Leu) eine Bilanzsumme, die die Summe des schweizerischen Bruttosozialproduktes um mehr als 30 Milliarden überstieg. Nun gibt es aber in der Schweiz mehr als 4000 Banken (Filialen inbegriffen). Diese Fluchtgelder sind dem Fiskus ihrer Herkunftsländer unterschlagen worden[4]; manchmal handelt es sich auch um Gelder, die aus krimineller Tätigkeit stammen, oder ganz einfach um Kapital, das in der Schweiz in »Sicherheit« gebracht wird, weil diese »Sicherheit« hier eher gewährleistet scheint als anderswo. Die Ausfuhr solcher Gelder ist in den meisten Ländern verboten. Die Schmuggelorganisationen verstoßen also tagtäglich gegen eine große Anzahl schweizerischer und ausländischer Gesetze. Aber die Schweizer Regierung hütet sich seltsamerweise davor, sie unschädlich zu machen.[5]

2 *Der Spiegel,* 19. Januar 1976.

3 Unter Fluchtkapital verstehe ich ein Kapital, dessen Überweisung weder der Tilgung irgendeiner Schuld noch einer Warentransaktion dient.

4 Die Propagandabüros der Bankherren unternehmen den geschickten Versuch, die Hehlerei als produktive Tätigkeit erscheinen zu lassen. Siehe dazu ein Interview von Alfred Schäfer, Verwaltungspräsident der Schweizerischen Bankgesellschaft: »Our raw material is money«, *Newsweek,* 11. März 1974.

5 Umgekehrt: Wenn eine ausländische Fahndungsbehörde in der Schweiz dem Schwarzkapital nachspürt, wird die Bundespolizei sogleich aktiv. Am 15. 4. 1980 wurden zwei französische Zollinspektoren, die illegal transferierten Millionen nachforschten, vom Chef des Gegenspionage-Dienstes der Schweizeri-

Beispiel: Der Sturz der faschistischen Diktatur in Portugal am 24. April 1974 löste eine massive Kapitalflucht aus. Mit dem Amtsantritt der ersten provisorischen Regierung traten strenge Gesetze in Kraft, die jeglichen nicht autorisierten Transfer ins Ausland untersagten. Und doch hat das Land – laut Bericht der Bank von Portugal vom Juli 1975 – zwischen April 1974 und April 1975 mehr als eine Milliarde Escudos in Form von Fluchtkapital verloren. Dabei handelt es sich ausschließlich um Geld, das heimlich aus dem Land geschafft wurde (Transport in im Ausland zugelassenen Autos usw.), und zwar in Form von Banknoten. Diese Noten werden später von den Nationalbanken der Empfängerländer (Hehler) der Bank von Portugal präsentiert, um dafür den Gegenwert in Devisen oder Gold zu erhalten. Mit aller Deutlichkeit beweist der Bericht, daß unter allen Nationalbanken Westeuropas die Schweizerische Nationalbank der Bank von Portugal regelmäßig die beträchtlichsten Summen portugiesischer Banknoten vorlegt.[6]

Es ist nicht möglich, in einem kurzen Buch all die Schliche und Tricks aufzuzeigen, welche die Schweizer Banken ersonnen haben, um fremdes, flüchtiges Kapital unter Umgehung der Gesetzgebung des Ausfuhrlandes in ihre Koffer zu schleusen. Gängige Methoden sind:

Die Unterfakturierung: Ein deutsches (englisches, italienisches, brasilianisches) Unternehmen exportiert Waren in irgendein Land; der vertraglich angegebene Kaufpreis lautet auf beispielsweise 10 Millionen Franken. Tatsächlich beträgt der Preis 18 Millionen. Die 10 Millionen werden, regulär über die Zentralbank des Ausfuhrlandes, konvertiert in einheimische Währung, vom Unternehmer kassiert. Die stillen 8 Millionen jedoch gehen in Devisen und geheim auf ein dem Unternehmer gehörendes schweizerisches Nummernkonto.

schen Bankgesellschaft in einen Hinterhalt gelockt und von 30 Polizeibeamten verhaftet. Den Haftbefehl hatte die Bankgesellschaft schon am Vortag beim Untersuchungsrichter abgeholt. Die französischen Inspektoren wurden am 17. 6. 1980 in Zürich wegen »Wirtschaftsspionage« verurteilt.

6 Zur Analyse der »italienischen« Netze siehe die Untersuchung von *La Stampa*, Turin, 10. 4. 1976; für die »nord-afrikanischen« Netze: *Tribune de Lausanne*, 28. 5. 1973; zum Funktionieren eines der mächtigsten »französischen« Netze: *Journal 24 heures*, 13. 11. 1975; für das »spanische« Netz: *Der Spiegel*, 19. 1. 1976.

Oder aber es wird – nach gleichem System – *kompensiert:* Eine Bank hat im Land X eine Forderung; ein anderer Kunde hat im gleichen Land eine Schuld zu begleichen. Nun wird fiktiv verrechnet – der Kunde überweist den Differenzbetrag auf sein Nummernkonto.

Bekannt ist *ein deutsches System:* In der Bundesrepublik kann der Unternehmer, dessen Unternehmen defizitär ist, hohe Steuerabzüge buchen. Es ist durchaus geläufig, daß ein deutscher Unternehmer seine Firma künstlich ins Defizit setzt – etwa durch Unterfakturierung seiner Exporte – und gleichzeitig in der Schweiz sein Nummernkonto eröffnet. Um die Firma aber am Konkurrenzrand über Wasser zu halten, nimmt er laufend kurzfristige Darlehen von Bargeld auf. Wo? Bei der Schweizer Bank, die sein Nummernkonto hütet. Er zahlt dann an sich selbst die hohen Zinsen für solche kurzfristigen, stets erneuerten Darlehen.

Juni 1976: Kurze Aufregung in der helvetischen Bankenunterwelt. Die internationale Steuerhinterziehung hatte – dank dem »Finanzplatz« Schweiz – derartige Formen angenommen, daß verschiedene Regierungen in Bern vorstellig wurden. Die eidgenössische Regierung unterbreitete dem Parlament eine Gesetzesvorlage, in der die Aufhebung des Bankgeheimnisses für alle jene Fälle verlangt wurde, in denen der in- oder ausländische Fiskus klar nachweisen kann, daß massive Steuerhinterziehung vorliegt. Gegen den Gesetzesvorschlag bzw. den betreffenden Paragraphen lamentieren die bürgerlichen Wahlbürokratien. Am Morgen des 21. Juni kommt es zur Abstimmung: Richard Müller, Helmut Hubacher reden. Auf sie folgt der bürgerliche Sprecher: der wendige St. Galler Nationalrat Rudolf Schatz, Teilhaber des Bankhauses Wegelin & Co. Sein Wunsch: Schützet das Vaterland vor ausländischen Steuerfahndern. Und dann geschieht ein Wunder. Georges André Chevallaz, Finanzminister der Eidgenossenschaft, steht auf. Er sagt: »Schatz hat recht, mein Gesetz ist falsch, der Paragraph wird gestrichen.« Und so geschah es auch: Beim Namensaufruf stimmten 91 Parlamentarier gegen den Paragraphen, 74 dafür. Und in der Schweiz können die Steuerflüchtigen aller Länder, insbesondere aus Deutschland, munter weiter betrügen.

Ein Nachtrag aus der Genfer Lokalpolitik: Das vorzügliche

Funktionieren der von Schweizer Banken gesteuerten, internationalen Kapitalschmuggelorganisationen stellt gegenwärtig dem Stadtrat von Genf pittoreske Probleme. Das Stadtbauamt hat für verschiedene Banken Kellerbauten bis zu fünf Stockwerke unter der Erde bewilligt. Unaufhörlich graben die Banken. Die Kellerbunker – in denen die Schätze vieler Länder liegen – haben bereits den Grundwasserspiegel erreicht. Das Genfer Bankenviertel liegt auf dem linken Ufer der Rhône. Auf dem rechten Ufer dehnt sich eine historische Vorstadt: St. Gervais. Dort müssen heute ganze Häuserzeilen abgerissen werden, weil die Fundamente der Häuser unter den von den Kellerbunkern der Banken verdrängten Wassermassen zusammenbrechen.

b) Das Fluchtkapital

Es gibt zwei Arten von Fluchtkapital. Die erste hängt damit zusammen, daß die Handelsbilanz der Schweiz mit den meisten ihrer Partner in Europa defizitär ist. Der Zufluß von geheimem Kapital schafft da eine Art Ausgleich. Wenn die deutsche Regierung (oder die englische, die italienische, die französische) ernsthafte Maßnahmen ergreifen wollte, um den fiskalischen Aderlaß ihres Landes zum Stillstand zu bringen und namentlich die Kapitalflucht nach der Schweiz zu unterbinden, dann würde die Regierung in Bern unverzüglich mit der Forderung nach Neuregelung der Handelsverträge kontern. Diese erste Kategorie von Hehlerei nimmt erstaunliche Ausmaße an: Die *New York Times* veröffentlichte 1974 eine Untersuchung ihres Mitarbeiters Paul Hoffmann in Lugano[7]. Lugano, die wirtschaftliche Hauptstadt des Kantons Tessin, nur anderthalb Autostunden von Mailand entfernt, hat 25 000 Einwohner und mehr als 300 Banken, Finanzgesellschaften, Treuhandbüros und Investmentagenturen! Paul Hoffmann weist nach, daß in der Zeit von 1964 bis 1974 Fluchtgelder in der Höhe von 15 Milliarden Dollar aus Italien nach Lugano geschafft worden seien. Sämtliche großen Schweizer Banken (und viele ausländische) unterhalten in Lugano Filialen, deren

7 *New York Times*, 4. September 1974, S. 59.

Bedeutung in keinem Verhältnis zu den geringen finanziellen Bedürfnissen der Region steht.

Nach einer neueren Untersuchung besitzen ungefähr 400 000 Franzosen ein Nummernkonto in der Schweiz. Während in Frankreich mehr als eine Million Menschen arbeitslos sind, während sich zahlreiche Unternehmen mangels Investitionen in finanziellen Schwierigkeiten befinden, übersteigt das französische Vermögen in der Schweiz die Summe von 390 Milliarden Francs[8]; die Summe entspricht nach Berechnungen von Mitterands Wirtschaftsberater Jacques Attali einem Zehntel des gesamten französischen Volksvermögens und einer Nationalproduktion von rund viereinhalb Monaten.[9]

Die zweite Art von Fluchtkapital stammt von den herrschenden Klassen des peripheren Kapitalismus:

Beispiel: Das Koordinationskomitee der äthiopischen Streitkräfte, das am 9. September 1974 Kaiser Haile Selassie absetzte, entdeckte mit Bestürzung, in welchem Ausmaß der gestürzte Monarch Kapital ins Ausland verschoben hatte. Am 12. September 1974 übermittelte AFP folgendes Communiqué des Komitees:

> »Das Komitee veröffentlicht Statistiken über die Produktion der Goldminen im Süden des Landes, wo Zwangsarbeiter während Jahrzehnten Hunderttausende von Kilo Gold gefördert haben. Dieses Gold wurde zugunsten des Kaisers ins Ausland befördert, und es ist sogar vorgekommen, daß eine Bank das Gold in bares Geld umtauschte, weil sie nicht mehr wußte, was sie mit dem Metall anfangen sollte (...). Die Einlagen, welche der Souverän bei ausländischen Banken getätigt hat, sind unter Code erfolgt, und es bestehen wenig Chancen, daß diese Gelder dem Land in seinen gegenwärtigen Schwierigkeiten zugute kommen können. Das Komitee versucht, unter dem Volk eine Bewegung auszulösen, die den Souverän zwingen würde, das Vermögen zurückzuführen. Die ersten Reaktionen des Durchschnittsäthiopiers bestehen darin, daß er darüber staunt, welch gewaltige Summen seinem armen Land entzogen und zugunsten höchstentwickelter Länder eingesetzt worden sind. Man

8 Didier Willot, Untersuchung, *Le Point*, 16. 2. 1976.
9 J. Attali, in: *Le Monde diplomatique*, Mai 1976, S. 4.

ist in Addis Abeba der Meinung, daß ein großer Teil des Vermögens in der Schweiz liegt.«[10]

Ein anderes Beispiel: 1974 veröffentlichte die Zeitung *El Panama-America* folgende Nachricht aus ihrem Büro in Tegucigalpa:

»Der Verwalter der Zentralbank von Honduras, Profiro Zavala, erklärt, daß sich das Land infolge Kapitalflucht ins Ausland in einer schwierigen Lage befinde. Personen, die ihr Geld ins Ausland exportiert hätten, müßten es unbedingt heimschaffen.«[11]

Der Beamte schreibt diese Lage dem »Klima der Unsicherheit sowie den niedrigen Zinssätzen in diesem Land« zu. Mit andern Worten: die schüchternen Anstrengungen, welche die Regierung von Honduras unternommen hat, um erstmals in diesem Land eine Einkommensteuer zu erheben und auf diese Weise das Elend der großen Mehrheit der Bevölkerung zu lindern, werden praktisch zunichte gemacht durch den massiven Transfer der Gewinne der Oligarchie auf ausländische, insbesondere schweizerische Banken, die in Panama ihre Niederlassungen haben.

Und noch einmal Honduras: Am 9. April veröffentlichte *Le Monde* folgende Information:

»Am Dienstag, 8. April, sind in Wall Street sämtliche Börsengeschäfte mit Aktien der United-Brands – besser bekannt unter ihrem früheren Namen United Fruit – eingestellt worden, nachdem diese zugegeben hatte, zwecks Erlangung kommerzieller Vorteile Bestechungssummen in der Höhe von 1 250 000 Dollar an hochgestellte Personen in Honduras bezahlt zu haben.«

Die Zeitschrift *Time* schrieb dazu am 4. April 1975:

»General Osvaldo Lopez Arellans hat einen Teil dieses Geldes auf dem Umweg über ein Nummernkonto in der Schweiz erhalten.«

Die Liste der durch das Bankgeheimnis gedeckten kriminellen Handlungen ist praktisch endlos.[12]

10 Die vom Koordinationskomitee der Streitkräfte genannte Zahl beläuft sich auf 6 Milliarden US-Dollars, zum Kurse von September 1974.

11 *El Panama-America*, 3. September 1974, S. 7.

12 Hierzu eine Bemerkung allgemeiner Art: Die systematische Korrumpierung der Politiker und der Verwaltungskader der Peripherie durch die multinationalen Gesellschaften des Zentrums ist eine ständige Taktik des Imperia-

Hier ein letztes Beispiel: General Thieu, bis April 1975 Präsident von Südvietnam, und Marschall Lon-Nol, Ex-Präsident der Republik Kambodscha, zwei bedeutende, von den Vereinigten Staaten »gemachte« Staatsmänner, verfügten nebst ihren polizeilichen Talenten auch über einen ausgeprägten Geschäftssinn. Während ihre Völker in grauenhafter Agonie lagen, nahmen die beiden Philanthropen mit Geschick ihr persönliches Schicksal in die Hand. Hier die Fakten: Ende März landete in Saigon eine DC-8 der schweizerischen Fluggesellschaft Balair – einer Tochtergesellschaft der nationalen Fluggesellschaft Swissair. Die Maschine, die vom Roten Kreuz der Bundesrepublik Deutschland gechartert worden war, brachte Medikamente, Milchpulver und ärztliche Ausrüstungen. Sie sollte am nächsten Tag zurückfliegen. Doch am Morgen des Rückflugs erhielt der Bordkommandant einen erstaunlichen Besuch: Gesandte aus dem Präsidentenpalast von Saigon fragten ihn, ob seine Maschine nicht »einige persönliche Habseligkeiten« der Familie Thieu sowie zwei, drei Sachen, die Lon-Nol gehörten, in die Schweiz mitnehmen könnte. Was für Habseligkeiten? 16 Tonnen Gold, antworteten die Gesandten. Verwunderung des Piloten, Telex in die Schweiz. Ablehnung. Begründung: Die DC-8 muß auf ihrem Flug nach Europa zwei Zwischenlandungen machen, um aufzutanken. Diese Zwischenlandungen finden in Bangkok und Bahrein statt. Balair befürchtet eine Beschlagnahme des Goldes in einem dieser Flughäfen. Die Ladung ist »zu auffallend«: Die Schweizer wollen diese Verantwortung nicht übernehmen und spätere Prozesse riskieren. Die Saigoner haben eine andere Idee: »Wie wäre es, wenn man die Barren in dünne Platten schneiden, sie über den Frachtraum verteilen und mit einer anderen Ladung zudecken würde?« Erneute Ablehnung der Schweizer. Nach Angabe der Zeitschrift *Time* »befand sich die Beute Ende der Woche offensichtlich noch in Saigon, in dünne Lamellen geschnitten, und wartete auf einen verständ-

lismus. Wir verweisen hier nur im Zusammenhang mit der Rolle, die – auch in diesem Bereiche – das helvetische Bankgeheimnis spielt, auf diesen Punkt. Zur Strategie der systematischen Korrumpierung siehe insbesondere: *Corruption in India,* Sammelwerk, herausgegeben von Suresh Kohli, New Delhi, 1975; Bechir Ben Yahmed: »La corruption«, *Jeune Afrique,* Nr. 751 vom 30. Mai 1975.

nisvolleren Transporteur«.[13] Es existieren genaue Indizien für die Annahme, daß dieses Gold, d. h. Milliarden, die den Völkern von Kambodscha und Vietnam gestohlen worden sind, heute friedlich in den Depots zweier diskreter helvetischer Banken ruhen.

Die Länder selbst sind gegenüber diesem Exodus des Kapitals, der von den reichen Klassen der armen Länder organisiert wird, praktisch wehrlos; denn es sind in der Regel ihre eigenen Regierungen, welche diese Transfers durchführen. *Das Geld ist das Blut der Armen,* sagt Léon Bloy. Nie trifft dieses Wort genauer als auf ein Banksystem angewandt, das mit dem Geld, das hungernden Menschen gestohlen wird, in den schweizerischen Mausoleen der internationalen Finanz unglaubliche Schätze aufhäuft.

c) Das Bankgeheimnis

Die wundersame helvetische Einrichtung, die all diese einträglichen Transaktionen ermöglicht – illegale Transfers, Steuerbetrug, verwickelte Finanzierung auf den Gebieten des Waffen- und Drogenhandels, Spekulationen mit Lebensmitteln, internationale Währungsmanipulationen, Hehlerei und was der Wohltaten mehr sind – nennt sich *Bankgeheimnis.* Seine gesetzliche Grundlage: der Artikel 47 des »Bundesgesetzes über die Banken und Sparkassen«. Hier der Wortlaut dieses Artikels:

> »1. Wer ein Geheimnis offenbart, das ihm in seiner Eigenschaft als Organ, Angestellter, Beauftragter, Liquidator oder Kommissär einer Bank, als Beobachter der Bankenkommission, als Organ oder Angestellter einer anerkannten Revisionsstelle anvertraut worden ist oder das er in dieser Eigenschaft wahrgenommen hat,
> wer zu einer solchen Verletzung des Berufsgeheimnisses zu verleiten sucht, wird mit Gefängnis bis zu sechs Monaten oder mit Buße bis zu 50 000 Franken bestraft.
> 2. Handelt der Täter fahrlässig, so ist die Strafe Buße bis zu 30 000 Franken.

13 *Time*, 12. April 1975, S. 25.

3. Die Verletzung des Berufsgeheimnisses ist auch nach Beendigung des amtlichen oder dienstlichen Verhältnisses oder der Berufsausübung strafbar.

4. Vorbehalten bleiben die eidgenössischen und kantonalen Bestimmungen über Zeugnispflicht und über Auskunftspflicht gegenüber einer Behörde.«[14]

Die Liste möglicher Urheber von Indiskretion ist lang:

– Die Mitglieder eines Organs (Verwaltungsrat oder Direktionskomitee) und Privatbankiers, Gesellschafter einer Kollektiv- oder Kommanditgesellschaft;
– Die Beauftragten; unter diesem allgemeinen Begriff sind alle Personen zu verstehen, denen die Bank im Rahmen ihrer geschäftlichen Tätigkeit einen Auftrag erteilt hat; der Gesetzgeber wollte insbesondere die Rechenzentren erfassen, welche von den Banken mit der elektronischen Verarbeitung von Informationen betraut worden sind;
– Die Liquidatoren im Falle des Konkurses der Bank, ebenso wie die Sachwalter, wenn ein Nachlaßvertrag zustande gekommen ist;
– Die von der Bankenkommission entsandten Sachverständigen, die als Beobachter bei Banken tätig sind, deren Gläubiger Gefahr laufen, durch schwerwiegende Unregelmäßigkeiten geschädigt zu werden;
– Die Angestellten einer anerkannten Revisionsstelle, wie auch die Mitglieder der Organe einer solchen Einrichtung.[15]

Die Verwaltung von Geld hat in der Schweiz sozusagen sakramentalen Charakter. Geld verwahren, empfangen, zählen, horten, damit spekulieren, hehlen – das alles sind Tätigkeiten, die seit der Zeit der ersten Flüchtlingswelle[16] – d. h. mit dem Strom der 1685 aus Frankreich nach Genf vertriebenen Hugenotten – mit geradezu ontologischer Erhabenheit ausgestattet sind. Kein Wort darf eine derart edle Betätigung besudeln. Sie vollzieht sich in Andacht, in Stille.[17] Wer immer

14 »Bundesgesetz über die Banken und Sparkassen von 1934«, Art. 47. Kommentar der Artikel und regelmäßig auf den neuesten Stand gebrachte Analyse der Rechtsprechung durch Maurice Aubert, in *Fiches juridiques*, Genf.

15 *Fiche juridique Aubert.*

16 Ausweichen der begüterten französischen und italienischen Bourgeoisie protestantischer Konfession nach Genf nach der Aufhebung des Edikts von Nantes im Jahre 1685.

17 Die Architektur der helvetischen Banken spiegelt in bewundernswerter Weise den sakralen Charakter der Banktätigkeit: prächtige Tempel mit Marmorsäulen

die Sünde begeht, zuviel zu reden, entweiht sie. Ein solches Sakrileg wird vom Gesetz bestraft. Die Stille und Andacht finden ihre Krönung in der calvinistischen Theorie des geheiligten Ansammelns von Schätzen. Der Genfer (Basler, Zürcher oder Panama-Basler) Bankier erfüllt die Aufgabe des unerbittlichen Moralwächters: Gegenüber einer Welt von Bösen und Ungläubigen beschützt sein Schweigen die Tugend. Nur der Ehrenmann profitiert vom Bankgeheimnis. Das Geheimnis ist die Belohnung für seine Ehrenhaftigkeit. Als Wahrer und Wächter der christlichen Moral akzeptiert der Genfer Bankier grundsätzlich nur einen Mann als Schuldner oder Gläubiger, dessen Tugendhaftigkeit ihm bekannt ist; prinzipiell handelt er den Geboten des Staates und der Kirche streng konform.[18]

Unglücklicherweise steht seine tägliche Praxis zu dieser Aussage in grausamem Widerspruch. Dieses Versagen hat zunächst eine theoretische Ursache. Die calvinistische Doktrin der Ansammlung von Schätzen als Wert an sich setzt die Anerkennung einer untermenschlichen Existenz und der Ausbeutung von Millionen von Menschen wenn nicht als Wert, so doch als unausweichliche historische Notwendigkeit voraus. Ein solcher Widerspruch macht den Gleichheitsgedanken des Evangeliums, den Glauben und seine Gebote, denen der Bankier durch die Institution des Geheimnisses zu dienen vorgibt, offensichtlich zunichte. Und zweitens hat das Versagen auch einen praktischen Grund: Es ist ausgerechnet das Geheimnis, das den Bankier dazu verführt, das Gegenteil von dem zu tun, was er zu tun vorgibt.

d) Die Gerichtspraxis

Wie eröffnet man in der Schweiz ein Konto? Oder umgekehrt, wie läßt man ein Konto beschlagnahmen? Der ausländische Kunde, der Geld auf eine der viertausend und sound-

für die großen Geschäftsbanken, kleine, diskrete Kapellen mit dunkler Holztäfelung für die Privatbanken und die Vermögensverwalter.

18 A. Biéler, *La Pensée économique et sociale de Calvin*, Ed. Georg, Genf 1959. G. Busino, »Intorno al pensiero economico e sociale di Calvino«, in: *Rivista storica svizzera*, Nr. 10, 1960.

soviel Banken der Schweiz einlegen will, muß einen Identitätsausweis vorlegen und eine Adresse für die Korrespondenz mit der Bank angeben. Die Identität kann fiktiv[19] sein, die Adresse aus einem Postfach auf den Bahamas bestehen. Es gibt eine Anzahl rechtlicher Grundlagen, die den Bankier im Falle einer strafrechtlichen Verfolgung seines Kunden dazu verpflichten, die Untersuchungsrichter zu informieren. Diese Verpflichtungen bleiben in den meisten Fällen toter Buchstabe. Für irgendeinen Kläger, sei es eine ausländische Regierung, sei es ein Einzelner, ist es fast unmöglich das Geld, das ihm von einem Dritten gestohlen worden ist, wiederzufinden oder es sich gar durch eine helvetische Bank zurückzahlen zu lassen. Um ein Bankkonto zu beschlagnahmen, muß der Kläger in der Regel in seinem Gesuch den Namen des Kontoinhabers, seine Identität, die Nummer seines Kontos und den Sitz der Bank sowie den ungefähren Betrag, der auf dem Konto liegt, angeben können: Es kommt selten vor, daß ein Kläger über all diese Informationen gleichzeitig verfügt, und selbst wenn er sie hat, würde sein Sequestationsgesuch kaum zum Ziel führen. Das Verfahren – selbst wenn es dringlich ist – ist nämlich öffentlich, und es genügt ein Telefonanruf bei der Bank, sei es vom Kontoinhaber selbst oder von seinem Bevollmächtigten am Ort, um die Nummer des Kontos zu ändern oder einen direkten Transfer vorzunehmen.

Mit allem Nachdruck möchte ich hier betonen, daß meiner Meinung nach die jungen Untersuchungsrichter und Staatsanwälte keinerlei Schuld trifft; sie verfolgen oft mit bewundernswerter Energie und Geduld die internationalen Gangster und ihre Hehler in Genf oder Zürich. Aber es fehlen ihnen die wirksamen rechtlichen Mittel dazu.

Beispiel: Julio Munoz, ein rühriger internationaler Geschäftsmann mit Verbindung zum Clan des Ex-Tyrannen der Dominikanischen Republik, Trujillo, hat sich zu Beginn der sechziger Jahre wie so viele vor ihm in einen »ehrbaren« helvetischen Bankier verwandelt. Er kaufte in St. Gallen die Schweizerische Spar- und Kreditbank, in Genf die Banque genevoise de commerce et de crédit. Zu Beginn des Jahres 1973 hatte

19 Der potentielle Kunde muß sich – dem Brauche gemäß – »ausweisen«, das heißt, dem Bankier ein Identitätsdokument vorzeigen; dieses Dokument wird allerdings keinerlei offizieller Kontrolle unterzogen.

Munoz einige Schwierigkeiten mit seinen internationalen Kunden. Er beschließt, das Land zu wechseln, nicht ohne zuvor seine Beute in Sicherheit gebracht zu haben. Betrügerischer Konkurs der zweiten Bank. Strafanzeigen in Genf und Zürich. Munoz wird in Zürich verhaftet, aber gegen eine Kaution von 1 Million Schweizerfranken wieder auf freien Fuß gesetzt; dann verschwindet er. Er wird aus Spanien gemeldet. Aber, wohlverstanden, Munoz reagiert auf keine der Vorladungen des Genfer Richters. Unterdessen vollbringt die Zeit ihr Werk und im April 1975 sind seine Betrügereien verjährt. Interpellation des Abgeordneten Jean Vincent im Genfer Parlament, auf welche die Regierung in rührender Treuherzigkeit antwortet:

> »Die Genfer Justizbehörden sind in der Sache zuständig, aber die Angelegenheit ist so verwickelt, daß es, um herauszubekommen, was strafrechtlich und was zivilrechtlich relevant ist, notwendig gewesen wäre, einen Untersuchungsrichter und einen Substituten vollamtlich während eines ganzen Jahres allein für dieses Verfahren einzusetzen. Das war selbstverständlich nicht möglich.«[20]

Munoz, reich, frei und glücklich, kann seinem edlen Gewerbe unter anderen Himmeln weiter nachgehen.

Nichtendenwollende Prozesse sind seit Jahrzehnten im Genfer Justizpalast im Gange: Die Regierung der Republik von Santo Domingo versucht die Devisen- und Goldreserven zurückzubekommen, welche die Söhne des einstigen Diktators Trujillo nach Genf »transferiert« hatten. Die fraglichen Summen belaufen sich auf mehr als 500 Millionen Dollar. Die Genfer Justiz sucht sie seit 1965 vergeblich.

Hunderte von jüdischen Familien versuchen einen Teil der gewaltigen Summen zurückzubekommen, die nach der Machtergreifung der Nationalsozialisten von jüdischen Unternehmen, Gemeinschaften und Einzelpersonen auf helvetischen Banken deponiert worden waren. Die Banken, welche diese Summen zur Aufbewahrung erhalten hatten, wurden von der Eidgenossenschaft schließlich aufgerufen, die Vermögen »ohne bekannte Erben« *freiwillig* – bewundernswerte calvinistische

20 Antwort des Staatsrats von Genf auf die Interpellation von Jean Vincent, April 1975, nach dem *Journal de Genève*.

Tugend – anzugeben. Die Banken hatten so die Wahl zwischen ... Vermögen behalten oder deklarieren – die Eidgenossenschaft verfügte über keinerlei Mittel, ihrem Gesetz über die Rückgabe dieser Vermögen Nachdruck zu verschaffen! Von den Hunderten von Millionen sogenannter »herrenloser Gelder« jüdischen Ursprungs kamen 1974 schließlich 2 Millionen zutage! Sie wurden laut Bundesbeschluß vom September 1974 an ein jüdisches Werk und das Rote Kreuz verteilt.

Betrachten wir eine letzte Affäre: Hier stehen sich die algerische Regierung und die Banque commerciale arabe SA in Genf gegenüber. Die algerische Regierung möchte den »Schatz des FLN« in der Höhe von 50 Millionen Schweizerfranken (plus Zinsen seit 1962) zurückbekommen, der zu Beginn der sechziger Jahre durch den Schatzmeister des FLN, Mohammed Khidder, bei der Banque commerciale arabe SA in Genf deponiert worden war. Im April erfolgte die Auflösung des Politbüros durch Ben Bella. Aït Hocine tritt an die Stelle Khidders; ausgerüstet mit einer Vollmacht Ben Bellas begibt er sich nach Genf und versucht dort, das Vermögen des FLN abzuheben. Verlorene Liebesmüh: Seydouc Mardam, der Verwalter der Bank, verweigert Hocine das Recht, das Vermögen des FLN abzuheben; dafür ist in seinen Augen einzig Khidder zuständig. Juni 1964: Die Regierung Ben Bella reicht Klage wegen Veruntreuung bei den Genfer Gerichten ein. Die Untersuchung wird abgeschlossen. Mittlerweile wird Ben Bella am 19. Juni 1965 abgesetzt. In der Zwischenzeit hat die Untersuchung immerhin ergeben, daß das Geld tatsächlich auf besagter Bank deponiert worden war und daß wenige Tage, bevor Hocine in die Schweiz gekommen war, 10 Millionen Franken an Khidder überwiesen worden waren. Dieser hat sie über eine Schweizer Bank in die Bundesrepublik Deutschland verschoben. Der Rest ist auf verschiedene Nummernkonten verteilt worden. Die Untersuchung hat auch ergeben, daß die Dossiers dieser Konten verschwunden sind! Der Bankier Mardam verweigert weitere Auskünfte. Er wird verhaftet und des Ungehorsams gegenüber amtlichen Verfügungen angeklagt, dann wieder freigelassen. Das Verfahren geht weiter. Am 2. Februar 1971 verurteilt das erstinstanzliche Genfer Gericht auf eine erneute Klage des FLN und der algerischen Regierung aus dem Jahr 1966 hin den Bankier zur Zahlung von rund 40 Millionen Franken. Am 15. Juni 1973 bestätigt der Appellationsgerichtshof Genf das Urteil. Inzwischen wird Mohammed Khidder von unbekannten Tätern in Madrid erschossen. In letzter Instanz hat sich das Bundesgericht in Lausanne mit der Affäre zu befassen.[21] Die schweizerischen und ausländischen Banken in der Schweiz sahen diesem Urteil mit Besorgnis entgegen. Es schafft Präzedenz. Hätte der Genfer Bankier – oder, genauer, der syrische Bankier, der sich wie so viele andere in einen Genfer Bankier verwandelt hatte – wissen müssen oder wissen können, daß seit 1962 in Algerien eine unabhängige Regierung an der Macht war und daß Mohammed Khidder sich vom Schatzmeister einer Untergrundorganisation, der er bis zum März 1962 gewesen war, in einen gewöhnlichen politischen Flüchtling verwandelt hatte, der nicht länger befugt war, den algerischen Staat zu vertreten? Nein, sagt der referierende Richter des Bundesgerichtes:

> »Der Vertrag, der bei Eröffnung des Kontos abgeschlossen worden war, sagt nichts von einer Vertretung. Khidder figuriert darin als Inhaber und einzige Person, die berechtigt ist, über das Vermögen zu verfügen. Somit existierte für die Bank der FLN nicht. Man konnte ihr deshalb nichts vorwerfen.«[22]

Und der Gerichtsberichterstatter der Morgenzeitung »La Suisse« fügt ohne Ironie bei:

> »Dieses Urteil ist vom Bundesgericht einstimmig und kategorisch gefällt worden. In ihren Plädoyers hatten es die Anwälte nicht unterlassen, auf die politischen und moralischen Aspekte dieser Affäre hinzuweisen. Unser Gerichtshof hat sich an das Recht gehalten. In absoluter Unabhängigkeit.«[23]

Schlußfolgerung: Die Banque commerciale arabe SA hatte sich nicht um die Herkunft des Geldes zu kümmern. Für sie genügte es, daß sie Khidder kannte. Der eigentliche Besitzer verlangt sein Geld zurück? Das Bundesgericht anerkennt seine Forderung nicht. Wo ist das Geld? Das Bundesgericht will es nicht wissen. Wer kassiert die 50 Millionen, die von

21 Das Bundesgericht in Lausanne ist der oberste Gerichtshof des Landes.
22 *La Suisse*, 2. Juli 1974.
23 Ibid.

den algerischen Fremdarbeitern in Frankreich an ihre nationale Befreiungsbewegung bezahlt worden sind? Die Banque commerciale arabe SA in Genf. Was wird aus der elementarsten Gerechtigkeit in dieser Affäre? Bankgeheimnis.
Um ihre Hehlertätigkeit zu rechtfertigen, hat die schweizerische Oligarchie mehrere Argumente erfunden. Das erste, selbstverständlich unwiderlegbare, hielt mir 1974 ein Basler Bankier in Panama entgegen. Für ihn gab es ganz einfach kein Fluchtkapital! Die Schweiz anerkennt das Gesetz der freien Konvertierbarkeit der Währungen. Die Banken haben sich nicht um nationale Gesetze zu kümmern, welche die Ausfuhr einheimischer Kapitalien untersagen. Konkret: Die schweizerische Bank hat sich nicht an die Stelle der Staaten von Panama, Nicaragua, Honduras, Guatemala usw. zu setzen. Sie kann die Herkunft der ihren zentralamerikanischen Filialen zufließenden Kapitalien nicht in Hinblick auf die jeweiligen nationalen Gesetzgebungen überprüfen. Das zweite, etwas weniger spitzfindige Argument habe ich anläßlich der gleichen Reise gehört; es wurde auch von den kleinsten Bankbeamten unablässig wiederholt und entspricht dem Wirklichkeitssinn »unserer« Banken nicht minder: Verstaatlicht nicht Peru die großen Grundbesitze und bricht die Macht der Industriemonopole? Versucht nicht Honduras zum ersten Mal in seiner Geschichte ein Einkommenssteuersystem einzuführen? Nun, da ist es doch völlig normal, daß die Schweizer Banken oder ihre örtlichen Vertreter alles in ihrer Macht liegende tun, um den »bedrohten« honduranischen oder peruanischen Kapitalisten dabei behilflich zu sein, ihr Geld in Sicherheit zu bringen!
Denselben robusten Realismus legte der eidgenössische Finanzminister Georges-André Chevallaz an den Tag. Im Dezember 1974 debattierte das Parlament über den Verbleib der Milliarden, die der abgesetzte äthiopische Kaiser Haile Selassie auf seine Schweizer Nummernkonten transferiert hatte. Chevallaz, irritiert durch all die Fragen, rief aus:

> »Was wollen Sie denn eigentlich? Ein schweizerischer Bankier kann doch nicht einen amtierenden Staatschef über die Legalität und die Herkunft seines Vermögens ausfragen!«

Drittes Argument: Das Fluchtkapital sei nötig, um die einheimische Produktion in der Schweiz zu finanzieren. Nur, die

Zahlen beweisen das Gegenteil: Das Total der Bilanzen aller Banken der Schweiz, mit Ausnahme der Finanzgesellschaften, belief sich im Dezember 1973 auf ungefähr 269 Milliarden Schweizerfranken. Daran waren die ausländischen Banken mit 29,9 Milliarden oder 11,1 % beteiligt. Davon entfielen 23,8 Milliarden oder 8,8 % auf Banken in ausländischem Besitz und 6,1 Milliarden oder 2,3 % auf Filialen ausländischer Unternehmen. Der Anteil der fünf Schweizer Großbanken betrug 45,1 % oder 121,2 Milliarden. Der Rest von 43,8 % oder 117,9 Milliarden verteilte sich auf die 418 anderen Institute, darunter ungefähr 38 % auf kantonale, regionale und kommunale Banken.[24] Ein Vergleich der Zahlen der Investitionen im Sektor Industrie- und Grundstückshandel einerseits, der Treuhandgelder (die für andere Zwecke als für die Finanzierung von Produktion und Dienstleistungen verwendet wurden) andererseits, zeigt, daß die laufenden Bedürfnisse der schweizerischen Wirtschaft im wesentlichen gedeckt werden durch die einheimischen Ersparnisse insbesondere bei den öffentlichen Banken, Sparkassen, Kantonalbanken, Hypothekarkassen usw. Die Politik der Großbanken und, nicht minder aktiv, der meisten ausländischen Banken ist ganz anders: Sie verwalten nicht nur die Fluchtgelder, sondern sie sind auch Gläubiger gewaltiger im Ausland investierter Summen. Daraus folgt, daß das System des helvetischen Bankenimperialismus im wesentlichen parasitär ist. Die interne Kapitalakkumulation reicht aus, um die wirtschaftliche Expansion des Landes zu finanzieren. Das Fluchtkapital jedoch trägt nicht zum Wohlergehen des Schweizer Volkes bei, sondern zur Finanzierung der abenteuerlichsten (siehe folgendes Kapitel) und lukrativsten Unternehmungen einer winzigen Oligarchie. Mit anderen Worten: Die Zerstörung des sekundären imperialistischen Systems, das die Bankherren aufgebaut haben,

24 Zahlen aus dem Bulletin der Auslandsbanken in der Schweiz, Bericht 1973, erschienen im Juni 1974. Die Zahlen von 1973 zeigen Größenordnungen auf, die auch 1980 gültig sind; obschon inzwischen die Bilanzsummen der Großbanken und ihre Nettoprofite schneller angestiegen sind als jene der anderen Banken.
Beispiel: Die SKA zeigt allein zwischen 1978 und 1979 einen Bilanzsummen-Anstieg von 16,03 % (Bilanzsumme 1978: 47,60 Mrd., 1979: 55,23 Mrd. Franken); der SBV hat in der gleichen Periode einen Anstieg von 9,39 % (von 63,24 Mrd. auf 69,18 Mrd.) zu verzeichnen; die SBG steigerte sich um 10,53 % (Bilanzsumme 1978: 60,95 Mrd., 1979: 67,37 Mrd. Franken).

würde nicht nur die schweizerische Wirtschaft nicht nennenswert in Mitleidenschaft ziehen, sondern – wir werden das im Kapitel der Schlußfolgerungen sehen – vielen Millionen Männern, Frauen und Kindern in der Dritten Welt einen Teil ihrer Lebenschancen wiedergeben.

e) Die Reinvestition der Beute

Was wird aus dem Fluchtkapital, das in der Schweiz liegt? Es wird Nummerndepositenkonto in Schweizerfranken, oder es verwandelt sich in »Treuhandkonten«. Das sind Konten in ausländischer Währung, die von einer schweizer Bank geführt und zur Finanzierung ausländischer Operationen verwendet werden. Das Fluchtkapital fließt somit – theoretisch – durch die Schweiz und wird im Ausland reinvestiert, wo es zum Teil der Expansion multinationaler Gesellschaften mit Sitz in der Schweiz zugute kommt. Praktisch kann daraus werden, was immer man will. Es ist in der Tat schwierig, sich eine menschliche Tätigkeit vorzustellen, die nicht von der einen oder andern großen oder mittleren Bank oder sonst von irgendeinem Finanzinstitut in Genf, Zürich, Basel oder Lugano finanziert würde. Werden in Amerika Drogenhändler verurteilt? In ihren Akten sind Schweizer Nummernkonten erwähnt. Waffenhandel mit dem Nahen Osten und Asien? Das Geld geht über Genf. Familien aus Deutschland häufen auf ihre Rechnung Gold in den Gewölben der Rue de la Corraterie. Scheichs vom Persischen Golf und guatemaltekische Obristen kaufen Immobilien in Lausanne, Zürich und Genf. Dank ihrer steigenden Liquidität und der Komplizenschaft zahlreicher lokaler Immobilienhändler betreiben sie – von Gesetzen kaum behindert – eine wilde Bodenspekulation. Irakische und iranische Spekulanten machen selbst der MOBAG (dem größten Schweizer Immobilientrust) den Boden streitig. Einziges Resultat: die horrenden Mieten, die der Schweizer Lohnempfänger bezahlen darf.[25] Man füge hier die Skala der internationalen Börseninvestitionen, der Anleihen, wirtschaft-

25 Für die Kenntnis der von schweizerischen Banken durch Fluchtkapital gespeisten Geldkreisläufe beachte man die Anhänge I und II dieses Kapitels.

Ein Entwicklungsland hat meist eine zu schwache Währung, um sie voll gegen »harte« Währungen von Industrieländern umtauschen zu können. Die Kreditaufnahme – sei sie nun als Exportkredit, als Finanzhilfe oder als Weltbankanleihe erfolgt – zwingen das Entwicklungsland daher, auf zwei Dinge zu achten. Der Kreditbetrag muß seine Wirtschaft schon möglichst frühzeitig zur Zinszahlung in ausländischer Währung befähigen. Die Exporte oder die Produktion zur Ersetzung von bisherigen Importgütern müssen also rasch erhöht werden. Zweitens muß das kreditnehmende Entwicklungsland, wenn die Anleihe abläuft, neben der letzten Zinszahlung den gesamten Anleihebetrag in ausländischer, harter Währung für die Rückzahlung zur Verfügung haben. Die Geldaufnahme bedingt also eine ausreichende sogenannte »Devisentilgungskapazität«, auf welche die reichen Geberländer viel Wert zu legen pflegen. *Ihre Kreditvergabe erfolgt daher unter gewissen Einschränkungen für den Kreis der Empfängerländer:*

Die Geberländer oder die finanzierenden multinationalen Organisationen bedingen sich eine gewisse *Aufsicht über die Verwendung der Kredite* aus. Meist werden die Gelder an bestimmte Projekte gebunden. Die volle Freiheit der Kreditverwendung besteht selten.

Auf der Kreditverwendung liegt ein starker *Zwang zur sofortigen Rentabilität.* Die Kreditfristen sind meist zu kurz „da die Rückzahlung schon einzusetzen hat, bevor die finanziellen Projekte herangereift sind und Erträge abwerfen können. Das zwingt zu erneuter Kreditaufnahme und kann gefährliche Überschuldung zur Folge haben“.[1] Langfristige Infrastrukturprojekte oder Ausgaben für grundlegende, nicht renditetragende Aufgaben haben es daher viel schwerer, diese Art von »Entwicklungshilfe« zu erhalten. Generaldirektor Hanselmann von der Bankgesellschaft machte daraus keinen Hehl:

> »Wesentliche Bedeutung mißt Hanselmann bei der Gewährung von Krediten der Voraussetzung bei, daß diese für Investitionen verwendet werden, die einen Ertrag und nach einer bestimmten Zeit eine Selbstfinanzierung als sicher erscheinen lassen«.[2]

Das zu große Gewicht auf der Devisentilgungskapazität, welche die kreditfinanzierte Entwicklung mit sich bringt, läßt *relativ fortgeschrittene Entwicklungsländer als bevorzugte Empfänger* erscheinen, wogegen die ärmsten Länder, z. B. jene ohne weltmarktfähige Exportindustrie, die ihnen die harten Währungen einbringen kann, außer Betracht bleiben.

Allgemein zwingt die Berücksichtigung der Devisentilgungskapazität zur *Entwicklung von Exportindustrien,* die aufgrund der internen Versorgungsprioritäten des Entwicklungslandes kaum nötig wären und viele anderswo dringend gebrauchte Kräfte (Arbeit und Kapital) binden.

Da es praktisch unmöglich ist, innert der Laufzeit solcher Kredite den Entwicklungsprozeß derart zu forcieren, daß die verlangten Zins und Kapitalrückzahlungen geleistet werden können, sind die kreditnehmenden Entwicklungsländer in eine immer wachsende Verschuldung hineingeraten. *Ein Anleihe-Loch muß mit einer nächsten Anleihe gestopft werden.* Ein wachsender Teil der Kredite oder der Exporterlöse wird nicht für neue Investitionen, sondern zum Zinsendienst auf den alten Schulden verwendet. Besonders die „alten" Entwicklungsländer, welche schon seit langem Kredite aufgenommen haben, weisen sehr hohe Zinslasten auf:

Land	% der Exporterlöse, die für Zinszahlungen ausgegeben werden[3]
Äthiopien	10,6 %
Tunesien	20,4 %
Iran	13,8 %
Afghanistan	20,0 %
Indien	22,0 %
Pakistan	21,7 %
Türkei	16,7 %
Argentinien	23,9 %
Brasilien	17,9 %
Mexico	22,4 %

Bei den andern Entwicklungsländern liegt der Exportanteil, der zum Schuldendienst verzehrt werden muß, meist zwischen 3 und 10 %. Für die Schweiz würden ähnliche Zahlen, etwa 10 %, einen Verzicht auf 2,6 Milliarden Franken Exporterlöse oder auf alle Autoimporte bedeuten.

Die erwähnten UNCTAD-Quellen schätzen, daß von total 60 erfaßten Entwicklungsländern jene 21, die heute unter 5 % für Zinsenzahlungen verwenden müssen, bis 1980 auf nur noch 12 Länder sinken, daß hingegen die Zahl jener Länder mit über 15 % Belastung der Exporterlöse von heute 9 auf 34 steigen wird.[4]

(Kappeler, op. cit.)

1 W. Guth »*Der Kapitalexport in unterentwickelte Länder*« Basel, Kyklos Verlag 1957, 167, S. VIII.

2 *NZZ* 28. 4. 1972.

3 »*Problemes de la dette des pays en voie de développement*« CNUCED, TD/118/Suppl. 6/Rev. 1, 1972 S. 32/33.

4 idem S. 19.

lichen Finanzierungen, der Währungs- und Lebensmittelspekulation an. Tradax mit Continental-Grains, der Welt größter Spekulant auf Korn, Soja und Weizen, operiert von Genf aus. Rohstoffspekulanten – vor allem landwirtschaftlicher Erstprodukte, deren manipulierte Preisschwankungen nicht selten über Tod oder Leben ganzer Bevölkerungen in der Dritten Welt entscheiden – gibt es auch in Zürich. 20 % sicheren Gewinn verspricht die Commodities SA ihren gläubigen Klienten. Das Fluchtkapital dient gleicherweise zur Finanzierung komplizierter, aber einträglicher Unternehmen, die man *Forward-buying* nennt: Eine gewisse Menge einer ausländischen Währung wird auf Termin gekauft. Es kommt nicht selten vor, daß Kapitalisten eines bestimmten Landes – dank der Existenz von Treuhandkonten – ein Forward-buying auf die Währung eines Konkurrenzlandes vornehmen und so die Schwächung der Devise ihres Herkunftlandes provozieren.

Gewisse Bilder sind informativ: Heimatlose Millionäre wuchern wie Unkraut rings um den Genfer, den Züricher und den Luganer See. Ich werde nie müde, morgens gegen zehn Uhr in der Genfer Corraterie libanesischen, griechischen, ägyptischen, laotischen, afghanischen, deutschen, argentinischen Millionären zuzuschauen, wenn sie aus ihren schwarzen Autos steigen, die Börsenkurse verschlingen und sich dann für den Rest des Tages zum Bridge nach Malagnou oder zum einsamen Whiskykonsum in die Bergues-Bar verziehen.

Tiger? Hyänen? Adler? wie Brecht in seiner *Ballade vom Wasserrad* meint? Nein, langweilige, faule, banale, höfliche, schreckliche Kleinbürger.

Das Spiel mit dem gestohlenen Geld, mit dem Profit, erpreßt aus der Arbeit der anonym in allen fünf Weltkontinenten Schuftenden, das da allmorgendlich in Schweizer Bankhallen getrieben wird, geht für die in- und ausländischen Spekulanten ausnahmsweise auch schief aus. *Beispiel:* Die *New York Times* vom 3. September 1974 berichtet, daß der Chef (schweizerischer Nationalität) der Change-Abteilung der Luganeser Filiale der Lloyds Bank of England entlassen wurde, nachdem er die Klienten der Bank die Kleinigkeit von 75 Millionen Dollar verlieren ließ!

Meist aber gewinnt das Gelichter. Verlierer sind die Völker

und Staaten. Bei diesem Kampf um Wohlanständigkeit und Reinvestition, den flüchtige Kapitalisten und in- und ausländische Spekulanten tagtäglich gegen ihre Behörden führen, spielen zahlreiche Schweizer Groß- und Kleinbanken gegen klingende Münze die unabkömmliche Rolle des Weißwäschers.
Hier einige Beispiele: 1975 mußte die Schweizerische Eidgenossenschaft gegen den Widerstand der Bankiers einen Rechtshilfevertrag mit den Vereinigten Staaten abschließen.[26] Nach Angaben des Bundesjustizdepartements in Washington hatte die amerikanische Mafia die Tendenz, ihre Beute in die Schweiz zu transferieren und sie von dort aus mit Hilfe von fiktiven Gesellschaften und Nummernkonten in die Wertschriftenbörse in New York zu reinvestieren. Auch der internationale Rauschgifthandel hatte, laut Aussage amerikanischer Unterhändler, von den diskreten Dienstleistungen gewisser Schweizer Banken profitiert.[27] Die amerikanische Mafia hat für dieses noble Treiben ein Wort erfunden: Das Geld, das sie bei ihren düsteren Geschäften verdient, schleust sie durch Schweizer Nummernkonten und reinvestiert es in makellosen amerikanischen Unternehmen. »Laundering«, Geldwaschen nennt die Mafia dieses Tun.
Aber auch europäische Gangster können auf die Diskretion und fachmännische Hilfe reputierte Schweizer Privatbankiers zählen.
Ein Beispiel unter Hunderten: Ich habe Mehdi Ben Barka gekannt und bewundert, den Freund und ebenso diskreten wie intelligenten Ratgeber zahlreicher Militanter, die nach Chambésy (Genf) gekommen sind, um ihm zuzuhören. Nun hatten sich Hassan und Oufkir aus unerfindlichen Gründen entschlossen, sich an Gangster aus dem Lyoner Milieu zu wenden, um Ben Barka zu ermorden. Die Gangster aus Lyon wurden königlich entlohnt. Jacques Dérogy hat die Spuren dieser

26 Der Vertrag verhindert nicht, daß Schweizer Banken der amerikanischen Justiz widerstehen können; siehe die Weigerung der Kreditanstalt, sich einer Entscheidung der *Security and Exchange Commission* (SEC) zu unterwerfen, welche die Aufhebung des Bankgeheimnisses in bezug auf gewisse Nummernkonten wegen zweifelhafter Spekulationsgeschäfte verlangte. Siehe *Weltwoche*, 17. 12. 1975.

27 Der Ausdruck ist heute geläufig im Bankwesen; siehe *Der Spiegel*, Nr. 32, 1975, S. 70 ff.

Gangster verfolgt, insbesondere jene von Chavel, Blanchon und Nesmoz sowie ihres Bankiers. Er schreibt:

»Das Verschwinden von Johnny Chavel aus Villefranche gab der Untersuchung über die Finanzen des Milieus neuen Aufschwung. Nachdem er unter der Hand zwei Geschäfte gekauft hatte, investierte er auf dem Umweg über eine ausländische Gesellschaft fast eine Million in den Erwerb eines Schlosses, des Schlosses von Fléchères in Fareins (Ain). Olivier Artaud de la Ferrière suchte Kapitalien, um seinen Besitz in eine Freizeitanlage umzuwandeln. Im Juni 1972 unterzeichnet er einen Kaufvertrag mit einer schweizerischen Aktiengesellschaft durch Vermittlung einer Verwaltung in Bourg-en-Bresse. Der einzige Aktionär ist ein Bankier aus Genf, M. Jacques Darier, aber der eigentliche Finanzier ist niemand anderes als Chavel ...«[28]

Die helvetische Bankenorganisation spielt für das weltweite imperialistische System die unentbehrliche Rolle des Hehlers. Das Bankgeheimnis ist jedoch nur einer der Mechanismen, die ihr erlauben, diese Rolle zu spielen. Es gibt noch andere: die Steuerabkommen und die Maschinerie der öffentlichen Kontrolle über die Banken.

Wenn ein kosmopolitischer Milliardär sich in der Schweiz niederlassen will, kommt er in den Genuß außergewöhnlicher Steuervorteile. Ein Mann, der von seinem Kapital lebt, übt nach helvetischem Gesetz keine Erwerbstätigkeit aus; er wird deshalb steuerlich nach den »äußeren Merkmalen« seines Reichtums eingeschätzt. Übt er dennoch eine Erwerbstätigkeit aus und fährt er fort, von schweizerischem Territorium aus zu »arbeiten«, dann kann er von einer anderen von der Schweiz erfundenen bewundernswerten Einrichtung Gebrauch machen: dem »Steuerabkommen«. Es handelt sich hierbei um einen Vertrag zwischen dem ausländischen Kapitalisten und der Steuerbehörde. Dieser Vertrag setzt einen bestimmten Betrag fest, den der Kapitalist jährlich zu entrichten hat und durch den er der Besteuerung seiner Einkünfte gemäß den gesetzlichen Ansätzen entgeht.

Zwei Beispiele unter Tausenden: Der deutsche Großkauf-

28 J. Dérogy, »Les cadavres parlent«, *Express*, 10. Juni 1974, S. 86–87. Das Bankhaus Darier, eines der ältesten Genfs, siedelt an der Rue Saussure.

mann Helmut Horten verkaufte im Herbst 1969 75 % der Aktien seiner Warenhaus AG an diverse Banken. Erlös: 875 Millionen Mark. Horten zahlte für diese Summe keinen Pfennig Steuern! Denn Freund Horten zog in die Schweiz. Er kam so in den Genuß des deutsch-schweizerischen Doppelbesteuerungsabkommens von 1931; ohne dieses Abkommen hätte er dem deutschen Fiskus rund 250 Millionen Mark abliefern müssen. Ein Mann mit Herz stand Horten bei: der Luganer Anwalt Brenno Galli. Galli war auch Präsident des Bankrates der Schweizerischen Nationalbank, dazu noch freisinniger Nationalrat des Tessins und — wichtiger noch — Freund und früherer Geschäftspartner des damaligen schweizerischen Finanzministers Nello Celio. Kurz: Hortens Übersiedlung ins Tessin glückte aufs schönste. Nach Tessiner Steuerrecht mußte der Großkaufmann aus Deutschland für den Aktienverkauf in Deutschland wiederum keinen Pfennig Steuern bezahlen. Alle waren zufrieden — nur das deutsche Steueramt und *Der Spiegel* nicht. Es begann eine Diskussion in der Öffentlichkeit; sogar im seichten Teich der südschweizerischen Konformpresse gab es einige Wellen. Kurz: Horten-Helfer Galli mußte 1971 auf seine Wiederwahl in den Nationalrat verzichten.

Zweites Beispiel: Vor 1952 herrschte die Familie Patino über die Zinkminen auf den Hochebenen von Bolivien. Die Lohnsätze waren dort so niedrig, daß Bolivien die größte Kindersterblichkeit auf dem ganzen Kontinent hatte. Die Familie Patino raffte ein Vermögen zusammen. Ein Volksaufstand vertrieb sie 1952 aus Bolivien. Sie lebt heute in Vandoeuvres, einem friedlichen Dorf in der Nähe von Genf. Ihr Geld liegt auf Genfer Banken. Der Kanton Genf hat ihr im Einverständnis mit der Gemeinde von Vandoeuvres ein solches Steuerabkommen zugestanden; als Gegenleistung hat die Familie Patino der Region einiges zukommen lassen (sie hat den Bau eines Theatersaales in der Cité universitaire und eines Wohnheimes für lateinamerikanische Studenten finanziert)[29].

Der Mechanismus der treuhänderischen Kontrolle der Banken beruht theoretisch auf einem Gesetz, das dazu bestimmt ist,

29 Für die vergleichende Analyse von Wohltaten, die die Schweiz den Steuerbetrügern zugesteht, und denjenigen, die andere Steuerparadiese zusichern, cf. A. Vernay, *Les Paradies fiscaux,* Ed. du Seuil.

über deren Tätigkeiten zu wachen, aber dieses System funktioniert auf recht eigenartige Weise: Die Banken sind von Gesetz wegen Kontrollen unterworfen (Revisionen), und zwar Kontrollen, die durch von der betreffenden Bank unabhängige Institutionen vorgenommen werden müssen. Nur, die Revisionsorgane der drei größten Schweizer Banken (Schweizerischer Bankverein, Schweizerische Kreditanstalt, Schweizerische Bankgesellschaft) sind finanziell in keiner Weise unabhängig. Eine von ihnen wird gemeinsam von den beiden anderen, die zweite wird von der dritten kontrolliert! Nationalrat Helmut Hubacher hat eines Tages vom Bundesrat verlangt, diese Situation zu ändern. Sein Argument: Eine private Revisionsfirma kann ihren Auftrag niemals in völliger Unabhängigkeit ausführen; die Kontrolle müßte durch eine öffentlich-rechtliche Institution erfolgen, die überdies damit beauftragt werden müßte, die Geschäftspolitik der Großbanken zu überwachen. Zumindest aber müßten die privaten Revisoren von einer öffentlichen Stelle kontrolliert werden. Die schweizerische Regierung – getreu ihrer Politik, niemals etwas zu unternehmen, was die eine oder andere der Großbanken ernsthaft stören könnte – lehnte eine Intervention ab.[30] Voltaire sagte: »Wenn Sie einen Schweizer Bankier aus dem Fenster springen sehen, springen Sie hinterher. Es gibt bestimmt etwas zu verdienen dabei!« Ein helvetischer Bankier ist für alles gut, seine Fähigkeiten sind praktisch unerschöpflich, und deren Beschreibung füllte allein ein ganzes Buch.

Anhang

> Zwei Arten von monetären Kreisläufen nehmen vornehmlich Fluchtkapital auf: die Euromärkte und die multinationalen Unternehmen der Schweiz, Frankreichs usw. in der Dritten Welt. Kappeler zeigt hier nacheinander diese zwei Arten von Kreisläufen auf.
>
> J. Z.

Die internationalen Kapitalmärkte

In Europa haben sich große Dollarsummen angehäuft, die zwischen den Banken und Großfirmen aller Welt verschoben werden, manchmal für

30 Postulat von Nationalrat Hubacher; 21. 3. 1973, 1976 fand eine Reform statt und die Kontrollorgane haben eine gewisse Freiheit.

Tage, manchmal für einige Monate. Diese Dollars – man spricht von 150 bis 200 Milliarden – stammen aus den amerikanischen Defiziten (die USA geben im Ausland zuviel für Waren und Unternehmenskäufe aus), aus den Kassen der Ölländer, aus Kellern der Notenbanken und aus Fluchtgeldern der Dritten Welt. Nach einer UNCTAD-Quelle betrugen 1967 die Gelder aus der Dritten Welt ein Fünftel aller dieser Eurodollars. Von 1946 bis 1962 sollen allein die Oberschichten Lateinamerikas 5 Milliarden Dollars außer Landes geschafft haben, was 30 % aller dorthin geflossenen Auslandskapitalien oder fünfmal die während jener Zeit von Lateinamerika erhaltene öffentliche Hilfe ausmacht.[1]

In den frühen sechziger Jahren schätzten andere Spezialisten die Fluchtgelder aus Afrika und Lateinamerika auf 1 Milliarde Dollars jährlich.[2] Der Anteil der Schweizer Großbanken an diesen Geschäften dürfte sehr groß sein. Generaldirektor Lutz von der Kreditanstalt erklärte 1971, *daß etwa ein Viertel bis ein Drittel des Eurodollarmarktes über die schweizerischen Banken gespiesen wurde.*

Obwohl Vermutungen dafür sprechen, wollen wir keinen überproportionalen Anteil der Schweiz an den Fluchtgeldern unter diesen Eurodollarsummen annehmen, so daß 1971 ein Fünftel der 60 Milliarden Franken des Schweizer Anteils am gesamten damaligen Eurodollarmarkt, also 12 Milliarden Franken, aus Entwicklungsländern stammten.

Das Zinsniveau der Schweiz liegt beträchtlich unter jenem des Eurodollarmarktes und Fluchtgelder werden von den schweizerischen Banken oft schlechter, zu Zeiten gar nicht verzinst, so daß sich am Zinsunterschied auf diesen Geldern aus der Dritten Welt viel verdienen läßt. Abgesehen davon dienen diese Summen dazu, von den Banken an europäische oder amerikanische Großfirmen zu deren weiterem Ausbau ausgeliehen zu werden.

Die Ausleihungen sind kurzfristig oder mittelfristig und kennen viele Formen, z. B. auch direkte, von den Banken nur vermittelte Darlehen Privater an Großfirmen. Man nennt diese bankvermittelten Darlehen »Notes«, »Private Placements«, wobei es aber meist mindestens 50 000 bis 100 000 Fr. braucht, um mitzumachen. Die schweizerischen Banken gaben 1971 für über 6 Milliarden Franken solche Privat-Darlehen an ausländische Großunternehmen weiter.

Diese Darlehensformen liegen schon in der Nähe des sogenannten *Euro-Obligationen-Marktes,* auf welchem sich die schweizerischen Großbanken noch viel ausgeprägter festgesetzt haben. Der Euro-Obligationen-Markt unterscheidet sich durch seine längeren Fristen der Ausleihungen vom gewöhnlichen Eurodollarmarkt. Die erwähnte UNCTAD-Quelle schätzte den *Anteil der Fluchtgelder am Euro-Obligationen-Markt für 1969 sogar auf 80 %.* Der Anteil der über schweizerische Großbanken abgewickelten Gelder soll 1971 etwa die Hälfte des Marktvolumens von 3,6 Milliarden Dollar betragen haben.[3] 1972 stieg dieses gesamte Marktvolumen auf 5,6 Milliarden Dollar.[4] *Die schweizerischen Großbanken hatten somit*

1 *»The Flow of Financial Resources«,* The outflow of financial resources from developing countries. *UNCTAD* Genf TD/B/C/3, 73 Seiten; S. 13–14.
2 Fred Hirsch, *»Money international«,* Pelican Books 1969, S. 244.
3 *The Times,* 6. 6. 1972.
4 *Financial Times,* 5. 3. 1973.

jährlich 1,4 bis 2,2 Milliarden Dollar aus Entwicklungsländern am Euro-Obligationenmarkt zu verschieben, sofern ihr Anteil in der Entgegennahme dieser Fluchtgelder proportional zum Gesamtverhältnis ist.
Die in der Ertragsbilanz erwähnten Hunderte von Millionen Franken Kommissionen, Gebühren und Zinsen werden von den Großbanken nicht zuletzt auf diesen Geldern vereinnahmt.
Die Behörden der Entwicklungsländer haben nun begonnen, diese Gelder teilweise wieder zu sich zu lenken, wozu sie aber die Form einer Anleihe an eben diesem Euro-Obligationen-Markt wählen müssen. Die schweizerischen und europäischen Banken, denen die Oberschicht der Entwicklungsländer die Gelder übergeben hatte, lassen sich natürlich einen höhern Zins zahlen, wenn die Entwicklungsländer sie als Anleihe wieder aufnehmen. *Für lateinamerikanische Länder liegt dieser Zinssatz sogar 1 bis 2 % über dem für europäische und amerikanische Schuldner praktizierten Zins, für afrikanische Länder gar 4 bis 5 % darüber.*[5]
Neben dem Zinssatz sind aber auch die von den Großbanken verrechneten Kommissionen bei der Ausgabe von Anleihen am Euro-Obligationen-Markt viel höher als an den etablierten Finanzmärkten, die aber den Entwicklungsländern weniger offen stehen. *Diese Kommissionen betragen* $2\frac{1}{2}$ *% der gesamten Anleihenssumme anstatt der z. B. in Wall Street üblichen* $\frac{7}{8}$ *%.*[6]
Die schweizerischen, europäischen und amerikanischen Großbanken haben seit einigen Jahren begonnen, sich zu großen Bankkonsortien zusammenzuschließen, um beispielsweise Euromarkttransaktionen durchzuführen. Neuerdings entstanden – mit schweizerischer Beteiligung – zwei spezielle Großbankkonsortien für Euromarktgeschäfte mit Entwicklungsländern, nämlich die European-Brazilian Bank (unter Beteiligung von Banco do Brasil, Banque Americas, Bank of America, Deutsche Bank und *Schweizerische Bankgesellschaft*) und die Libra Bank (Chase Manhattan Bank, Credito Italiano, Mitsubishi Bank, National Westminster Bank, Royal Bank of Canada, Westdeutsche Landesbank, Girozentrale, Banco Espirito Santo e Commercial und *Schweizerischer Bankverein*). *Der Schweizerische Bankverein* ist zudem an der Banque Américano-Franco-Suisse pour le Maroc beteiligt, die *Kreditanstalt* steht der Banque de Tunisie nahe und war 1962 an der Gründung von einigen westafrikanischen Banken beteiligt.
Daß die Dritte Welt im Zentrum des Großbankeninteresses stehen muß, legt die geographische Verteilung der Filialnetze nahe. Der *Bankverein* ist vertreten in Beirut, Bogotà, Buenos Aires, Caracas, Guayaquil, Hong Kong, Lima, Mexico, Rio de Janeiro, São Paulo, Singapur und Panama.
Die *Bankgesellschaft* ist etabliert in Beirut, Bogotà, Buenos Aires, Caracas, Hong Kong, Bahrain, Mexico, Rio de Janeiro, São Paulo und Singapur.
Die *Kreditanstalt* ihrerseits ist vertreten in Beirut, Buenos Aires, Hong Kong, Mexico, Rio de Janeiro und Singapur.
In der Linie der neuesten Entwicklungen liegt die Errichtung von *Emissionstochterbanken* auf den Karibischen Inseln durch die großen Schweizer Banken, sowie der Zug nach Singapur. Der rasche Aufschwung eines Asien-Dollar-Marktes (mit einem Volumen von 2 Milliarden Dollars im

5 *Financial Times,* 5. 3. 1973.
6 *Financial Times,* 4. 6. 1973.

Jahre 1972) ist der Grund für diese Filialeneröffnungen, wie die Kreditanstalt anläßlich der Eröffnung ihrer Filiale in Singapur bekanntgab.[7]

Einige zusammenfassende Thesen zu den internationalen Finanzbeziehungen

Von dieser Welt internationaler Finanzbeziehungen, an denen die Schweiz einen beachtlichen Anteil hat, wollen wir hier vier Eindrücke festhalten.

1. In den letzten 10 Jahren haben sich gewaltige Finanzmärkte in Dollars und in andern Währungen (Gulden, Pfund) gebildet.
2. Die Oberschichten der Entwicklungsländer liefern einen schmerzlich hohen Teil dieser Gelder, die vornehmlich der Finanzierung von Handels- und Industrieprojekten entwickelter Länder dienen.
3. Die drei schweizerischen Großbanken sind durch ihren großen Anteil an diesen internationalen Geldgeschäften und durch die Teilnahme an der Konsortialbildung stark mit diesen Reichtümern verquickt. Falls übrigens solche Fluchtgelder aus Fällen von anderswo mit Haft und Gefängnis geahndeten Steuerhinterziehungen stammen, schützt sie das schweizerische Bankgeheimnis, weil es die Banken bei Steuerdelikten kaum zu Auskünften zwingt.
4. Die Gläubiger-Schuldner-Beziehungen sind oft multilateral, ohne nationale oder internationale Kontrolle oder Planung. Sie gestalten sich zu Bedingungen und nach Zinssätzen, die nach rein kommerziellen Standpunkten des wirtschaftlich Stärkeren festgesetzt sind. Ein großer Teil der Geschäftstätigkeit der schweizerischen Banken auf diesen Märkten schlägt sich zudem gar nicht in den Bilanzbüchern nieder. (...)

Neben der besprochenen Krediterteilung von Land zu Land beteiligt sich die Schweiz und ihre Finanzwelt auch an *multinationalen Entwicklungsfinanzierungen.* An Institutionen auf diesem Gebiet ist die *Weltbankgruppe* zu erwähnen, bestehend aus der BIRD (Bank für Wiederaufbau und Entwicklung) und den zwei Töchtern IDA (International Development Association) und IFC (International Finance Corporation). Die IDA gewährt Kredite zu günstigen, die IFC zu harten, privatwirtschaftlich üblichen Bedingungen. Weiter bestehen regionale Entwicklungsbanken, so die Interamerikanische, die Asiatische und die Afrikanische Entwicklungsbank.
Diese Institute verschaffen sich ihre Kreditmittel aus ihrem Aktienkapital, aus Darlehen, Zuwendungen und Anleihen von Mitglieds- oder Gönnerländern. Die Schweiz hat der Weltbank, der Interamerikanischen und der Asiatischen Entwicklungsbank die Aufnahme von Anleihen am schweize-

7 *Die Zeit*, 9. 3. 1973.
Die Attraktivität Singapurs für das internationale Kapital wurde von der Schweizerischen Kreditanstalt in ihrem Märzbulletin 1973 hervorgehoben unter Erwähnung der tiefen Löhne, die mehrere schweizerische Firmen der Nahrungsmittelindustrie, der mechanischen, optischen, Uhren- und Chemieindustrie angezogen hätten. Die Zeitschrift *»Finanz und Wirtschaft«* teilte zudem mit (11. 4. 1973), daß die Regierung von Singapur diesen Lohnvorteil behalten wolle und deshalb einen Preis- und Lohnstop verfügte, sowie die Einwanderung von Fremdarbeitern erleichtert habe. Derart können die Löhne ihren für das internationale Kapital günstigen Tiefstand behalten ...

rischen Kapitalmarkt erlaubt. Am Aktienkapital der Asiatischen Entwicklungsbank beteiligte sich die Schweiz mit einem Betrag von 5 Mio Dollars.
Die Anleihen der Interamerikanischen Entwicklungsbank in der Schweiz beliefen sich Ende 1972 auf ca. 250 Millionen Franken, wozu noch Darlehen im Wert von ca. 125 Mio Franken kamen. Die Schweiz ist damit der viertgrößte Kapitalgeber dieser Bank.
Die Weltbank hat bis Ende 1972 ungefähr 1,7 Milliarden Franken Anleihen in der Schweiz aufgenommen. Nach Abzug von Rückzahlungen waren Ende 1971 noch 215 Mio Dollar zu einem durchschnittlichen Zinssatz von 4,61 % ausstehend.
Die Asiatische Entwicklungsbank hatte 1971 40 Mio Franken zu 7 % aufgenommen.
Die Interamerikanische Entwicklungsbank hat im Jahre 1972 die harten Kredite (8 % Zins) von 36 % (1971) auf 55 % Bilanzsummenanteil gesteigert. Dieses Institut, dessen viertgrößter Gläubiger die Schweiz ist, hat somit einen schwerwiegenden Schritt in Richtung einer Verminderung der eigentlichen, als »Hilfe« anzusprechenden Kredittätigkeit gemacht.[8]
Der Hilfscharakter solcher Anleihen dürfte praktisch Null sein, was das subjektive Opfer der Geldgeber betrifft. Denn die Käufer der Obligationen, nämlich Kleinsparer, Pensionskassen und Großanleger erwerben mit diesen Anleihen einen risikofreien Wert zu einer leicht besseren Verzinsung, als sie einheimische Obligationenpapiere aufweisen. Die vermittelnden Banken verrechnen der Weltbank eine Übernahmekommission, die zwischen den in der Schweiz üblichen Sätzen von 1 bis 3 % des gesamten Anleihebetrages liegen. Auf den 1,7 Milliarden Franken, welche die Weltbank in der Schweiz aufgenommen hat, vereinnahmten die schweizerischen Banken also immerhin zwischen 17 Millionen und 51 Millionen Franken an Übernahmekommissionen. Weitere Kommissionseinnahmen erwachsen ihnen beim Handel der einzelnen Obligationen während der langjährigen Laufzeit, da lange nicht alle Käufer die Stücke 15 Jahre behalten.
Der größte Gewinn aus den Entwicklungsanleihen dürfte aber der schweizerischen Industrie zufallen. Nachdem die Anleihenssummen von den schweizerischen Banken über die Weltbank den Entwicklungsländern weitergegeben worden sind, dient nämlich der größte Teil dieser Gelder zum Einkauf von Ausrüstungsgütern in der Schweiz. Von den 1,5 Milliarden Franken, welche die Weltbank bis November 1971 in der Schweiz aufgenommen hatte, kehrten 1,4 Milliarden Franken wieder rasch in die Schweiz zurück – für Lieferungen der Investitionsgüterindustrie.[9] Fünf Jahre vorher, 1966, entsprachen den gesamten Anleihen von 666 Mio Franken sogar Käufe von 695 Mio bei der schweizerischen Industrie und die Zinszahlungen der Weltbank, und damit indirekt der Entwicklungsländer, hatten zusätzlich schon 217 Mio Franken in die Schweiz gebracht.[10]
(Kappeler, op. cit.)

8 *NZZ*, 10. 5. 1973.
9 *Bankgesellschaft*, Wirtschaftsnotizen November 1971, S. 9.
10 *Tribune de Genève*, 31. 10. 1967.

3. Der Fall Chile[1]

Der Sekundär-Imperialismus ist von seiner Funktion her mit dem primären Imperialismus eng verbunden. Diese Verbundenheit ist stärker als die Widersprüche, die sich aus dem Konkurrenzverhalten der beiden imperialistischen Systeme ergeben (Zusammenprall von Finanzkapitalien verschiedener »nationaler« Herkunft an der Peripherie, Wettstreit um die Verwaltung der Beute im Zentrum etc.). Ein gemeinsames Selbstverständnis, das auf die Aufrechterhaltung des weltweiten kapitalistischen Systems der Beherrschung der Völker um jeden Preis abzielt (selbst unter Verzicht auf unmittelbaren Gewinn), liegt allen imperialistischen Aktivitäten zugrunde.

Normalerweise, das heißt, wenn die kapitalistische »Ordnung« uneingeschränkt herrscht, ist dieses Selbstverständnis von sekundärer Bedeutung; es liefert den Rahmen, innerhalb dessen sich der interimperialistische Wettbewerb abspielt, es zieht die Grenzen, die von den Konkurrenten nicht überschritten werden dürfen. Aber immer häufiger kommt es vor, daß die unterdrückten Völker sich erheben, ihre Freiheit fordern und sie manchmal sogar erringen. Für das weltweite kapitalistische System kommt es heute nicht mehr in Frage, Freiheitsbewegungen wie die Lumumbas in Afrika 1960 oder Fidel Castros 1956 in Lateinamerika sich einfach entwickeln zu lassen. Die Zeit des »unvorsichtigen« oder »liberalen« Imperialismus ist vorbei. Beim geringsten Anzeichen von Befreiungsanstrengungen eines unterjochten Volkes setzt sich

1 Der Unterdrückerfunktion entspricht eine Fördererfunktion: Der sekundäre Imperialismus erfüllt eine wesentliche Aufgabe bei der Unterdrückung von volksnahen, reformistischen oder revolutionären Regierungen an der Peripherie. Gleichzeitig fördert er die peripheren Unterdrücker-Regimes, die den imperialistischen Strategien des Zentrums nützlich sind (Beispiel: Indonesien, Brasilien, Südkorea). Im vorliegenden Kapitel, das die repressive Funktion des sekundären Imperialismus untersucht, analysieren wir nur einen Fall, jenen Chiles und der Unidad Popular (1970–1973). Die repressive und fördernde Doppelfunktion wird indessen in den Anhängen I und II zu diesem Kapitel behandelt. Diese Anhänge untersuchen die Anwendung der beiden hauptsächlichsten Instrumente der Repression und der Förderung durch die Regierung: Der Bundesgarantie für die Exportrisiken, der bilateralen oder multilateralen Finanzhilfe an Entwicklungsländer.

eine vielgestaltige Unterdrückungsmaschinerie in Gang. Bei diesen anfänglichen Abwürgungsversuchen spielen die sekundären Imperialismen eine entscheidende Rolle. Denn der primäre Imperialismus und sein politischer Träger, die Vereinigten Staaten, können vielfach aus innenpolitisch taktischen und weltpolitischen Gründen nicht offen und unmittelbar eingreifen. In einer ersten Reihe von Fällen überträgt der primäre Imperialismus die Verteidigung des bedrohten Systems zunächst dem einen oder anderen Satelliten.

Beispiele: Breitet sich im Dhofar ein Volksaufstand aus, der den kapitalistischen Brückenkopf von Oman bedroht? Die iranische Armee erhält den Auftrag, die Bewegung niederzuschlagen. Bildet sich in La Paz eine antiimperialistische Regierung? Der brasilianische Geheimdienst organisiert den Sturz von Torres und die Regierungsübernahme durch Banzer.

Wenn nun aber ein Land sich sorgsam an den verfassungsmäßigen Rahmen hält und sich schrittweise befreit, indem es für eine Volksregierungs stimmt, gestalten sich die Dinge bedeutend schwieriger. Militärische Intervention durch Satelliten ist kaum möglich. Es bleibt dem Imperialismus nichts anderes übrig, als den vorwitzigen Staat finanziell und wirtschaftlich zum Ersticken zu bringen. Hier tritt der Sekundär-Imperialismus in Aktion. So geschehen in Chile. An diesem langsamen und methodischen Erstickungsprozeß des chilenischen Volkes haben die sekundären europäischen Imperialismen (die wichtigsten nicht-amerikanischen Partner der chilenischen Wirtschaft), insbesondere der helvetische, ganz entscheidenden Anteil gehabt.

Von November 1970 an (der Machtübernahme durch den vom Volk gewählten Präsidenten Salvador Allende) haben die Vereinigten Staaten und ihre Verbündeten in Europa systematisch die Sabotage und den Boykott der chilenischen Wirtschaft in Angriff genommen.[2] Die *internationale Koordination* von Sabotage und Boykott wurde in Washington vom »Komitee der 40« gewährleistet, einer Institution, deren

2 A. Uribe, *Le Livre noir de l'intervention américaine au Chile*, Ed. du Seuil, 1974; siehe auch A. Touraine, *Vie et Mort du Chili populaire*, Ed. du Seuil, 1973; J. C. Buhrer, *Allende, un itinéraire sans détours*, Ed. l'Age d'homme, 1974.

Präsident Henry Kissinger war.[3] Gerald Ford gibt genauer, als ich es je könnte, dem unterschwelligen Einverständnis, das diesem gemeinsamen imperialistischen Vorgehen zugrunde liegt, Ausdruck:

> *Frage:* »Welches internationale Gesetz erlaubt Ihnen, eine rechtmäßig gewählte Regierung eines andern Landes zu stürzen?«
>
> *Antwort:* »Ich kümmere mich nicht um internationale Gesetze. Ich würde einfach sagen, daß historisch und tatsächlich solche Vorgänge (der Destabilisation) stattgefunden haben. Wir unternehmen sie im Interesse und zum Wohle der betreffenden Länder.«[4]

Doch zurück zum sekundären helvetischen Imperialismus: Es ist absurd zu glauben, es führe eine direkte Telefonverbindung vom »Komitee der 40« in Washington zu den Hauptsitzen der Großbanken in Zürich oder Genf. Das unterschwellige Einverständnis aller imperialistischen Systeme hat gewissermaßen spontan eingesetzt. Die besondere Motivation, die den repressiven Maßnahmen des sekundären Imperialismus zugrunde liegt, wurde im März 1973 in aller Deutlichkeit umschrieben; Ernst Brugger, Vorsteher des Eidgenössischen Volkswirtschaftsdepartements, antwortete auf meine Interpellation:

> ». . . daß normale kommerzielle Geschäfte nicht mehr abgewickelt werden können . . . Wir haben unser Wirtschaftssystem . . ., die Chilenen haben es vorgezogen, ein anderes einzurichten, das liegt in ihrer Autonomie, aber daß man uns dabei gewissermaßen noch einladen soll, da einzusteigen, das übersteigt meine Vorstellungskraft als Chef des EVD, wobei ich Ihnen zugestehen will: Ich bin vielleicht kein großer Politiker wie Sie, sondern nur ein Krämer und Händler.«[5]

Die Erdrosselung Volks-Chiles, dieses »stille Vietnam«, wie Allende es nannte, ist ein komplexer Vorgang. Viele Seiten wären notwendig, um ihn hier zu untersuchen. Aus Platzgründen kann ich hier nur einige der Schritte analysieren,

3 Über die Tätigkeit des »Komitees der 40« siehe *New York Times*, 8. September 1974, S. 1 und 26.

4 Pressekonferenz im Weißen Haus, Niederschrift des Dialogs, *Time*, Ausgabe vom 30. September 1974 (europäische Ausgabe), S. 24.

5 Amtliches Bulletin der Bundesversammlung, Nationalrat, Frühjahrssession 1973, S. 156.

welche die sekundäre helvetische Oligarchie gemeinsam mit andern Imperialismen unternommen hat, um die chilenische Demokratie zu ersticken.
Da er gewisse Schlüsselbereiche der chilenischen Wirtschaft – zum Beispiel den Nahrungsmittelsektor – unter Kontrolle hatte, genügte es, wenn der helvetische Imperialismus der neuen Regierung jegliche Mitarbeit verweigerte, um diese in unüberwindliche Schwierigkeiten zu bringen.
Beispiel: Nestlé kontrolliert mit seinen Fabriken fast die gesamte Herstellung von Milchprodukten und Pulverkaffee sowie einen Großteil der Lebensmittelkonserven in Chile. Diese Firma sitzt seit mehr als drei Jahrzehnten im Land. Ihre Tochtergesellschaft, die Chiprodal SAI, besitzt sechs Fabriken in: Graneros (Dosenmilch, Nescafé und Nebenprodukte), Los Angeles und Osorno (Dosenmilch), Llanquihue (Milchpulver), San Fernando (Maggi-Produkte, Fleischbrühen, Suppen), Rancagua (pasteurisierte Milch). Die andere Nestlé-Tochterfirma, die Savory, stellt in Santiago Eis und Tiefkühlprodukte (Findus) her. Mit diesen zwei Filialen und den sieben Fabriken kontrolliert Nestlé tatsächlich den chilenischen Markt. Die Produktions- und Preispolitik der Chiprodal und der Savory waren von jeher in erster Linie auf die Bedürfnisse der oberen Klassen Chiles ausgerichtet. Die unzähligen armen Familien der Calampas, der Wellblechsiedlungen, der Bergbauzentren des Nordens und die Wanderarbeiter im Süden haben praktisch nie etwas von der nach schweizerischen Patenten hergestellten Vorzugsmilch für Säuglinge gesehen. In den dreißig Jahren, die Nestlé nun schon in Chile niedergelassen ist, haben Hunderttausende von chilenischen Kindern trotz allem ein elendes Dasein fristen müssen. Infolge Proteinmangels zurückgeblieben, sind viele von ihnen durch Hunger invalid geworden. Die Regierung der Unidad Popular wollte diesem Elend ein Ende setzen und beschloß, an jedes bedürftige Kind bis zum 15. Altersjahr täglich einen halben Liter Milch auszugeben. Dieser Entschluß zwang Allende, mit dem Nestlé-Trust Verhandlungen um die Preiskontrolle – insbesondere der Milchpreise – aufzunehmen. Nestlé widersetzte sich jeglichen Verhandlungen.[6]

6 Die chemische Industrie der Schweiz ist in Chile stark vertreten: Ciba-Geigy SA, Sandoz SA und Productos Farmaceuticos Roche SA genießen eine privi-

Die Schweiz beherbergt – und das ist sogar eine ihrer Hauptaufgaben innerhalb des weltweiten imperialistischen Systems – die außeramerikanischen Hauptquartiere zahlreicher Unternehmen des primären Imperialismus. Anaconda und ITT, zwei multinationale Gesellschaften, deren Beitrag an der internationalen Sabotagekampagne gegen die chilenische Wirtschaft sattsam bekannt ist,[7] haben von der Schweiz aus »gearbeitet«. Eine große Zahl anderer, weniger bekannter Unternehmen haben, ebenfalls von der Schweiz aus, zur Erdrosselung Chiles ihren genau umschriebenen Beitrag geleistet.

Die Internordia Finanz SA ist eine der zahlreichen Holdings, die aus steuerlichen Gründen in Glarus domiziliert sind. Kurz nach ihrem Regierungsantritt hat die Regierung der Unidad Popular sieben Personen festnehmen lassen, die der Wirtschaftssabotage beschuldigt wurden. Der chilenische Senat widmete dieser Affäre mehrere Sitzungen. Im Verlaufe einer dieser Untersuchungssitzungen erklärte Senator Narciso Irureta, die Internordia habe dem chilenischen Staat einen Verlust von mehreren Millionen Dollar zugefügt. Unter den sieben Angeklagten befand sich Alfred König, Direktionsmitglied der Internordia Finanz SA. Diese Affäre führte zu einer Krise innerhalb des Unternehmens. Werner Stauffacher, Vizepräsident des Verwaltungsrates, trat aus Protest gegen die Tätigkeiten seiner eigenen Gesellschaft zurück.[8] Laut Untersuchung soll die Internordia Finanz SA, Glarus, versucht haben, eine Million Tonnen Kupfer zu extrem niedrigem Preis zu kaufen. Dieser Kauf soll – immer nach den Untersuchungsergebnissen des chilenischen Senats – dadurch erleichtert worden sein, daß bestochene chilenische Beamte bewußt gefälschte

legierte Stellung im Bereich des Gesundheitswesens. Bührle-Oerlikon, die Waffenfabrik, ist heute einer der wichtigsten Lieferanten der faschistischen Junta und kontrolliert über ihre Filiale in Panama (Finsura SA) vier Unternehmen der mechanischen und der Bauindustrie. Im selben Bereich nehmen auch die Sika SA sowie Brown Boveri SA bedeutende Positionen ein; vgl. *Die schweizerische Industrie in Chile*, Verlag Schweizer Gruppe/Dritte Welt, Bern, November 1973, Postfach 1007, 3001 Bern.

7 *Multinational corporations and United Staates foreign policy; Hearings before the Committee on foreign relations US Senate*, 39th Congress, The International Telephone and Telegraph Company and Chile 1970–1971, Ed. *US-Printing* Office, Washington, 1973, 2 Bd.

8 Siehe *Neue Zürcher Zeitung*, Nr. 143 vom 26. März 1971, *National-Zeitung* vom 28. März 1971 sowie die Dokumentation *Schweiz-Chile*, Arbeitsgruppe Dritte Welt, op. cit., Bern, S. 10.

Berichte über die Verkaufsaussichten für chilenisches Kupfer nach der Machtübernahme durch die Unidad Popular herausgaben.[9]

Es sind die Bankimperien von New York, Zürich und Genf, die vermutlich die wichtigste Rolle bei der »Unschädlichmachung« der chilenischen Demokratie gespielt haben. Hier erwies sich die Koordination der repressiven Tätigkeiten des primären und des sekundären Imperialismus als besonders wirksam[10]. Der Auftakt wurde im August 1971 gegeben, wenige Monate nach der Verstaatlichung der Kupferminen. Die Export-Import-Bank von Washington verweigert der chilenischen Luftfahrtgesellschaft Lan Chile einen Kredit von 21 Millionen Dollar zur Anschaffung von drei Transportflugzeugen vom Typ Boeing. Eine erstaunliche Weigerung: Lan Chile ist ein vorbildlicher Schuldner, der seine Schulden immer pünktlich zurückbezahlt, und der neue Kredit ist, wie die vorhergehenden, für den Ankauf amerikanischer Flugzeuge in den Vereinigten Staaten bestimmt.[11] Mehr und mehr werden die Fesseln angezogen, ein Kredit nach dem anderen gestoppt. Ende 1972 ist Volks-Chile vollständig isoliert. Und dann beginnt die düstere Serie der wirtschaftlichen Sabotageakte. Der Streik der Ingenieure in der Kupfermine El Teniente im Jahr 1973: Er dauerte 74 Tage und kostete rund 75 Millionen Dollar (Gewinneinbuße, auf das chilenische Deviseneinkommen berechnet). Nach und nach fügten mehrere »Streiks« von Lastwagenfahrern der chilenischen Wirtschaft schweren Schaden zu. In diesem Land, das mehr als 4000 km lang ist, werden fast alle Transporte über die Straße abgewickelt. Der letzte »Streik« der Lastwagenfahrer kostete Chile pro Tag rund sechs Millionen Dollar an verdorbenen Lebensmitteln (Fleisch, Gemüse, Milch). Diese Sabotagekampagnen konnten nur mit massiver finanzieller Unterstüt-

9 Diese Affäre erscheint nach den Aussagen von Colby, dem früheren Direktor des CIA, in einem neuen Licht: »Der CIA unterwanderte chilenische Beamte auf den oberen Ebenen der sozialistischen Partei; er bezahlte Provokateure, damit sie bei der Erfüllung ihrer leitenden Aufgaben Fehler machten (deliberate mistakes)«; siehe *Time*, 30. September 1974, S. 24.

10 Colby, der frühere Direktor des CIA sagt: »Die erforderlichen Summen (für die Repression) sind mit Hilfe europäischer Banken verschoben worden«; siehe *Time*, op. cit.

11 *Time-Magazine*, das die Geschichte dieser Affäre brachte: »Die Fluggesellschaft hatte einen untadeligen Ruf als pünktlicher Zahler«, 20. September 1973, S. 17.

zung aus dem Ausland durchgehalten und wiederholt werden. Hier der Mechanismus, wie er von der Zeitung *Il Manifesto* beschrieben worden ist:
Diese italienische Zeitung veröffentlichte eine Studie über die Banque pour le commerce continental, deren Sitz sich in Genf befindet (15, quai des Bergues).[12] Die Bank gehört einer chilenischen Familie der äußersten Rechten der Christdemokraten, der Familie Klein. In den Jahren 1972 und 1973 kamen verschiedene Persönlichkeiten der äußersten Rechten aus Chile nach Genf, um die Kleins und andere Bankiers zu treffen. Frei selbst wurde in Genf zusammen mit den Kleins gesehen, zuerst im Februar, März und Juli 1972 und dann im Januar 1973. M. Orlando Saenz, der Präsident der Sociedad de Fomento Fabril, einer chilenischen Arbeitgeberorganisation, traf kurz vor dem Staatsstreich in Genf ein, um seine Freunde in Bankkreisen zu mobilisieren. Er gehört zu den einflußreichsten Führern der äußersten Rechten in Chile und steht der faschistischen Bewegung »Vaterland und Freiheit« nahe. Heute ist er wirtschaftlicher Berater der Junta.[13] Von Januar 1973 an gelangten zwei Millionen Dollar in 1 bis 10 Dollarnoten nach Chile. Mitten in der Inflation, im August 1973, waren in Santiago gewaltige Mengen von Dollars in Umlauf. Die ersten Nutznießer waren die Lastwagenfahrer, die gegen Allende »gestreikt« hatten. Ein Lastwagenfahrer aus Santiago hat zugegeben, daß er und seine Kollegen für jeden Streiktag 7 Dollars bekommen hatten; das entspricht nach dem »schwarzen« Kurs ungefähr 10 000 Escudos (der Monatslohn eines Lastwagenfahrers liegt bei 40 000 Escudos).[14]
Am 11. September 1973 setzten die faschistischen Offiziere,

12 *Il Manifesto*, 3. Oktober 1973.

13 Andere chilenische Faschisten haben ebenfalls seit dem Staatsstreich Karriere gemacht. *Beispiel:* Herrera Gonzalez, Polizeigeneral, der von der demokratischen Regierung pensioniert worden war, wurde zum Botschafter in Bern ernannt. Mit ihm amtiert Frau Supercaso, Agentin derselben faschistischen Untergrundorganisation, »Patria y Libertad«, als Kulturattaché in Genf. Ironie des Schicksals: Gonzalez und Supercaso finden in der Schweiz ihren früheren »Patron« wieder: Nathanael Davis. Dieser Menschenfreund war der Sonderbotschafter Kissingers in Santiago während der Vorbereitung des Putsches (vgl. *North american congress on Latin America*, The Chilean Offensive, Bd. VIII, 1974). Davis ist seit 1975 Botschafter der Vereinigten Staaten in Bern.

14 Siehe *New York Times*, 8. September 1974, S. 26.

zusammen mit den amerikanischen Geheimdiensten, der chilenischen Demokratie brutal ein Ende.
Das heimatlose Großkapital kehrte triumphierend zurück. Im Auftrag der nordamerikanischen Kolonialherren errichtete General Augusto Pinochet eine Terrorherrschaft, die selbst die in Südchile ansässigen Ex-Nazis mit Bewunderung erfüllt. Zweieinhalb Jahre nach der Errichtung der Pinochet-Herrschaft und der Wiederherstellung der kapitalistischen Ordnung meldete »Der Spiegel«:

> »Eine Million Kinder sind derzeit in Chile vom Hungertod bedroht. Die Sterblichkeitsrate bei Neugeborenen stieg auf 63 je tausend (BRD: 21,1). Bis zu zwei Millionen chilenischer Kinder leiden an Gehirnschäden infolge Unterernährung. Gleichzeitig drosselt der Diktator die staatlichen Sozialleistungen. Der Etat für Gesundheit, Erziehung, Wohlfahrt und Wohnungsbau zum Beispiel, der noch 1972 unter Allende 37 Prozent des Staatshaushaltes ausmachte, wurde auf unter 20 Prozent gedrückt.«[15]

Wie reagierte die sichtbare Regierung der Schweiz auf die Wiederherstellung der Kolonialherrschaft in Chile? Entgegen dem Protokoll, das vorschreibt, daß beim Tod eines amtierenden Staatschefs die Fahnen auf Halbmast gesetzt werden, lehnte es die bürgerliche Mehrheit des Bundesrates ab, die Fahnen auf den öffentlichen Gebäuden zu senken; im Gegensatz zu den meisten Regierungen zivilisierter Länder weigerte sich die bürgerliche Mehrheit im Bundesrat, der Witwe des ermordeten Präsidenten ein Beileidstelegramm zu schicken. Überdies schloß der schweizerische Botschafter in Santiago, Charles Masset, seine Botschaft von den ersten Stunden des Putsches an und verweigerte Dutzenden von Schutzsuchenden das Asyl.[16]
Am 23. Februar 1974 führte die bürgerliche Mehrheit im Bundesrat die Visapflicht für chilenische Flüchtlinge ein, was darauf hinauslief, daß ihnen mit wenigen Ausnahmen die

15 *Der Spiegel,* Nr. 23, 1976.
16 Unter dem Druck der öffentlichen Meinung änderte sich schließlich die Haltung des Politischen Departements und seines Botschafters langsam. Im November begab sich endlich ein Beamter des Eidgenössischen Justiz- und Polizeidepartements nach Santiago, um dort 200 besondere exilierte lateinamerikanische und chilenische Verfolgte auszuwählen, die des helvetischen Asyls »würdig« waren.

Einreise verweigert wurde. Dieser Beschluß rief eine schreckliche Erinnerung wach: Am 17. Oktober 1939 hatte der Bundesrat die Visapflicht für deutsche Juden eingeführt und damit stillschweigend in Kauf genommen, daß Männer, Frauen und Kinder den Nazi-Schergen ausgeliefert wurden.[17]

Anhang

Unter allen Waffen, deren sich der Sekundär-Imperialismus bedient, um soziale, wirtschaftliche und politische Reformen in einem unterdrückten Staat der Peripherie zu verhindern (oder umgekehrt, die repressiven und gegen das Volk gerichteten Strukturen dieses Staates zu stärken), sind zwei besonders wirksam: die eidgenössische Exportrisikogarantie und die sogenannte »Finanzhilfe«. Diese beiden Waffen werden hier von Hollenstein (I.) und Kappeler (II. und III.) untersucht. J. Z.

a) Exportkredite – kein Mittel einer solidaritätsgerechten Entwicklungspolitik

Die Gewährung von Exportkrediten an Importeure aus Entwicklungsländern – sie machten im Durchschnitt der Jahre 1969 bis 1971 rund 30 Prozent aller Kapitalübertragungen aus der Schweiz nach der Dritten Welt aus – fördert der Staat dadurch, daß er mittels der Exportrisikogarantie (ERG)[1] den Exporteur gegen Währungs-, Transfer- und politische Risiken und gegen die Zahlungsunfähigkeit öffentlicher Schuldner versichert. Exportkredite und die ERG verbessern die Wettbewerbsstellung der schweizerischen Exportindustrie. Mit dieser Art von Exportförderung sind allerdings für die Dritte Welt gewichtige Nachteile verbunden. Erstens wird die Konkurrenzfähigkeit der Entwicklungsländer geschwächt, da ihre Exporteure über diese Absatzinstrumente nur in einem viel bescheideneren Umfang verfügen. Dadurch wird insbesondere der Handel zwischen den Entwicklungsländern geschwächt. Zweitens sind Exportkredite sehr teuer. Sie weisen marktmäßige Zinssätze und kurze Laufzeiten und Karenzfristen auf; zudem sind sie naturgemäß an Käufe beim Gläubiger gebunden, was für die Entwicklungsländer im Durchschnitt zusätzliche Kosten von mindestens 20 Prozent des Konkurrenzpreises bedeutet. Es erstaunt daher nicht, daß diese Finanzierungsform sehr stark zur großen Schuldenlast der Empfängerstaaten beiträgt[2], die ihrerseits die

17 E. Bonjour, *Geschichte der schweizerischen Neutralität*, Helbing & Lichtenhahn, 1970, Bd. VI.

1 Wo nichts anderes vermerkt ist, stammen die Angaben, die den folgenden Ausführungen zugrunde liegen, aus dem »Bundesgesetz über die Exportrisikogarantie« und der zugehörigen Vollziehungsverordnung.

2 Obschon 1968 die Exportkredite »nur« ein Viertel der Außenschuld der Entwicklungsländer ausmachten, verursachten sie die Hälfte des Schuldendienstes (L. B. Pearson et al., a. a. O., S. 188 f.).

wirtschaftliche und politische Abhängigkeit von den Industriestaaten verstärkt.
Unter diesen Umständen hat der Staat die Pflicht, mittels der ERG – praktisch alle Exportkredite sind ihr unterstellt – diese entwicklungspolitisch unerwünschten Auswirkungen zu verhindern. Gewisse Ansätze dazu sind vorhanden; der Bund ordnete 1970 eine Senkung der Garantiesätze – und damit eine Erhöhung des dem Exporteur verbleibenden Risikos – auf 75 Prozent an und gab der »Kommission für die ERG« die Weisung, »bei der Behandlung der Garantiegesuche, insbesondere hinsichtlich der Zahlungsbedingungen, Zurückhaltung zu üben«. Das Ergebnis dieser Vorsicht war indessen äußerst bescheiden. Zwar wurden in gewissen Fällen die Garantiesätze bis auf 50 Prozent gesenkt, aber die Gesuche wurden praktisch ausnahmslos genehmigt[3]. Die ERG-Kommission verfügt eben über keine Kriterien, die es ihr erlaubten, die wichtigsten negativen Auswirkungen der Exportkredite zu korrigieren[3]. Um die Schuldenlast in Grenzen halten zu können, dürfte die Kommission nämlich nur jene Exportkredite garantieren, bei denen gesichert erscheint, daß die auf diese Weise finanzierte Investition soviele Devisen einbringt oder einspart, wie zur Rückzahlung des Kredits (inkl. der Zinsen) benötigt werden. Da sich dies indessen kaum in jedem Fall einwandfrei feststellen läßt, bleibt als einzig praktikabler Weg, für jedes Land – unter Berücksichtigung seines Entwicklungsstandes und der bereits bestehenden Verschuldung – einen Plafond für Exportkredite, ausgedrückt in Prozenten des gesamten Kapitalzuflusses, festzulegen, der nicht überschritten werden darf. Aber auch durch derartige Kontrollmaßnahmen lassen sich die Exportkredite und die ERG nicht soweit »umfunktionieren«, daß sie ein Element einer solidaritätsgerechten Entwicklungspolitik bilden könnten. Zuviele Nachteile bleiben bestehen: An der Verzerrung der Welthandelsstruktur zuungunsten der Entwicklungsländer ändert sich wenig; die Exportkredite bleiben teure und gebundene Finanzmittel.
In einem viel grundsätzlicheren Sinn zeigt sich der geradezu entwicklungshemmende Charakter einer nach rein versicherungstechnischen Gesichtspunkten gehandhabten ERG, wenn wir den »Fall Chile« untersuchen, Chile, dem seit einiger Zeit als einzigem Land keine Exportkredite mit einer Laufzeit über sechs Monate mehr garantiert werden[3]. Der reformfreundlichen, längerfristig für die Entwicklung Chiles günstigen Politik der Regierung Allende[4], wurde durch Druckversuche des Auslandes (Kreditsperre der USA, der Weltbank, der IDB; Kupferpreismanipulationen der USA usw.) und der einheimischen Oberschicht (Investitionsstreik, Kapitalflucht usw.) derart Widerstand entgegengesetzt, daß sich die Zahlungsfähigkeit Chiles stark verschlechterte. Zudem trafen die Reformen – wie zum Beispiel die Nationalisierung der ausländisch beherrschten Schlüsselindustrien – notwendigerweise Interessen der ausländischen, auch der schweizerischen Wirtschaft und führten zu Schadenzahlungen des Bundes aufgrund der ERG. Rein versicherungstechnisch betrachtet, ist es daher richtig, Chile keine Exportkredite mehr zu garantieren. Entwicklungspolitisch dagegen wäre es angebracht, das chilenische Experiment zu

3 Auskunft durch den Präsidenten der ERG-Kommission.
4 Jede Reformpolitik bringt (kurzfristig) Schwierigkeiten; auch seien gewisse Fehler der Politik Allendes nicht in Abrede gestellt.

unterstützen durch Weiterführung der Garantie von Exportkrediten, noch besser allerdings – wir haben die Nachteile dieser Kredite gezeigt – durch großzügige Gewährung von Finanzhilfe. Die politische Dimension der ERG, die vom Bundesrat hartnäckig geleugnet wird – ». . . (die ERG) darf niemals zu politischen Zwecken mißbraucht werden. Sie ist ein rein kommerzielles Instrument und gar nichts anderes«[5] –, zeigt sich im Falle Chiles ganz deutlich. Die Exportkredite im jetzigen Augenblick nicht mehr zu garantieren, ohne gleichzeitig Finanzhilfe zu gewähren, bedeutet nichts anderes als gegen die Reformpolitik Allendes Stellung beziehen. Reformfeindliche Staaten dagegen wie zum Beispiel Indonesien sind stabil, erhalten daher reichlich Auslandskapital (Hilfe und Investitionen) und sind keinen ausländischen Druckversuchen ausgesetzt, so daß versicherungstechnisch kein Grund besteht, die Exportkredite zu bremsen. Die ERG ordnet sich mithin reibungslos in jene »Entwicklungsstrategie« ein, die, gestützt auf privatwirtschaftliche Interessen, die Entwicklung der Unterentwicklung vorantreibt. In dem Maße wie die Schadenzahlungen die Einnahmen aus Gebühren für die Garantie von Exportkrediten übersteigen, wird eine solche, den privaten Interessen dienende Politik, von der Allgemeinheit finanziert. *(Hollenstein, op. cit.)*

b) Die Exportkredite

Bei internationalen Exportgeschäften werden heute die Waren immer häufiger auf Kredit geliefert. Damit aber das exportierende Unternehmen diese Last nicht selbst tragen muß, schaltet sich eine Bank zwischen den Exporteur und den Importeur ein. Sie zahlt dem Exporteur den Betrag aus und erteilt dem Importeur im andern Land einen Kredit auf mittlere Frist (d. h. auf 1 bis 5 Jahre, neuerdings oft etwas länger). Diese an sich günstige Einrichtung erlaubt einem Importland, unabhängig von seiner augenblicklichen Barzahlungsfähigkeit, die notwendigen Ausrüstungen einzukaufen. Für das Exportland wurde der begleitende Exportkredit zu einer wichtigen Verkaufswaffe auf den Weltmärkten.
Für die Entwicklungsländer bringt diese Kreditfinanzierung der Importe auf den ersten Blick daher eine Entlastung. Doch nach längerem Gebrauch dieser »Erleichterung« treten die vorhin beschriebenen Engpässe der Kapitalabhängigkeit voll zutage: Die Zinslasten steigen an und die Rückzahlungstermine drohen.

»Im Außenhandelssektor hat man festgestellt, daß die Länge der »Durststrecke« in der Regel unterschätzt worden ist und die Konsequenzen der Außenhandelsverschuldung erst zu spät erkannt wurden. Die Verschuldung der Entwicklungsländer hat in den letzten Jahren astronomische Ausmaße angenommen. Sie beläuft sich gegenwärtig auf über 60 Milliarden Dollar und birgt die Gefahr in sich, daß der Kapitalstrom, den die Industrienationen in die Entwicklungsländer transferieren, nur zu einem Bruchteil produktiv verwendet werden kann,

5 Bundesrat Brugger im Nationalrat anläßlich der Behandlung des 86. Berichts des Bundesrates an die Bundesversammlung »über wirtschaftliche Maßnahmen gegenüber dem Ausland und andere außenwirtschaftliche Fragen« in Beantwortung einer Anfrage Nationalrat Zieglers betreffend der Konsolidierung der Schulden Chiles (Stenographisches Bulletin der Nationalratssitzung vom 13. 3. 1973).

weil der größte Teil des Transfers für Schuldentilgung und Zinsendienst wieder zurückfließt.«[1]

Diese Tendenzen können für das Jahr 1970 aus den Zahlen der schweizerischen Exportkredite verfolgt werden: Für 97 Millionen Franken wurden neue Kredite erteilt, und an Zinszahlungen aus den frühern Krediten kehrten 250 Millionen Franken aus der Dritten Welt in die Schweiz zurück.[2] Hierbei sind die Rückzahlungen noch nicht eingeschlossen.

Für die exportierenden Länder ist es sehr wichtig, wie groß und wie langfristig sie ihren Kunden die Güter kreditmäßig vorstrecken können, d. h. *die Exportkredite sind eine Dienstleistung im Exportgeschäft* geworden. Für reiche Länder ist die Exportkreditgewährung eine Leichtigkeit. Die schweizerischen Großbanken benützen z. B. die Gelder der meist an Kleinsparer verkauften Kassaobligationen zur Finanzierung dieser Kredite. (Diese Gelder betrugen 1972 bei den 72 wichtigsten schweizerischen Banken 23 Milliarden Franken.) Da die Banken dafür etwa 5 bis $5^{1}/_{2}$ % Zins bezahlen müssen, für die Exportkredite aber ca. $7^{1}/_{2}$ % erhalten, erzielen sie dank dieser *Zinsspanne* auf den von der Exportrisikoversicherung garantierten 2336 Millionen Franken Exportkrediten aus den Entwicklungsländern eine *jährliche Einnahme von über 40 Millionen Franken.* (Zahlen für 1970.) Den ärmeren Ländern steht dieses Finanzierungspotential zur Förderung ihrer eigenen Exporte nur spärlich zur Verfügung. Der Reichtum der Schweiz bewirkt also erneuten Verdienst durch Exportgeschäfte, und unterentwickelte Länder bleiben auf ihrem schwachen Exportpotential sitzen.

Die Entwicklungsländer haben aber begriffen, daß sie die Lieferländer gegeneinander ausspielen können, da diese wetteifern in der Erteilung günstiger Exportkredite nach Entwicklungsländern.

Tatsächlich führte dieses Werben der Exporteure zu immer höhern Kreditsätzen am Exportwert und zu immer längern Leihfristen. Doch die entwickelten Länder bemerkten diesen ruinösen Wettbewerb, den sie sich gegenseitig lieferten und entdeckten ihre Solidarität der Interessen. Schon in den fünfziger Jahren schlossen sie sich in der »Berner Union« zusammen und vereinbarten, keine Garantie zu gewähren für Exportgeschäfte, bei denen die Zahlungsfrist 5 Jahre übersteigt.[3]

Im Sommer 1972 hat sich erneut die OECD als Organisation der reichsten Länder der Erde um Drosselung der Freigiebigkeit bemüht. Für Exportkredite über 5 Jahren Laufzeit sollen ein Informationsaustausch und vorherige Konsultationen (letztere nur für Kredite an Industrieländer) stattfinden. Die Schweiz ist an beiden Übereinkommen beteiligt.[4] Einem Entwicklungsland wird es daher nicht mehr gelingen, die Industrieländer einzeln gegeneinander auszuspielen. Im Gegenteil, die Entwicklungsländer müssen sich von Schweizern sagen lassen, daß sie gegeneinander ausgespielt werden können:

»Die lateinamerikanischen Länder müßten sich bewußt sein, daß sie

1 Bruno Fritsch, *Tages-Anzeiger Magazin* 13. 1. 1973.
2 Rudolf H. Strahm, *»Industrieländer – Entwicklungsländer«* Laetare-Imba 1972, 126 S., S. 111.
3 H. Brunner, »Die Berner Union und ihre Ziele« in: *Der Volkswirt,* Beilage zu Heft 45, 7. 11. 1959.
4 *NZZ* 16. 6. 1972 und 24. 7. 1974. Zwei Abkommen traten am 1. 7. 1974 in Kraft. Ausnahmen für Entwicklungsprojekte sind unter Vorbehalten möglich.

bei der Beschaffung von Auslandskapital mit Asien, Afrika und Australien in Konkurrenz ständen und die Geldgeber sich bei ihrer Wahl von der Kreditwürdigkeit, den Erträgen und den Zukunftsaussichten leiten ließen.«[5] *(Kappeler, op. cit.)*

c) Gebundene Hilfe

Die Exportkredite sind stets objektgebunden, d. h. sie werden für die Finanzierung eines bestimmten Gutes oder einer eng umschriebenen Anlage erteilt. Daher weisen sie auch die Nachteile der gebundenen Entwicklungshilfe ganz allgemein auf. Das Entwicklungsland erhält den Kredit von der Schweiz nur im Anschluß an einen Kaufakt bei uns und die beteiligten Industrien oder Banken treten ihm gegenüber oft geschlossen mit kumulierten Bedingungen auf. Die unter den Auspizien des Bundes durchgeführten Transferkredite bezweckten fast durchwegs die Finanzierung eines konkreten Exportgeschäftes der schweizerischen Großindustrie. Das Entwicklungsland hängt für die Ausnutzung der von den schweizerischen Banken und dem Staat gemeinsam abgewickelten Kredite bezüglich Lieferfristen, Produktwahl und Preisentwicklung von den schweizerischen Lieferanten ab. Der an *Indien* gewährte Exportkredit im Jahre 1960 ist dafür ein Beispiel.

> »Mitte 1960 ist auf Initiative eines schweizerischen Industriekonzerns zwischen unserem Land und Indien ein Rahmenabkommen über einen Hundert-Millionen-Franken-Kredit abgeschlossen worden. Der Kredit ist von einer schweizerischen Bankengruppe zur Verfügung gestellt und durch die eidgenössische Export-Risikogarantie abgesichert werden. Er war für die Finanzierung von schweizerischen Kapitalgüterexporten bestimmt. Man sprach damals von ›neuen Wegen der schweizerischen Entwicklungshilfe‹ und glaubte, damit sowohl den indischen Import- und Kreditwünschen als auch den schweizerischen Exportinteressen zu dienen. Anderthalb Jahre später war durch die Presse zu erfahren, daß zur Verwunderung der offiziellen Stellen erst ganz wenige der behördlich bereits genehmigten Kaufverträge von beiden Parteien formell abgeschlossen worden seien, wobei der säumige Teil auf seiten der Schweizer Lieferfirmen zu suchen sei. Der Grund ist offensichtlich: Der Kredit wurde zu Beginn einer Periode höchster Konjunktur eröffnet, als die schweizerischen Exportfirmen, die ihren eingegangenen Verpflichtungen kaum mehr gerecht wurden, gezwungen waren, neue Aufträge abzuweisen und plötzlich Zurückhaltung übten auf dem sonst so beliebten Weg, ihren Teil zur Entwicklungshilfe beizutragen. Ein ungebundener Kredit wäre unter solchen Verhältnissen sicher zweckmäßiger gewesen. Indien wäre frei gewesen, den Kredit im eigenen oder in einem Drittland auszugeben.«[6]

Beim Abschluß solcher Kreditverträge dürfte jeweils eindrücklich auf die Lieferwünsche der schweizerischen Industrie hingewiesen werden. 1964 hieß es in einem Bericht des Bundesrates über den Kreditvertrag mit Pakistan:

> »Die Vereinbarung mit Pakistan beruht auf der Verbindung der privatwirtschaftlichen Kreditgewährung mit der Exportrisikogarantie des

5 G. Hanselmann, Generaldirektor der Schweiz. Bankgesellschaft, vor der Lateinamerikanischen Handelskammer, *NZZ* 28. 4. 1972.

Bundes. Pakistan wird seinen Bedarf an Investitionsgütern vermehrt in der Schweiz decken, und unsere Industrie wird sich mehr als bisher an der Verwirklichung pakistanischer Entwicklungsprojekte beteiligen können. Das Abkommen wird die Möglichkeit schweizerischer Kapitalgüterlieferungen zu normalen Zahlungsbedingungen nicht beeinträchtigen.«

Später, im Jahre 1967, erhöhte sich der Kredit von 43 Millionen Franken auf 63 Millionen Franken für den Kauf von Übermittlungsausrüstungen, Textilmaschinen und Kraftwerkanlagen aus der Schweiz.

Über den 20-Millionen-Kredit, der parallel mit Weltbankfinanzierungen[6] 1968 an Kolumbien erteilt wurde, vermerkt der 81. Bericht des Bundesrates über wirtschaftliche Maßnahmen gegenüber dem Ausland:

»Er ermöglichte der schweizerischen elektromechanischen Industrie, sich einen Anteil von fast 12 Millionen Franken an der Ausführung des Projektes zu sichern.«

Der exportrisikogedeckte Kreditrahmen von 140 Millionen Franken an die *Türkei* diente hauptsächlich zum Erweiterungsbau des Kraftwerkes Anbarli, einem Hauptpunkt des 2. türkischen Fünfjahresplanes und bezweckte die Beschaffung schweizerischer Exportgüter durch das am Bau beteiligte schweizerische Industriekonsortium.

Kredite an Indien 1966, an Mexiko 1968, an Pakistan 1970 und an andere Staaten dienten ebenfalls dem Export schweizerischer Güter. Sie wurden hier aufgeführt, um zu zeigen, wie wenig der direkte Zweck solcher Kredite die Entwicklungshilfe ist. *Vielmehr dienen sie der Gewinnung neuer Aufträge durch die schweizerische Industrie und werden durch den Staat für die beteiligten Bank- und Industriekonsortien zu risikoloser, normaler Geschäftsabwicklung gebracht.*

Es geht daher nicht an, sie als Entwicklungshilfe zu deklarieren – ungeachtet allfälliger Vorteile und wirtschaftlicher Fortschritte, welche die beteiligten Entwicklungsländer gleichzeitig vielleicht realisieren können. Wir bezeichnen ja andere Exportgeschäfte, die auch nur bei beiderseitigem Nutzen zustande kommen können, auch nicht als Hilfe.

Die Kreditverhältnisse, die zwischen der Schweiz und der Dritten Welt bestehen, widerspiegeln das Gefälle zwischen den beiden Sphären unseres Planeten. Einerseits die arme Welt, ohne große Möglichkeiten, ihre Wirtschaft durch kreditfinanzierte Exporte zu stimulieren, auf der andern Seite die in den Nachkriegsjahren explosionsartig noch reicher gewordene Schweiz, welche ihre Importe bar bezahlen und die Lieferanten auswählen kann, und welche ihre Bankkapitalien den Entwicklungsländern als Vorschuß anbieten kann – und dies erst noch in der sicheren Erwartung, daß das Geld wieder zum Investitionsgüterkauf ins Land zurückfließt. Später wird es noch ein zweites Mal, nämlich als Zinszahlung ins Land zurückströmen (z. B. 8 % während 15 Jahren) und ein drittes Mal als Rückzahlung der Schuld ... *(Kappeler, op. cit.)*

6 U. Brogle, *Zur Frage des schweizerischen Kapitalexports* 1963, Polygraphischer Verlag Zürich, 82 S., S. 68/69.

II. Die Macht der Symbole

1. Die »schweizerische Demokratie«

Ein guter Mensch sein! Ja, wer wär's nicht gerne?
Sein Gut den Armen geben, warum nicht?
Wenn alle gut sind, ist SEIN Reich nicht fern
Wer säße nicht sehr gern in Seinem Licht?
Ein guter Mensch sein? Ja, wer wär's nicht gern?
Doch leider sind auf diesem Sterne eben
Die Mittel kärglich und die Menschen roh.
Wer möchte nicht in Fried' und Eintracht leben?
Doch die Verhältnisse, sie sind nicht so!

Da hat er eben leider recht.
Die Welt ist arm, der Mensch ist schlecht.

Natürlich hab' ich leider recht
Die Welt ist arm, der Mensch ist schlecht.
Wer wollt' auf Erden nicht ein Paradies?
Doch die Verhältnisse, gestatten sie's?
Nein, sie gestatten's eben nicht.

Bertolt Brecht
Die Dreigroschenoper

Seine nicht autonome, instrumentale Eigenschaft verleiht dem schweizerischen Sekundär-Imperialismus einen Vorteil: Seine Praxis wird von einer von jedermann gutgeheißenen Friedensideologie verschleiert. Es fiele schwer, einen vietnamesischen Bauern, der vor kurzem noch von der amerikanischen Luftwaffe bombardiert wurde, oder einen chilenischen oder bolivianischen Gefangenen, der durch Spezialisten des CIA gefoltert wird, vom friedlichen, humanitären und philanthropischen Charakter der amerikanischen Außenpolitik zu überzeugen. Er glaubt hingegen ohne weiteres an die »helvetische Neutralität«. Woher nimmt dieser Mythos seine außergewöhnliche Langlebigkeit? Die Antwort ist nicht einfach. Man muß sie auf verschiedenen Ebenen suchen.

Eine erste Frage stellt sich: Wie kommt es, daß sich ausgerechnet das Volk mit den reichsten demokratischen Traditionen Europas von jener erbärmlichen Ideologie der Kapitalanhäufung, der »notwendigen« Ausbeutung des Menschen und der Gewinnmaximierung um seine Ideale hat bringen lassen? Es kommt daher, daß diese Ideologie nie offen ausgesprochen wird. Mit anderen Worten: Die ideologischen Grundlagen der »schweizerischen Demokratie«, der institutionali-

sierten Form der imperialistischen Oligarchie in der Schweiz, sind anderswo zu suchen.
Die symbolische Gewalt, die sich auf allen Ebenen der Erziehung, der Meinungsbildung, der Information auswirkt, schafft eine herrschende Kosmogonie, der sich selbst unter den hellsten Köpfen der Schweiz nur wenige zu entziehen vermögen.[1]
Ihre Bedeutung geht über das rein Politische hinaus; sie bezeichnet ein System von Werten und Vorstellungen, die in einem Staat von lauter gleichen, einigen, tugendhaften, arbeitsamen und gerechten Menschen verkörpert sind. Sehen wir uns die grundlegenden Verhaltensweisen dieser »schweizerischen Demokratie« einmal näher an.
Die Schweiz ist das Land des Geheimnisses. Die kapitalistische Händler-Bourgeoisie erweist sich als außerordentlich geschickt im Verschleiern von Vorgängen. Diese Verschleierungsmechanismen gelten der Oligarchie – und auch dem Volk – als besonderes moralische und vaterländische Tugenden.
Beispiele: Das Bankgeheimnis, verstanden als berufliche Diskretion und Respekt vor dem andern, bildet zusammen mit der Neutralität ein helvetisches Begriffspaar von großer Beständigkeit, Wirksamkeit und hoher Moral; es erlaubt der helvetischen Oligarchie bei jeder bewaffneten Auseinandersetzung, sei es in Europa oder an der Peripherie, gewaltige Gewinne einzustreichen. Es gibt keine vollständige Statistik über das Vermögen in der Schweiz; die privaten schweizerischen Investitionen im Ausland sind in keiner detaillierten Statistik erfaßt; ebenso entziehen sich die Summe der auf Schweizer Banken deponierten Gelder, ihre Gläubiger und deren Herrkunft, wie zufällig der Aufmerksamkeit des eidgenössischen statistischen Amtes.
Zweitens ist *die Schweiz das Land des Konsensus,* eines seiner Natur nach sehr komplexen Konsensus.
Beispiel: Die Schweiz ist dem Gesetz des »Arbeitsfriedens« verpflichtet. Es handelt sich dabei um ein 1937 zwischen Arbeitgeberschaft und Gewerkschaften der Metallindustrie ge-

1 Marx spricht zu Recht von der »Tragikomödie« dieser bürgerlichen Republik, die sich sowohl vom Klassenkampf wie von den Revolutionen in Europa unabhängig glaubt. Vgl. *K. Marx, Lohnarbeit und Kapital (1849),* in Werke, Bd. 6, Dietz, 1959, S. 397.

schlossenes Abkommen. Angesichts der Bedrohung durch Hitler-Deutschland fanden sich Gewerkschaften und Arbeitgeber zu einer heiligen Allianz zusammen; der Streik ist seither einem Schiedsgericht unterstellt, das heißt praktisch aus den Arbeitsbeziehungen verbannt. Die Geschicklichkeit der Oligarchie geht nun so weit, daß sie in der Folge dieses Abkommen nicht nur auf alle Produktionsbereiche auszudehnen verstand, sondern daß es ihr dank einem stillschweigenden Einverständnis auch gelungen ist, es bis heute aufrechtzuerhalten. Zwischen 1939 und 1974 hat es in der Schweiz nur drei größere Streiks gegeben. Bis zur Rezession 1975 – also während mehr als 35 Jahren! – ist die Arbeiterklasse fast gänzlich untätig geblieben.

Diese Untätigkeit hat zunächst einmal subjektive Gründe: Die herrschende symbolische Gewalt beeinflußt alle Bereiche des Lebens bis hin zu hohen moralischen Werten. Sie reicht sogar so weit, daß sie im Charakter des Schweizer Arbeiters, des leitenden Angestellten, des Bauern, des Beamten die besten Kräfte für sich in Anspruch nimmt: seinen Sinn für Qualitätsarbeit, sein unbestrittenes technisches Talent, seine schöpferische Kraft, seinen Sinn für Verantwortung, seine Entschlossenheit, seinen Arbeitseifer und seine Sorgfalt dem Handwerkszeug gegenüber. Alle diese Fähigkeiten, all diese persönlichen Qualitäten werden vom herrschenden Symbolsystem verherrlicht und also gleich in Profit umgemünzt.

Der Betrug wird objektiv dadurch möglich, daß die Oligarchie, d. h. die Arbeitgeberschaft der multinationalen Gesellschaften und Banken dank ungeheurer Gewinne im In- und Ausland in der Lage ist, einen Teil der Gewinne wieder abzutreten. Mit anderen Worten: Dank der außerordentlichen Anhäufung von Kapital, das nicht nur aus dem Profit der menschlichen Arbeit und dem Mehrwert der Banken im Inland stammt, sondern auch und vor allem aus Fluchtkapital von Oligarchien aus der ganzen Welt besteht, sind die kalten Monster in der Lage, den einheimischen Arbeitern relativ hohe Löhne zu zahlen.[2] Die Kapitalakkumulation und das hohe

2 Die Unterschiede in der Schweiz sind dennoch schockierend. *Beispiel:* die 541 reichsten Steuerpflichtigen des Kantons Zürich, also ein Promille der kantonalen Bevölkerung, besitzen ein Netto-Vermögen von 6,92 Milliarden Franken, was 20,31 % des gesamten kantonalen Vermögens entspricht. Die reich-

Niveau der einheimischen Produktion gewährleisten über die Aufrechterhaltung von Vermögensrenten und die Realisierung monopolistischer Gewinne hinaus eine gewisse minimale soziale Sicherheit und eine Einkommensverteilung, die selbst den schwächsten unter den Bürgern dieses Landes ein verhältnismäßig anständiges Leben sichern: Es gibt Elend in der Schweiz, aber in geringerem Maße als anderswo. Es gibt noch andere Gründe für diesen Konsensus: Die Schweiz ist, ähnlich wie manche Vielvölkerstaaten in Afrika, ein Land mit einer ausgeprägten »Stammesgliederung«. Sein Gemeinschaftsleben spielt sich vornehmlich innerhalb von stark abgekapselten kommunalen, regionalen und kantonalen Bereichen ab. Die Entstehungsgeschichte der Schweiz ist ein langsamer, widersprüchlicher und nie abgeschlossener Integrationsprozeß verschiedenster ethnischer, linguistischer, religiöser und sozialer Gemeinschaften. Walliser oder Waadtländer zu sein, ist oft wichtiger als die Tatsache, daß man Arbeiter ist. Mit andern Worten: Der Waadtländer oder Walliser Arbeiter fühlt sich in Zeiten der Vollbeschäftigung seinem Walliser oder Waadtländer Arbeitgeber mehr verbunden als den übrigen Schweizer Arbeitern.

Fassen wir zusammen: Als Werk der multinationalen Arbeitgeberschaft und ihrer Verbündeten von einst, der örtlichen Bourgeoisien[3], ist der Konsensus im Gefühl der Arbeiter, der leitenden Angestellten, der Bauern und Beamten eins mit dem Wesen, dem Charakter der Schweiz. Mit anderen Worten: Die Bedingungen, die zu diesem Konsensus geführt haben, machen seine Entlarvung praktisch unmöglich.

Die »schweizerische Demokratie« gründet dennoch in der *ausdrücklichen Achtung vor abweichenden Meinungen.* Schwer verständliches Paradox: Diese Anerkennung eines uneingeschränkten Pluralismus und die Existenz eines auf Übereinstimmung und Einigkeit basierenden Regimes scheinen sich gegenseitig auszuschließen. Aber gerade dieser Pluralismus ist

sten 10 % der Steuerpflichtigen verfügen zusammen über 28,3 Milliarden, was 82,61 % des kantonalen Vermögens ausmacht. Die ärmsten 90 % besitzen demzufolge 5,94 Milliarden, also 17,30 % des kantonalen Vermögens. Zahlen von 1969, in *Maldéveloppement: Suisse/Monde*, op. cit., 1975.

3 Zum Konflikt, der zwischen der multinationalen Arbeitgeberschaft und der lokalen Bourgeoisie entsteht, vgl. unser Schlußkapitel.

nicht uneingeschränkt, er ist *normiert.* Nur die Meinungen, Ideen, Äußerungen und Handlungen, welche die Grundstrukturen des Systems, das heißt die Vorherrschaft der Oligarchie nicht in Frage stellen, werden als »demokratische« Meinungen, Ideen, Äußerungen und Handlungen anerkannt. Jede andere Äußerung, wie immer sie auch begründet sein mag, gilt als »undemokratisch«. Natürlich stößt das System im Innern seines normierten Bereichs auf heftige Opposition, und diese Opposition wird in dem Maße angegriffen und unterdrückt, wie sie die ungerechten und oligarchischen Grundlagen des Systems bekämpft und bedroht.

Die Aufwertung von Geheimnis und Undurchsichtigkeit zur moralischen Tugend, die Gleichsetzung von Konsensus mit nationaler Einheit, das Postulat von der Meinungsfreiheit als Garant des Gleichheitsgrundsatzes bilden die drei ideologischen Stützen der »schweizerischen Demokratie«. Mit anderen Worten: Die liberale Bourgeoisie, deren harter Kern — die Finanzoligarchie — die Waffen der symbolischen Gewalt führt, hat in der Schweiz ein *System der Einmütigkeit und der Pseudogleichheit* errichtet. Diesem System gelingt es jedoch nicht, alle Anzeichen offensichtlicher Ungleichheit zu vertuschen. Die liberale Bourgeoisie nimmt deshalb — wie dies alle Träger von Ideologien, die zur Verschleierung eines ausbeuterischen Systems dienen, zu tun pflegen — Zuflucht zur »Logik der Dinge«, das heißt, sie reduziert das soziale Problem auf Naturgesetze: Als Land des Konsensus, des Geheimnisses, der repressiven Einmütigkeit und der falschen Gleichheit unterliegt auch die Schweiz den sogenannten »Naturgesetzen« der Ökonomie und, allgemeiner noch, den Gesetzen des menschlichen Daseins. Da Gott nun einmal seine Güter ungleich verteilt hat, kann der türkische oder spanische Subproletarier in seiner Baubaracke bei Meyrin sehr wohl neben dem müßiggängerischen Milliardär mit Villa in Cologny[4] leben. Es ist normal, unausweichlich, in der »Natur der Dinge«, daß die Steuergesetzgebung, das symbolische System und das Verteilernetz der politischen und wirtschaftlichen Macht den einen schwer belastet und den andern entschieden bevorzugt. Im günstigsten Fall glaubt und verkündet der liberale Bour-

4 Enklave der Finanzoligarchie auf dem linken Ufer des Genfersees.

geois, die Ungerechtigkeit, unter der der Türke oder Spanier zu leiden hat, werde von selbst verschwinden, wenn die Wirtschaft weiter wachse. Dem armen Schweizer Bürger oder dem diskriminierten[5] ausländischen Arbeiter bleibt nur die eine Wahl: Der Mensch kann sich allen gleich wähnen im Sinne einer mythischen Gleichheit aller vor dem System (Achtung vor den Freiheiten, Konsensus), oder aber er kann seine effektive Ungleichheit als Folge eines Naturgesetzes, einer wirtschaftlichen Logik »an sich« oder des göttlichen Willens betrachten, was letzten Endes alles auf das gleiche hinausläuft.[6]

Aus der Art und Weise, wie die herrschende Klasse, will heißen die Besitzer der transnationalen Gesellschaften, Banken, Industriebetriebe und ihre Verbündeten, sich ihre Praxis vorstellen, läßt sich selbstverständlich keine wissenschaftliche Theorie ableiten. Wäre dies der Fall, würden sie leicht der Mittel beraubt werden, diese Praxis weiter auszuüben. Denn die Theorie würde darüber Auskunft geben, wie die Praxis funktioniert: wem sie Gewinn bringt, wen sie ausbeutet, wen sie umbringt, wen sie hinters Licht führt. Keiner würde mehr marschieren! Kurz: Die herrschende Klasse gibt Erklärungen ab, die völlig falsche Vorstellungen von ihrer Praxis erwecken, und die dazu bestimmt sind, diese Praxis und sie als logisch, unschuldig, natürlich, unvermeidlich und gemeinnützig hinzustellen.

Die Ideologie der herrschenden Klasse, die den Beherrschten auferlegt wird, belügt im übrigen nicht nur diese; oft täuscht sie auch jene, die sie verbreiten. Es kommt nicht selten vor, daß die wichtigsten Protagonisten des Imperialismus selbst an ihre wohltätige Sendung glauben. Außerdem bedienen sich die Bankherren und die multinationale Industrie ausgiebig auch der früheren Ideologien, die durch Erziehung und Sozialisation im Bewußtsein eines jeden Menschen als scheinbar universelle Wahrheiten fest verankert sind und die ihm die Kri-

5 Zur organisierten Diskriminierung des in die Schweiz eingewanderten Arbeiters siehe den Anhang zu diesem zweiten Teil.

6 Zu einer detaillierten Analyse der sozialen Funktion und der Verwendung des christlichen Dogmas durch die Bankenoligarchie siehe H. Luthy, *La Banque protestante en France,* 2 Bde., Ed. Ecole pratique des hautes études, IV. Abteilung, 1959. Auch M. Weber, *Die protestantische Ethik und der Geist des Kapitalismus,* Archiv für Sozial-Wiss., 1904/05; vom selben Autor, *Gesammelte Aufsätze zur Religionssoziologie,* Tübingen, 1921.

terien zur Beurteilung der Wirklichkeit liefern. Die tatsächliche Praxis der herrschenden Klasse, der Klasse, die den Imperialismus verkörpert, wird — gemessen an den Maßstäben einer *falschen* Ideologie — für gut befunden.

Ich habe wiederholt den Begriff »*symbolische Gewalt*« verwendet, weil er zu verstehen hilft, wie die sekundäre Oligarchie mittels der Ideologie auf das Bewußtsein der Menschen einwirkt. Wir sollten diesen Begriff nunmehr näher betrachten. Bourdieu gibt eine erste überzeugende Definition:

> »Alle Macht symbolischer Gewalt, das heißt, alle Macht, der es gelingt, den Menschen Symbole aufzuzwingen und sie als legitim auszugeben, indem sie die Machtbeziehungen, welche die Grundlage ihrer Macht bilden, verschleiert, fügt ihre eigene Macht diesen Machtbeziehungen hinzu.«[7]

Dieser Begriff bezeichnet somit Waffen, Instrumente, Werkzeuge, die auf symbolischer Ebene auf dasselbe Ziel hinwirken wie andere auf materieller Ebene, nämlich auf Beherrschung. Diese symbolischen Waffen haben, wie die materiellen, ihre Geschichte, ihre Institutionen, ihre Wächter. Zu ihren wachsamsten Hütern gehören die Schule, die Presse, die kontrollierten Massenmedien.[8]

Die schweizerische Eidgenossenschaft ist ein von alten Wunden bedeckter lebendiger Körper. Ihre Geschichte gehört zu den faszinierendsten und bewegtesten in Europa. Im Glanze dieser Geschichte sollte man sich immer wieder diese Frage stellen: Wie gelingt es der herrschenden Klasse (lies: den Wahlbürokratien, die diese Konflikte verwalten), gegen alle Vernunft dieses auf falschem Einverständnis und Pseudo-Egalität beruhende Regime aufrechtzuerhalten?

Seit ihrer politischen und wirtschaftlichen Machtübernahme um die Mitte des 19. Jahrhunderts ist die kapitalistische Händlerbourgeoisie, deren Kern die imperialistische Oligar-

7 P. Bourdieu und J. C. Passeron, *La Réproduction, éléments pour une theorie du système d'enseignement*, Ed. de Minuit, 1970, S. 18; vgl. auch A. Petitat, in *Cahiers Vilfredo Pareto*, Nr. 25, 1971. Drei Werke der gleichen Autoren gestatten, die verschiedenen Aspekte des Begriffs der symbolischen Gewalt näher zu kennzeichnen: Bourdieu, Passeron, Saint Martin, »Rapport pédagogique et communication«, *Cahiers du centre de sociologie européenne*, 1965; Bourdieu, Passeron, *Les héritiers*, Ed. de Minuit, 1964; Bourdieu, Passeron, Chamboredon, *Le metier de socioloque*, Mouton, 1968.

8 P. Bourdieu, »*Le marché des biens symboliques*«, Année sociologique, 1971.

chie ist, niemals ernsthaft in Frage gestellt worden.[9] Die französische Bourgeoisie ist in Vichy entlarvt worden. Die soziale Geschichte der Schweiz hingegen hat nie einen vergleichbaren Bruch gekannt. Nun drängt aber die Oligarchie ihre Symbole nie jemandem ausdrücklich auf, es sei denn, sie würde dazu gezwungen. Sie sind »gegeben«.[10] Die symbolische Gewalt funktioniert scheinbar selbständig. Zur Durchsetzung ihrer Strategie verfügt die Oligarchie über die nötigen Argumente. Diese entnimmt sie der historischen Praxis aller sozialen und kulturellen Institutionen der gegenwärtigen Eidgenossenschaft, deren wirksamste ohne Zweifel die Schule und die Sprache sind. Die Oligarchie sieht sich nie gezwungen, ihr eigenes Vorgehen zu erklären. Nur die Gegner des Systems sind gehalten, dies zu tun. Alle taktischen Entscheidungen der Oligarchie (des von ihr beherrschten Staates) leiten sich aus den dazugehörigen Strategien ab.

Hier ein konkretes Beispiel: Ich erinnere mich an ein Diner in der Schweizer Botschaft in Bogotá, 1971. Der Botschafter Etienne Serra, ein intelligenter und eher unkonventioneller Mann, mußte an diesem Tag die führenden Leute der »Schweizer Kolonie« zum Essen einladen. Der Ausdruck »Schweizer Kolonie« ist an sich schon bezeichnend! Es gab da einen lebhaften, streitbaren Basken, Generaldirektor von Nestlé in Kolumbien, einen ganz gewöhnlichen Deutschschweizer, Vertreter der Schweizerischen Bankgesellschaft in Kolumbien und Präsident der Schweizer Schule, ferner eine Anzahl von Philanthropen, die zum Schaden des kolumbischen Volkes beträchtliche Summen kassierten. Es waren auch noch andere Gäste da: der Gouverneur von Bogotá, ein distinguierter Herr mit seiner schönen, lebhaften Gattin, ein debiler Senator ... Gegenstand des Gesprächs: der Andenpakt. Das Abkommen, das zwischen den Andenstaaten unterzeichnet worden war und das festhielt, daß künftig nur noch höchstens 13 % der (jährlichen und indexierten) Gewinne, die in einem der Unterzeich-

9 Noch beunruhigender ist es, daß das Ausland im allgemeinen diesen Stand der Dinge gutheißt, indem es willfährig das verzerrte Bild der Schweiz, wie es ihm von der Oligarchie geboten wird, wiedergibt. Die deutsche Bibliographie bezüglich der Schweiz legt davon – bis auf einige wenige Ausnahmen – Zeugnis ab.

10 *Beispiel:* Ihre Sicht der gegenseitigen kulturellen Beziehungen, vgl. R. Preiswerk und D. Perrot, *Ethnocentrisme et Histoire,* Ed. Anthropos, 1975.

nerstaaten erzielt werden, nach Europa oder Nordamerika zurückfließen dürfen. Die Zahlungen für Patente, geschweige denn die stillen Transfers (das heißt die Transfers, die mit Hilfe manipulierter Rechnungen vonstatten gehen) waren in dieser Zahl nicht inbegriffen. Empörung! Proteste! Verletzte Tugend! Alle Munition, die das schier unerschöpfliche Arsenal der Hypokrisis zur Verfügung hat, wurde an diesem Abend verpulvert: »Die Schweiz ist beleidigt«, »die Schweiz wird das nie hinnehmen«, »nach allem, was die Schweiz für dieses arme Kolumbien getan hat ...« usw. usf. Das Merkwürdigste war, daß sich die ausländischen Leiter von multinationalen Gesellschaften, die rein zufällig in der Schweiz eingetragen sind, die übergeordneten Interessen der Eidgenossenschaft am allerheftigsten verteidigten! Nicht einen Augenblick war es möglich, die beiden Ebenen auseinanderzuhalten: die erste und offensichtlichste, wonach eine Bank- oder Industriegesellschaft in Zürich oder Vevey sich durch den äußerst vernünftigen Entscheid eines souveränen Staates (Kolumbien) eingeschränkt sieht – und sei es auch nur wenig – im Transfer ihrer enormen Gewinne, die sie Jahr für Jahr in diesem Land erzielt; und die zweite, etwas weniger offensichtliche, auf der das hypothetische Interesse der Eidgenossenschaft angesiedelt ist, deren eines Ziel zugestandenermaßen doch dahin geht, die autonome Entwicklung der beherrschten Länder zu fördern.
Doch, so stark war oder ist die Kraft der symbolischen Gewalt, daß ich auch nicht einen Augenblick in dieser langen Nacht imstande war, meinen Gesprächspartnern klarzumachen, daß das Interesse der Nestlé oder der Bankgesellschaft per definitionem nicht identisch sei mit dem kollektiven Interesse des Schweizer Volkes und daß, um ganz ehrlich zu sein, die fast hundertjährige Erfahrung unseres Landes beweise, daß sich diese beiden Interessen sogar diametral gegenüber stünden. Verlorene Liebesmüh. Man kann mit einem Direktor von Nestlé-Kolumbien weder über seine Investitionsentscheide (strategische Entscheide) noch über seine Verkaufspreispolitik (taktische Entscheide) diskutieren, denn das symbolische System der politischen Gesellschaft (Schweizerische Eidgenossenschaft), mit der er sich identifiziert, macht aus der Gewinnmaximierung des Einzelnen wenn nicht einen zentralen Wert, so doch ein ökonomisches »Naturgesetz«.

Anderes Beispiel: Es illustriert die von den Propagandobüros der schweizerischen Großbanken geschickt inszenierte Verwirrung zwischen der Finanzstrategie ihrer Bankimperien und dem Land, in dem sie, aus steuerlichen Gründen, ihr Hauptquartier aufgeschlagen haben. Das *Time-Magazine* brachte am 24. Juni 1974 folgendes ganzseitige Inserat:

»*More Swiss than swiss: Crédit suisse, your swiss bank*«[11].

Diese Art Werbung ist nicht nur idiotisch, sie ist auch demütigend für jeden Schweizer Bürger, der sich dadurch gegen seinen Willen mit einer Strategie der wirtschaftlichen Ausbeutung identifiziert sieht, die er verurteilt. In New York steht im Herzen von Manhattan (Fifth Avenue und 49. Straße) das »Schweizer Haus«. In einem einzigen großen Raum befinden sich die Büros der Swissair, der Schweizerischen Verkehrszentrale und — des Schweizerischen Bankvereins. Eine einzige große Leuchtschrift (Swissair/Swiss Tourist Office/Swiss Bank Cooperation) strahlt die Lüge von der Interessengemeinschaft zwischen Bankimperium und helvetischem Staat in den nächtlichen Himmel von New York. Der Schweizerische Bankverein verwendet in seinen Inseraten in der amerikanischen Presse die gleiche Strategie. Sein Lieblingsinserat: »*Swiss, Swiss Bank, Swiss Bank Cooperation*«, das Ganze über zwei nachdenklichen und grotesken Schweizer Köpfen. Zwar gibt es ein Bundesgesetz über den Mißbrauch des Namens »Schweiz« und des Schweizer Wappens, aber die Regierung wendet es nicht an. Kurz: die zeitliche Dauer, der innere Zusammenhalt und die außerordentliche potentielle Macht des kollektiven Über-Ichs haben zu Folge, daß es heute mehr als nur eine herrschende Ideologie gibt, nämlich tatsächlich eine »schweizerische Mentalität«.[12]

Kommen wir auf die symbolische Gewalt zurück: Zentrales Anliegen eines jeden Systems von symbolischer Gewalt ist es

11 Die Tatsache gilt offensichtlich nicht nur für die Schweiz. Hören wir Marx: »Von ihrer Geburt an waren die mit nationalen Titeln aufgestutzten großen Banken nur Gesellschaften von Privatspekulanten, die sich den Regierungen an die Seite stellten ...« in *Das Kapital,* VII. Abschnitt, 24. Kapitel, Werke Bd. 23, S. 783.

12 Drei hervorragende europäische Schriftsteller schweizerischen Ursprungs haben dieser »Mentalität« wichtige Werke gewidmet: Otto F. Walter, *Die ersten Unruhen,* Rowohlt 1972; Peter Bichsel, *Des Schweizers Schweiz,* Verlag Die Arche, 6. Aufl. 1974; Max Frisch, *Dienstbüchlein,* Suhrkamp 1974.

zu verhindern, daß die Voraussetzungen für eine qualitative Opposition entstehen können.

»*Vorausgesetzt, daß ich in meinen Schriften weder von Autorität, noch von Religion, noch von Politik, noch von Moral, noch von hochgestellten Personen ... noch von Personen, die einigen Besitz ihr eigen nennen, spreche, kann ich unter der Aufsicht von zwei oder drei Zensoren drucken, was ich will.*«

Dieser Tirade des *Figaro* von Beaumarchais antwortet der Herzensschrei eines wirklich rechtsgerichteten Schriftstellers und Schloßbesitzers aus Freiburg i. Ue.:

»Ich weiß aus Erfahrung, was man auf sich nimmt, wenn man in diesem Land der Freiheit seine Gedanken frei äußern will.«[13]

Gonzague de Reynold und Beaumarchais drücken mit Bitterkeit und Ironie aus, wofür das Vokabular der helvetischen politischen Klasse die beiden pittoresken Begriffe bereit hält: »*positive Kritik*« und »*negative Kritik*«. Die positive Kritik wird akzeptiert, sie bedeutet Widerspruch in Formen und über Themen, die von der herrschenden Ordnung von vornherein festgelegt werden, sie ist im System vorgesehen. Wer sich hingegen mit der Ausübung dieser ritualisierten Opposition nicht begnügt – anders gesagt, wer eine Institution oder ein Verhalten angreift, dessen Aufrechterhaltung für die autokratische Machtausübung der imperialistischen Oligarchie unerläßlich ist –, der wird mit Bann belegt. Die oligarchische Gewalt ist tabu.

Verletzt ein Abgeordneter dieses Tabu, bekommt er eine vielfältige und subtile gesellschaftliche Repression zu spüren: Zuerst einmal fehlt ihm der nötige »Ernst«, und seine Analysen gelten als »übertrieben«. Sehr bald schon versucht dann das Regime ihn durch klug aufgebaute Verleumdungen und üble Nachrede persönlich in Mißkredit zu bringen. Dies ist zum Beispiel dem Sozialisten, Pazifisten und Nationalrat Arthur Villard geschehen.

Ob bekannt oder unbekannt, ob mutig ein ganzes Leben oder nur einen kühnen Augenblick lang, Hunderte von Bürgern

13 Gonzague de Reynold, Vorwort, *Billet à ces Messieurs de Berne*, Ed. de la Baconnière, Neuchâtel, 1939.

und Bürgerinnen (von den politischen Flüchtlingen und den Fremdarbeitern ganz zu schweigen) haben erlebt und erleben es täglich wieder, was es »kostet«, wenn man – um mit Gonzague de Reynold zu sprechen – »in diesem Lande der Freiheit« eine »negative Kritik« formulieren oder gar in die Tat umsetzen will.

2. Der Fideismus in der Schweiz

> Im Troß der Räuberhorden
> Ziehen die Gerichte
> Wenn der Unschuldige erschlagen ist
> Sammeln sich die Richter über ihm
> und verdammen ihn.
> Am Grab des Erschlagenen
> Wird sein Recht erschlagen.
>
> *Bertolt Brecht*
> *Die Ausnahme und die Regel*

So einfach sind die Dinge nicht. Eine subtile Dialektik verbindet den Bereich des Normalen mit dem des Krankhaften. Das »normierte« Verhalten steht nicht einfach dem »abweichenden« gegenüber. Die beiden stehen in einer komplexen gegensätzlichen und stets umkehrbaren Beziehung zueinander. In der Schweiz ist der Gegner zunächst ein Störenfried, einer, der die Zelebrierung des Kultes stört; der Ungläubige zerreißt plötzlich den Vorhang und bringt eine Wirklichkeit an den Tag, die verborgen bleiben sollte. Der Schriftsteller und Berner Großrat (kantonales Parlament) Sergius Golowin sagt:

> »Der Gegner ist der Wiedertäufer, der Mann, der auf dem Platz von Münster in Westfalen den Mächtigen ins Gesicht schreit, sie seien Sünder und die Welt gehe unter.«[1]

Er wird solange geduldet, als er zu bestimmten Stunden an dem für ihn vorgesehenen Platz erscheint, und unter der Bedingung, daß auch er rituelle Ausdrücke verwendet, die von denen, die ihm zuhören, vorgesehen sind. Doch sobald er sich anschickt, gegen die Institutionen vorzugehen, sobald er versucht, sich selbst Zugang zu den Entscheidungsinstanzen zu verschaffen, indem er ein unvorhergesehenes und der gesellschaftlichen Kontrolle sich entziehendes Projekt vorlegt, wird er ganz einfach gefährlich und wird verbrannt. Wie Thomas Münzer.[2]

Paradoxerweise jedoch wissen die Mächtigen in der Tiefe ihres

1 Gespräch mit Sergius Golowin, 1973.

2 Thomas Münzer, Anführer der Wiedertäufer, enthauptet im Jahre 1525, vgl. E. Bloch, *Thomas Münzer als Theologe der Revolution*, Gesamtausgabe, Bd. 2, Suhrkamp, 1969.

Herzens, daß sie Sünder sind. So stark, so erprobt, so wirksam die Mechanismen der Beseitigung und Verdrängung negativer Tatsachen auch sein mögen, die sie in ihrem Bewußtsein im Verlaufe einer uneingestandenen Praxis entwickelt haben, es gibt doch gewisse Bankiers, Waffenhändler und ihre politischen Helfer, die ganz genau wissen, daß jede Woche Hunderte von Kindern in Bolivien, in Äthiopien, in Bangladesh Opfer ihrer Werke werden. Der Wiedertäufer wird dann auf *fideistische* Weise wahrgenommen.

Deutlicher gesagt: Thomas von Aquin versteht unter Fideismus die Zustimmung zu Ideen, die als richtig erkannt werden, vom epistemischen Subjekt jedoch – das heißt vom Subjekt, das diese Ideen aufnimmt, verarbeitet und gutheißt — für nicht realisierbar gehalten werden.[3] Für die imperialistische Oligarchie und die von ihr finanzierten Parteibürokratien bedeutet die qualitative Opposition gegen den eidgenössischen Konsensus nicht nur die Bedrohung ihrer politischen Ziele, sondern ihrer Existenz überhaupt. Auf diese Opposition konzentrieren sich sodann alle negativen Fixierungen der offiziellen Gesellschaft. Der Ausschluß ist brutal und unwiderruflich. Aber auf der Ebene des Unbewußten gehen seltsame Veränderungen vor: Der verdammte Protestierer wird zum Träger einer Botschaft, und diese Botschaft sät den Zweifel. Wie, wenn der Protestierer im Grunde, *in abstracto* und jenseits des Realisierbaren, des im Augenblick Möglichen, doch am Ende recht hätte? In diesem Zweifel wurzelt die *fideistische* Wahrnehmung.

Ich will einige Beispiele anführen. Die beiden ersten entstammen meiner Erfahrung als Parlamentarier, das dritte zeigt das Funktionieren der fideistischen Wahrnehmung in der bürgerlichen Presse auf.

Erstes Beispiel: Bern, an einem Morgen im November 1969. Ich befinde mich in dem mit zeitgenössischer Plastik reich ausgestatteten Büro von Bundesrat Nello Celio, des damaligen Finanzministers der Eidgenossenschaft. Celio, witzig, lebendig, begabt, ist der gewiefte Chefideologe des hegemonistischen

3 Zur Exegese des Gedankengutes von Thomas von Aquin siehe: M. D. Chenu, *St. Thomas d'Aquin et la Théologie*, Ed. du Seuil, 1963.

4 J. Ziegler, *Bankeinlagen aus Entwicklungsländern,* Postulat Nr. 178/10328, Nationalrat.

Finanzkapitals. Er ist, was Gramsci einen »organischen Intellektuellen« der Warenherrschaft genannt hat. Selbst mit nicht-ritualisierten politischen Gegnern – ein seltenes Phänomen in der Schweiz! – diskutiert Celio gern. Vorgesehene Zeit unserer Besprechung: fünfzehn Minuten. Ich bin dreieinhalb Stunden in dem Büro geblieben. Leidenschaftliche Auseinandersetzung: Es geht um mein Postulat zur Bekämpfung von Fluchtkapital aus unterentwickelten Ländern.[4] Celio stimmt mir grundsätzlich zu. Das Problem des Fluchtkapitals, dieses Blutes armer Völker, das da in die helvetischen Banken fließt, beschäftigt ihn schwer. Er sagt, das Fluchtkapital sei in ganz besonderem Maße Ursache des Elends, des Hungers, des Todes so vieler Menschen, die am Rande der industrialisierten Welt ihr klägliches Dasein fristen.

Ich frage ihn:

– Sie nehmen also mein Postulat an?

– Nein, wenn ich es annehmen würde, wie es meiner Überzeugung entspricht, ginge das gleiche Geld nach Monaco oder auf die Bahamas!

Das Postulat wurde selbstverständlich von der Regierung und vom Parlament abgewiesen.[5]

Zweites Beispiel: Das rassistische Regime in Südafrika verkörpert eine Politik und eine Auffassung vom Menschen, die der Überzeugung praktisch des gesamten Schweizervolks grundlegend widerspricht. Mit ihren Investitionen steht die Schweiz im Lande der Apartheid an dritter Stelle.

Die direkten Investitionen der Handels-, Industrie- und Finanzgesellschaften der Schweiz in Südafrika sind von 100 Millionen Franken im Jahr 1956 auf 1300 Millionen im Jahr 1971 angestiegen! Die Schweizerfrankenanleihen Südafrikas auf den internationalen Kapitalmärkten belaufen sich bis heute auf 2,265 Milliarden Franken. Die Ausfuhren, die 1962 102 Millionen Franken betrugen, haben sich 1972 auf 330 Millionen Schweizerfranken erhöht. 80 % des von Südafrika auf dem freien Markt verkauften Goldes geht über Zürich.[6]

5 Amtliches Bulletin der Bundesversammlung, Nationalrat, 1970, S. 240 ff.

6 Zahlen in *Suisse/Afrique du Sud*, vom Zentrum Schweiz/Dritte Welt, Genf, 1973, herausgegebenes Werk. Zur massiven Auswanderung schweizerischer Techniker nach Südafrika, Namibia und Rhodesien siehe: *Les Nouveaux Mercenaires*, herausgegeben von der Anti-Apartheid-Bewegung, Genf, 1975.

In die 38. Legislaturperiode der Kammern platzt ein Konflikt. Die Vereinten Nationen berufen die Internationale Konferenz für Menschenrechte nach Teheran. Die Schweiz ist vertreten durch einen bedeutenden Mann, den ehemaligen Hochkommissär der Vereinten Nationen für das Flüchtlingswesen, Botschafter August Lindt. Die von ihm gehaltene Rede beweist Mut; er sagt wörtlich:

»Das Schweizervolk verurteilt die Apartheid-Politik, wie sie in Südafrika praktiziert wird.«

Sturm im Parlament: Nationalrat Paul Eisenring beschuldigt den Botschafter, seine Befugnisse überschritten zu haben! Er verlangt, daß dieser von der Regierung desavouiert werde.[7] Der Außenminister findet eine schlaue Antwort: Die Unterstützung der südafrikanischen Apartheid läuft dem Willen, den Überzeugungen des Schweizervolkes zuwider, aber die schweizerische Regierung darf die guten Beziehungen zwischen der Schweiz und Südafrika nicht zerstören. Aus einem einfachen Grund:

»Wenn es nicht die Schweiz ist, die Südafrika finanziert, dann tut es morgen ein anderer!«

Drittes Beispiel: Die *Neue Zürcher Zeitung* ist das getreueste Sprachrohr des hegemonistischen Kapitals in der Schweiz. Dank der beherrschenden Stellung dieses Kapitals in verschiedenen Teilen der Welt, erfreut sich die *Neue Zürcher Zeitung* eines hohen Rufs in den Geschäftszentren des internationalen Finanzkapitals.[8] Hier eine Schilderung von der Art, wie die *NZZ* mit Informationen umgeht: 1972 ging ein Skandal durch die Weltpresse. Die multinationale Gesellschaft Alusuisse war im Begriff, mit Hilfe australischer Spukulanten die eingeborenen Familien (»aboriginals« in der offiziellen Terminologie) von ihrem Grund und Boden im Innern Australiens zu verjagen.[9] Der Boden enthält Bauxit. Das Vorgehen

7 Amtliches Bulletin der Bundesversammlung, Nationalrat, Sitzung vom 13. Juni 1968.

8 Marcel Beck, Professor für Schweizergeschichte an der Universität Zürich, sagt: »Die NZZ zensiert und klasssifiziert«, *Der Spiegel,* Nr. 32/1971.

9 Seit 1969 beteiligt sich Alusuisse (mit 70 %) am »Joint Venture Gove«, einem Bauxitausbeutungsprojekt im Norden Australiens. In einer ersten Etappe wird das Konsortium 500 000 Tonnen Tonerde im Jahr herstellen. Diese soll dann in den verschiedenen Fabriken der Gruppe, in Europa, Island, den Vereinigten Staaten und Südafrika zu Aluminium verarbeitet werden. Die zweite Etappe

der Alusuisse wurde vom Weltkirchenrat und von zahlreichen zivilen und religiösen Gesellschaften in England, der Bundesrepublik und der Schweiz verurteilt. Die Alusuisse jedoch wurde durch eine heftige Pressekampagne der *Neuen Zürcher Zeitung* unterstützt. Das Argument der Zeitung: Die Eingeborenen sind restlos glückliche Menschen, das Projekt wird sie noch glücklicher machen; es ist die europäische Linke, die das Märchen von ihrem Unglück verbreitet. Alusuisse gewann den Fall. Doch ein Jahr später, am 27. Mai 1973, veröffentlichte die *Neue Zürcher Zeitung* auf eineinviertel Seiten eine eingehende, intelligente, mit großen und eindrucksvollen Photos versehene Studie über das Elend der Eingeborenen und ihre Ausbeutung durch die australischen und ausländischen Industriegesellschaften. Dieser Artikel stellt bis heute das Beste dar, was zu diesem Thema in der europäischen Presse erschienen ist.[10] Schlußfolgerung: Zwei komplementäre Realitäten – die Invasion der Alusuisse und der Untergang der Eingeborenen – werden eingehend dargestellt. Die Zeitung weigert sich jedoch hartnäckig, den Kausalzusammenhang zwischen den beiden Tatbeständen zur Kenntnis zu nehmen.

Das oligarchische Regime, das die Schweiz in republikanischer Weise bis heute regiert, herrscht somit durch symbolische Gewalt. Anders ausgedrückt: Die Oligarchie handelt maskiert. Doch hält diese Maske dem Ansturm der Realität stand? Die ersten Sprünge zeigen sich bereits. Ich möchte es persönlich so formulieren: Im Vergleich zu der stillen Arroganz der herrschenden Ideologie stellt der Fideismus einen Fortschritt dar. Der Vormarsch der Mächtigen geht weiter und noch immer

sieht eine Verdoppelung der Produktion vor. Die gesamte Investition beläuft sich auf 1,5 Milliarden Schweizerfranken. Alusuisse ist mit 50 % an der Gesellschaft Nabalco beteiligt, welche die Verwirklichung des Projekts Gove überwacht und es unternimmt, 8000 km² Wälder der Gegend zu verwerten. 1931 wurde dieses Gebiet zum »Reservat« für die Völker der Yirrkalas bestimmt, die das Gebiet seit mindestens tausend Jahren bewohnt haben. Die australische Regierung erteilte einer australisch-schweizerischen Industriegruppe eine Konzession für achtzig Jahre, ohne die Yirrkalas überhaupt zu befragen. Die Yirrkalas griffen darauf Nabalco und die Regierung, die sich über die 1931 erteilten Bodenrechte hinwegsetzten, vor Gericht an. Aber die Yirrkalas haben ihren Prozeß verloren. Begründung: es genügt nicht, den Boden, den man besitzen will zu bewohnen, man muß ihn auch (gemeint: nach kapitalistischer Produktionsart) auswerten. (Vgl. die durch den *Weltkirchenrat*, Genf, 1972, erstellte Dokumentation.)

10 E. Haubold, »Die Not der schwarzen Australier«, *Neue Zürcher Zeitung*, Nr. 242, Fernausgabe, 27. Mai 1973, S. 5 und 6.

auf dem Weg der Verachtung, aber er ist zögernder geworden, er eckt an, er verliert an Sicherheit. Die Fortschritte des Klassenkampfes und des antiimperialistischen Kampfes, die theoretischen Gefechte, die dieses Ringen mit sich bringt, tragen dazu bei, die objektiven Widersprüche und Lügen der herrschenden Ideologie bloßzulegen. Diese Kämpfe bilden somit eine Gegengewalt, die es um jeden Preis auszubauen gilt. Wenn ich gesagt habe, der Fideismus stelle einen Fortschritt dar, dann deshalb, weil er – innerhalb des Systems des Konsensus – die letzte Zuflucht der schweizerischen Oligarchie ist, um ihr Vorgehen in zusammenhängender, wenn auch falscher Weise zu erklären. Bloß, wir haben anhand zahlreicher Beispiele, die den verschiedensten Bereichen der gesellschaftlichen Praxis der Oligarchie entnommen waren, gesehen: Auch dieser fideistische Versuch ist heute schon nahe daran, Schiffbruch zu erleiden. Die Zusammenhangslosigkeit hat ihren Höhepunkt erreicht. Bleibt der sekundären imperialistischen Oligarchie der Schweiz nur noch die Zuflucht zu einer neofaschistischen Ideologie und/oder zu einer technokratischen Verwaltungsideologie, die einer großen Zahl moralischer Werte beraubt und infolgedessen noch brutaler wäre.

3. Die Kolonisierung der einheimischen politischen Klasse

a) Von der Eidgenossenschaft zum Untertanen-Staat

> »Die liberale Demokratie ist die Regierungsform der Bourgeoisie, wenn sie keine Angst hat, der Faschismus, wenn sie Angst hat«,

sagt Ernesto Che Guevara. Die schweizerische Bourgeoisie hat im Augenblick keine Angst. Formell sind die Schweizerische Eidgenossenschaft und ihre zweiundzwanzig Mitgliedstaaten nach dem Modell der liberalen Demokratie aufgebaut.[1]

Der Begriff »liberal« bezeichnet eine bestimmte Etappe in der Geschichte der Verfassungsideen Europas: Die meisten Verfassungen der Mitgliedsstaaten in der Schweizerischen Eidgenossenschaft stammen aus der Mitte des 19. Jahrhunderts; sie geben der Ideologie der neuen Industrie-, Handels- und Bankenbourgeoisie Ausdruck, die unter dem Deckmantel von Religionskriegen und geistigen Auseinandersetzungen und auf der Welle der aus sozialen Spannungen erwachsenen Volksaufstände die alte, durch die Napoleonischen Kriege und eigene Widersprüche bereits stark geschwächte patrizische Oligarchie von der Macht verdrängte. Die Phase des Klassenkampfes, die mit dem Sieg der kapitalistischen Händlerbourgeoisie abschließt, beginnt praktisch mit dem Abzug der französischen Besatzungstruppen aus Genf im Jahre 1814 (Befreiung der Stadt Genf durch eidgenössische Truppen) und endet mit der Annahme der zweiten Bundesverfassung durch Volk und Stände im Jahre 1874.

Bevor wir uns den Institutionen der sichtbaren Regierung und ihrer Kolonisierung durch die Oligarchie zuwenden, wollen wir die politischen Kräfte untersuchen, die das institutionelle System tragen.

1 Dank dem Befreiungskampf und der Eroberung der Unabhängigkeit, geführt durch das Rassemblement Jurassien, ist ein 23. Kanton im Entstehen begriffen. Der neue Kanton besteht im wesentlichen aus den alten französischsprechenden Bezirken des Nordens, die vom Kanton Bern seit 1815 besetzt waren. Die eidgenössische Volksabstimmung über die Aufnahme dieses Jurakantons in die Eidgenossenschaft ist für 1978 vorgesehen.

Die Schweizerische Eidgenossenschaft wird von einer Allianz politischer Parteien regiert, deren Geschichte, Werdegang und Ideologie oft alt sind. Und doch ist keine dieser Parteien Verkörperung einer gesellschaftlichen Bewegung, wie Alain Touraine sie versteht.[2] Sie sind im wesentlichen nationale Vereinigungen von mehr oder weniger zusammenhängenden örtlichen und kantonalen Gruppierungen und Parteien. Diese Parteien – mit Ausnahme der Sozialdemokraten und der vier Kommunistischen Parteien (POCH, PSA, Partei der Arbeit, Trotzkisten) – sind im wesentlichen auf Wählernetze aufgepfropfte Bürokratien, die sich der inzwischen ritualisierten Sprache der sozialen Konflikte des 19. und der ersten dreißig Jahre des 20. Jahrhunderts bedienen.

Allein die sozialdemokratische und die Partei der Arbeit, deren Geschichte mit der Geschichte der Arbeiterbewegung und der Arbeiterinternationale zusammenfällt, sind – trotz bürokratischer Tendenzen in einzelnen Bereichen ihrer Organisation – Ort des Kampfes und Triebkraft einer möglichen Mobilisierung des Volkes geblieben.[3]

Die Koalition der Parteien, die gegenwärtig im Bundesrat vertreten sind und die Bundesversammlung beherrschen, wird von der Christlich-Demokratischen Volkspartei, der Freisinnig-Demokratischen Partei, den Sozialdemokraten und den Bauern (genannt Schweizerische Volkspartei) gebildet. Insgesamt besitzt die Schweiz neunundzwanzig Parteien. Etwa 3 Millionen Bürgerinnen und Bürger genießen das Stimmrecht, aber nur 10 % von ihnen bezeichnen sich als Mitglieder einer Partei. Zehn Parteien haben nationale Bedeutung, aber nur sechs üben tatsächlich Einfluß auf das ganze Land aus; nur drei sind in allen zweiundzwanzig Kantonen vertreten. Eine Mehrheitspartei im eigentlichen Sinne des Wortes gibt es nicht. Jede der drei großen Parteien – Christ-Demokraten, Freisinnige und Sozialdemokraten – erhält auf Bundesebene jeweils ungefähr 20 % der Stimmen. Die Mobilisierungskapazität dieser Parteien ist gleich Null. Überall im Land bringen

2 A. Touraine, *La Production de la société*, Ed. du Seuil, 1973, S. 34 ff.

3 Formationen wie die Marxistisch-leninistische (trotzkistische) Liga, die marxistisch-leninistische (maoistische) Partei, die Progressiven Organisationen der Schweiz, die PSA (Autonome sozialistische Partei des Tessins) verfügen über ein verhältnismäßig wichtiges Mobilisationspotential bei der Jugend.

die von den Parteien organisierten statuarischen Generalversammlungen Gruppen von 50, 100, manchmal 200 Personen zusammen. Außer ein paar Rentnern scheint sich niemand mehr zum Anhören einer politischen Rede auf einen Schulhof zu bemühen. Parteienpathos lockt heute keine räudige Katze mehr hinter dem Ofen hervor.

Die Beteiligung bei »Abstimmungen« geht immer weiter zurück: Bis 1972 lag der Rekord der Enthaltungen bei 67,2 %; er stammte aus dem Jahr 1919, als sich nur 32,8 % der Wahlberechtigten an die Urne begeben hatten, um zu den Übergangsbestimmungen Stellung zu nehmen, die die Wahlen in den Nationalrat und den Bundesrat betrafen. Dieser Rekord wurde durch die Abstimmung vom Juni 1972 geschlagen, bei der es immerhin um zwei wichtige Bundesbeschlüsse (Bundesbeschluß über Maßnahmen zur Stabilisierung des Baumarktes und zum Schutze der Währung) ging: Nur 25,8 % der Stimmbürger waren zur Urne gegangen.

Um das gegenwärtige politische Kräfteparallelogramm der Schweiz zu verstehen, ist ein historischer Rückblick notwendig. Die Eidgenossenschaft hat nur eine ganz kurze Periode des demokratischen und egalitären Aufbaus gekannt: vom Gründungsbündnis, 1291, zwischen den bäuerlichen Gemeinschaften in den Tälern der Zentralalpen, Uri, Schwyz und Unterwalden – geschlossen in der Absicht, den österreichischen Kolonisationsgelüsten auf den Paßstraßen, insbesondere am Gotthard, zu trotzen – bis zum Aufkommen der städtischen Händlerklasse um die Mitte des 14. Jahrhunderts. Nach Abschluß des Gründungsbündnisses im August 1291 organisierten die bäuerlichen Talgemeinschaften einen Guerillakrieg. Die Schlösser, Burgen und Vogteien der Herzöge von Habsburg, die in den Tälern längs den Zufahrtsstraßen zu den Pässen errichtet worden waren, gingen in Flammen auf. Im Jahr 1302 erschlug einer der aufständischen Bauern namens Wilhelm Tell aus politischen Gründen und um seine Familie zu verteidigen, den bekanntesten der fremden Vögte, Gessler. Damit war ein Mythos geboren, der die Nationalliteratur des 19. Jahrhunderts mit Stoff versah: »Die Macht liegt auf der Spitze der Armbrust«; »ein einziger Herr: der freie Bauer auf seiner Scholle ...« 1315 schickt der Kaiser ein Expeditionskorps aus. Die österreichische Armee, mit den modernsten

Waffen, d. h. mit einer gepanzerten Reitervorhut und Kontingenten von Armbrust- und Bogenschützen, ausgerüstet, dringt am Nordende des Aegerisees vor. Sie hat den Auftrag, den Aufstand in den Tälern niederzuschlagen. In der Nähe des Weilers Morgarten, in einem Engpaß, der etwa über einen Kilometer von Sumpf auf der einen Seite, von steilen Felsen und Gebüsch auf der anderen begrenzt ist, warten die Aufständischen, Männer, Frauen und Kinder. Die österreichische Armee erscheint. Sie wird von Baumstämmen, Felsblöcken und brennenden Fackeln, die von oben auf sie herabgeworfen werden, zermalmt. Die Überlebenden werden mit der Sense niedergemacht und in den Sumpf geworfen. Von Morgarten und bis Napoleon ist kein fremdes Heer mehr in die Täler eingedrungen.

Im Schutze dieses Friedens haben sich die neuen herrschenden Klassen gebildet. In der Folge erster Kapitalanhäufung, die durch die Kontrolle über die Alpenpfade der Nord-Süd-Achse ermöglicht wurde, entstanden örtliche Aristokratien. Die aufkommenden herrschenden Klassen betrieben keineswegs örtliche Investitionen. Die Täler blieben arm, der Hunger ging um. Um die Probleme zu lösen, die sich aus der drohenden Überbevölkerung dieser kargen Erde ergaben, deren Ertrag durch keine öffentliche Investitionen gesteigert wurde, schritten die Oberhäupter der herrschenden Familien zu einer originellen Lösung: Sie verkauften ihre Landsleute als Söldner an ausländische Regierungen!

Dieses sog. Reislaufen hat komplexe Ursachen: Es stellt zunächst eine durch die chronische Nicht- oder Unterbeschäftigung großer Teile der ländlichen Bevölkerung möglich werdende Einnahmequelle dar. Sodann ist es ein Weg zu sozialem Ansehen für den Söldner selbst (und für den, der ihn befehligt), da seine Arbeitskraft auf dem internationalen Markt hoch bewertet wird. Doch das Reislaufen bleibt unverständlich, wenn man es nicht im Zusammenhang mit dem Feudalsystem sieht. Im Feudalsystem ist die Aushebung der Untertanen gestattet; das »Ausleihen« von Untertanen an einen fremden Herrscher verschafft, über die oft hohen Erträge hinaus, einträgliche Beziehungen zu mächtigen Herren. Kurz, für die herrschenden Klassen der Alten Eidgenossenschaft ist die Reisläuferei das wichtigste Werkzeug ihrer Außenpolitik. Die

»überzähligen« Söhne der armen Bergbauernfamilien der Innerschweiz sterben, um die Interessen des Königs von Frankreich, der Herzöge von Italien, der deutschen Kaiser und, in rauhen Mengen, des Papstes in Rom (vor allem anläßlich der Plünderung seiner Schätze im Jahre 1527) zu verteidigen. Gegen Ende des 18. Jahrhunderts stehen 70 000 Eidgenossen und Untertanen der Gemeinen Herrschaften der Eidgenossenschaft ständig in ausländischen Heeren. 80 Generäle verkaufen diese Männer dem Meistbietenden zur Führung der zynischsten Kriege. Hier ein Beispiel der Beziehungen unter den Klassen innerhalb dieser Söldnerregimenter:

> Am 31. August 1790 meuterte in Nancy das Regiment Lullin de Châteauvieux, das von einem Genfer Offizier kommandiert wurde, jedoch aus lauter Waadtländern bestand. Die Erhebung war nicht eigentlich politisch bedingt, ihr Hauptauslöser war der Rückstand in der Auszahlung des Solds. Doch die Kantone sahen darin einen schwerwiegenden Angriff auf die Ehre des schweizerischen Namens; der Kriegsrat der Regimenter Castella (Freiburg) und Vigier (Solothurn) zeigte sich um so unerbittlicher, als es sich um ein Kontingent aus einem Untertanenland handelte. Er wollte ein schreckliches Exempel statuieren. Einer der Anführer wurde gerädert, 22 wurden gehängt, 41 in die Galeeren des Königs von Toulon geschickt und die restlichen für alle Zeiten des Landes verwiesen.[4]

Die Meuterei des Regiments Lullin rief einen merkwürdigen Zwischenfall hervor: Ein Teil der zu den Galeeren verurteilten Soldaten marschierte mit angelegten Halseisen durch die Straßen von Paris. Sie wurden von der Menge befreit. Während dieses spontanen Festes setzten sich die Pariser die Mützen der Galeerensträflinge auf. Diese Kopfbedeckung, genannt »phrygische Mütze«, sollte zum Symbol der kommenden Republik werden! Diese halb-freiwillige Ausfuhr überzähliger Bauern brachte den herrschenden Familien nicht nur viel Geld ein, sondern erlaubte ihnen auch, in den komplexen Spielen der internationalen Politik mitzumischen. Die Eidgenossenschaft der drei ursprünglichen Talschaften hatte sich inzwischen erweitert. Neue Staaten, territoriale Zusammen-

4 Vgl. W. Martin, *Histoire de la Suisse.* Payot, Lausanne.

schlüsse bäuerlicher Gemeinschaften, Bistümer und befestigte Städte hatten sich dem Bund angeschlossen. In der Folge verschiedener territorialer Auseinandersetzungen, Händel und äußerer Bedrohungen war aus dem Bund der drei zwischen 1315 und 1400 der Bund der acht Orte geworden; zwischen 1401 und 1516 kamen fünf weitere dazu. Schlagartiges Ende im Jahr 1515: In Marignano werden die schweizerischen Söldnerheere vernichtend geschlagen.

Der Entschluß, fortan auf eine aggressive Außenpolitik zu verzichten, erfolgt nicht freiwillig: Die Eidgenossenschaft tritt in eine lange Phase innerer Zerrissenheit. Vier Jahre nach Marignano beginnt ein unbekannter Wanderprediger der Schweizer Truppen aus der Po-Ebene in Zürich die Reformation zu predigen. Ulrich Zwingli wird erhört, der mächtige Stadtstaat von Zürich tritt zur neuen Religion über. Bern folgt. Die Reformation, welche die Aufhebung des theokratischen Feudalismus durch die bürgerlichen Klassen der Städte unter gelegentlichem Beistand der armen bäuerlichen Klassen bedeutet, macht Fortschritte und breitet sich über ganz Europa aus. 1536 verjagt Genf seinen »Fürstbischof« und ruft die Republik aus. Calvin begründet die Reformation. Als Staatsmann ersten Ranges führt er seine neuen protestantischen Verbündeten der Schweizerischen Eidgenossenschaft gegen den benachbarten Feind Savoyen ins Feld. Der General der bernischen Armee, Hans Franz Naegeli, überfällt die katholischen Gebiete der Westschweiz und besetzt das Waadtland, das Chablais und das Unterwallis und führt dort die Religion der »Gnädigen Herren von Bern« ein. Bis zum Ausbruch der Französischen Revolution und darüber hinaus hören die Kriege, Konflikte und Intrigen zwischen den katholischen und den reformierten Mitgliedstaaten nicht auf, die Eidgenossenschaft zu spalten.

Es gäbe viel zu sagen über die erste Anhäufung von Kapital in der vorrevolutionären Eidgenossenschaft.

Beispiele: Nach dem Widerruf des Edikts von Nantes (1685) durch Ludwig XIV. spielt die protestantische Bank von Genf in der Verwaltung von Fluchtkapitalien eine außerordentlich wichtige Rolle.[5] In Zürich stürzt sich die neue herrschende

5 H. Luthy, *La Banque protestante en France*, op. cit. insbesondere Bd. II, *Dispersion et Regroupement 1685–1730.*

Klasse in den Seiden- und Baumwollhandel. In Bern bildet sich der erste Staatsschatz der Eidgenossenschaft. Die schweizerische Landwirtschaft zählt im 18. Jahrhundert 740 000 Stück Großvieh, mehr als 1970, wenn man es im Verhältnis zur damaligen Einwohnerzahl sieht. Vom 18. Jahrhundert an werden jährlich 30 000 Zentner Gruyère nach Frankreich exportiert. Die Pferdezucht wird intensiv betrieben, und mehrere europäische Armeen decken ihren Bedarf ausschließlich bei Schweizer Züchtern. Kurz, obwohl nicht für alle Gebiete genaue Angaben vorliegen, kann man doch sagen, daß die herrschenden Klassen der vorindustriellen Schweiz eine kräftige Kapitalakkumulation betrieben.[6]

Die Pariser Revolution bringt auch die Widersprüche an den Tag, die in der Eidgenossenschaft versteckt liegen: Während die Luzerner Bauern als Söldner des Königs von Frankreich in den Tuilerien sterben, nimmt der Bankier Necker die Organisation von Fluchtkapital französischer Aristokraten nach Genf und London in die Hand. Der Einmarsch Napoleons setzt dem alten patrizischen System ein Ende. Es gelangt zwar nach dem Abzug der französischen Besatzungstruppen 1814 ein letztes Mal an die Macht, aber diese Klasse ist erschöpft, und die Händler- und Industriellenbourgeosie – beflügelt von den lange unterdrückten egalitären und demokratischen Ideen – reißt nach und nach die Kontrolle über die Kantone an sich. Ein letzter ideologischer Krieg (halb religiös, halb politisch) entbrennt 1847: Die Mitgliedstaaten unter laizistischer und zentralistischer Regierung bekämpfen die katholischen Kantone mit konservativ-föderalistischer Regierung. Die Reaktion wird besiegt und 1848 der Bundesstaat ausgerufen.

Historisch gesehen ist die gegenwärtige freisinnige Wahlbürokratie Ausdruck der neuen städtischen Bourgeoisie, die Liberale Partei Ausdruck des abgesetzten Patriziats und die Christlich-Demokratische Partei Ausdruck des Bauernaufstandes und der katholischen Bourgeoisie. Aber, und das sage ich mit Nachdruck, heute ist keine dieser Parteien mehr Ausdruck einer sozialen Bewegung: Die erwähnten politischen Parteien sind ausschließlich Wahlapparate, Verwalter politischer

6 W. Martin, op. cit.

Pfründen und geschickte Manipulateure gesellschaftlicher Konflikte. Sie sagen nichts mehr aus über das Land, wie es wirklich ist, es sei denn über den Niedergang eines zu Anfang bewunderungswürdigen politischen Systems.

Die Arbeiterbewegung und ihr politischer Ausdruck, die sozialdemokratische und die Partei der Arbeit, haben eine andere Entstehungsgeschichte. Die neue kapitalistische, handeltreibende städtische Bourgeoisie, der es dank der wachsenden Industrie und der raschen Entwicklung eines tertiären Sektors in den Städten von der Mitte des 19. Jahrhunderts an gelungen ist, in 16 von 22 Kantonen die Macht zu übernehmen (und die die Bundesbehörden bis 1874 nahezu ausschließlich beherrscht), sieht sich von 1840 an einer starken Arbeiterbewegung gegenüber. Hierzu einige Zahlen:[7] Zum Zeitpunkt der Machtübernahme der neuen herrschenden Klasse ist das Industrieproletariat noch klein, aber sein Klassenbewußtsein ist wach und der wirtschaftliche Sektor, in dem es tätig ist, von großer Bedeutung. 1850 arbeiten erst 4 % der Bevölkerung in Fabriken. Doch das industrielle Proletariat – das heißt die Klasse, in der die Arbeiterbewegung objektiv gesehen ihren Ursprung und ihre Grundlage hat und sich das subjektive Klassenbewußtsein entwickelt – geht weit über die eigentlichen Fabrikarbeiter hinaus. Die wichtigsten Industriezweige der Zeit, die Textil- und die Uhrenindustrie, die von 1840 an 80 % der Ausfuhren des Landes ausmachen, produzieren nach einem gemischten Prinzip: Fabrikarbeit und Heimarbeit. 1850 zählt man mehr als 350 000 Männer, Frauen und Kinder – das sind 32,5 % der arbeitenden Bevölkerung –, die unter miserablen Lohn- und Arbeitsbedingungen zu Hause, in Werkstätten, auf Baustellen, ganzjährig oder »während der Saison« für die Industrie tätig sind. Überdies konzentriert sich dieses industrielle Proletariat auf bestimmte Regionen: die Textilindustrie auf das Gebiet zwischen Bodensee und Zürichsee, die Uhrenindustrie auf Genf und den Jura. Von 1850 an erleben beide Zweige einen gewaltigen Aufschwung. Zwischen 1843 und 1856 ist die Zahl

7 Die Zahlen über die Geburt der schweizerischen Industrie sind J. F. Bergier, *Naissance et Croissance de la Suisse industrielle*, Ed. Francke, Bern, 1974, entnommen.

der Spindeln für die Baumwollspinnerei von 660 000 auf 1,15 Millionen angestiegen – ein Zuwachs von 74 %. Erste Anzeichen von Kapitalkonzentration und Monopolisierung werden sichtbar. Trotz der raschen Entwicklung der Produktion bleibt sich die Zahl der Unternehmen praktisch gleich: 131 im Jahr 1843, 136 im Jahr 1856. Doch es ist die Uhrenindustrie, welche die Sozialgeschichte des schweizerischen Proletariats ändern wird. Der Arbeiter Georges Leschot erfindet 1839 eine Reihe genialer Werkzeugmaschinen; zwei Genfer Kapitalisten, Vacheron und Constantin, beschließen, das Genie dieses Arbeiters auszubeuten: Seine Maschinen erlauben es, auswechselbare Bestandteile rasch und serienmäßig zu produzieren. Die Heimarbeit verschwindet. Das Uhrenproletariat strömt von da an in die Fabriken.

Erste Etappe der Organisierung der Arbeiterbewegung: 1864, Gründung der Internationale. 1866: erster Kongreß in Genf. Karl Marx greift Bakunin an. Die jurassischen Verbände unterstützen die Thesen des Anarchisten – und unterliegen.

Zweite Etappe: 1868, in Genf bricht der erste große Streik der Schweiz aus.

Dritte Etappe: Gründung der sozialistischen Union in Zürich, 1870.

Vierte Etappe: 1888, Gründung der Sozialdemokratischen Partei der Schweiz.

Fünfte Etappe: Von der Armee niedergeschlagener Generalstreik, 1918.

Sechste Etappe: 1919, Spaltung der Sozialdemokratischen Partei, Entstehung der kommunistischen Partei.

Siebte Etappe: 1937 unterzeichnen die Gewerkschaften der Metallindustrie mit den Arbeitgeberverbänden ein Waffenstillstandsabkommen auf unbestimmte Zeit, das den Streik einer vorgängigen Schiedsgerichtsverhandlung unterstellt. Dieser Vertrag, genannt »Friedensabkommen«, ist noch heute in Kraft. Er begründet den vorübergehenden Rückgang der Arbeiterbewegung und die gegenwärtige Phase der teilweisen Zusammenarbeit mit der imperialistischen Oligarchie.

b) Die sichtbare Regierung

Untersuchen wir nun die Institutionen und das Funktionieren der »sichtbaren« Regierung:

Die Bundesversammlung[8], Schlüsselinstitution des Systems, wird von zwei Kammern von gleicher politischer Bedeutung gebildet; kein Gesetz, kein gewöhnlicher oder dringlicher Bundesbeschluß treten in Kraft, bevor sie nicht von jeder der beiden Kammern behandelt worden sind. Alle Mitglieder der einen oder der anderen Kammer haben die gleichen Rechte, hauptsächlich das Recht, selbst einen gesetzgeberischen Akt anzuregen und zur Annahme zu bringen, und zwar mit dem Mittel der persönlichen Initiative, der Motion, des Postulats, der Interpellation oder der Anfrage (in der absteigenden Reihenfolge ihrer Bedeutung). Jede der beiden Kammern unterhält wichtige ständige Kommissionen (Finanzen, Außenpolitik, Militär, Wissenschaft und Forschung, Außenhandel).

Die erste Kammer nennt sich »Nationalrat«. Seit 1919 wird er nach dem Proporzsystem gewählt, wobei jeder der Gliedstaaten einen Wahlkreis bildet.[9] Der Nationalrat hat 200 Mitglieder, davon 14 Frauen.[10] Er wird alle vier Jahre gewählt. Bei diesen Wahlen wechselt jeweils ungefähr ein Drittel der Räte (für gewöhnlich aus Altersgründen, Wahlniederlagen sind in der Schweiz eher selten). Der »Ständerat«, die zweite Bundeskammer, wird ganz anders gewählt. Er zählt 44 Mitglieder, darunter eine einzige Frau, zwei Vertreter pro Mitgliedstaat, den Halbkantonen steht nur ein Sitz zu. Ihre Wahl untersteht der kantonalen Gesetzgebung. Im Kanton Bern beispielsweise werden die beiden Ständeräte vom Kantonsparlament gewählt; in Genf wählt sie das Volk. National- und Ständerat zusammen bilden die Bundesversammlung.

Diese Versammlung repräsentiert die helvetische Bevölkerung nur unvollkommen. Die Altersklasse zwischen 20 und 40 stellt die Mehrheit der wahlberechtigten Bevölkerung dar: doch nur

8 Der Abgeordnete erhält kein Salär, sondern einfach eine Entschädigung von 150 Franken je effektiven Sitzungstag und einen Grundbetrag von 10 000 Franken jährlich.

9 Listenwahl in einem Wahlgang mit Verteilung der Reststimmen.

10 Alle Zahlen beziehen sich auf die Legislaturperiode 1971/1975.

7 % der Räte gehören dieser Altersklasse an. Die Frauen machen 53 % der Wähler aus: aber nur 15 Frauen sitzen in der Bundesversammlung. Das mittlere Einkommen der Bevölkerung beläuft sich auf ungefähr 18 000 Franken im Jahr; doch das mittlere deklarierte Einkommen der Räte liegt bei 53 000 Franken. Es gibt 1 350 000 Arbeiter in der Schweiz, davon 366 000 Frauen: ein einziger Arbeiter sitzt im Parlament, nicht eine Arbeiterin ist dort vertreten.
Die Bundesversammlung spiegelt somit auf nahezu vollkommene Weise jene politische Klasse wider, die sich im Verlaufe der Jahrhunderte in der Schweiz herangebildet hat und deren Unabsetzbarkeit als ein Hauptzug des politischen Lebens in diesem Land gelten darf.[11]
Schauen wir uns die Wahl der Regierung an: Die Schweiz lebt unter einem Versammlungsregime, das – soziologisch betrachtet – dem der 3. Französischen Republik ähnlich ist. Die souveräne Versammlung – das heißt die Vereinigung der beiden Kammern des Bundesparlaments – wählt zu Beginn von jeder Legislaturperiode eine Regierung mit sieben Mitgliedern. Jede Legislaturperiode dauert vier Jahre (in der Frühzeit des Bundesstaates waren es drei). Der Bundesstaat hat 1975 seine 40. Legislaturperiode begonnen. Der Wahlmodus der Regierung ist recht eigenartig: Jeder der sieben Sitze kommt zur Abstimmung. Aber für jeden Sitz gibt es in der Regel nur einen Kandidaten! Die Schweiz haßt Wahlen, deren Ausgang nicht voraussehbar ist. Sie haßt auch starke Männer: Die Präsidentschaft und die Vizepräsidentschaft der Regierung und des Staates kommen jedem der sieben Bundesräte der Reihe nach zu. Niemand bleibt länger als zwölf Monate hin-

11 Eine positivistische Soziologie (vgl. E. Gruner, et. al., *Die Schweizerische Bundesversammlung, 1848–1920*, Bd. II, Bern, 1972) versucht, die Erscheinung einer Art von vererblicher institutioneller Macht auszumachen, die in gewissen Kantonen mittels Verwandtschaft fortgepflanzt wird. Es ist richtig, daß man im Parlament zahlreiche Söhne, Vettern, Brüder usw. von früheren bekannten Politikern findet. Es ist auch richtig, daß in gewissen Kantonen, insbesondere solchen des Alpengebietes, eigentliche politische Aristokratien entstanden sind. Es genügt, wenn man sich darüber Rechenschaft geben will, den Friedhof von Altdorf, Hauptort des Kantons Uri, zu besuchen, wo alle Verstorbenen der regierenden Familien unter einem Grabstein liegen, auf welchem ihre Titel und Funktionen aufgeführt sind. Indessen stellt sich das Problem der Kolonisierung des Parlamentes nicht hinsichtlich der Entwicklung dynastischer Aristokratien.

durch Bundespräsident. Mit ganz wenigen Ausnahmen sind die Bundesräte aus dem Parlament oder den Kantonsregierungen hervorgegangen. Ihre vollständige Integration in die politische Klasse ist auf diese Weise garantiert: Sie haben in der Regel einen langen Sozialisierungsprozeß hinter sich; zahlreiche Freundschaften, gelegentliche Feindschaften, Sympathien, Abneigungen, Vorurteile, gewonnen während einer langen Anwesenheit im Parlament oder in der kantonalen Exekutive, folgen ihnen in den Bundesrat. Wenn er in den Bundesrat eintritt – höchster Traum der meisten Parlamentarier –, hat der glückliche Kandidat mehrere Jahrzehnte (aber manchmal auch nur ein paar Jahre) in diesem seltsamen Bundeshaus zugebracht, das Aussicht auf eine der schönsten Landschaften der Welt gewährt, in dem es jedoch kein einziges Fenster mehr gibt, das sich öffnen läßt ...[12] Kurz und gut, einmal gewählt, bleibt der neue Bundesrat nicht nur seiner Ursprungspartei, sondern auch dieser gewissermaßen neurotischen Welt, welche die parlamentarische Aktivität hinter verschlossenen Türen verborgen hält, innig verbunden.[13] Man kann schon sagen, daß neue Ideen hier nur selten Einlaß finden.

Verglichen mit einem Versammlungsregime wie demjenigen der 3. Französischen Republik, weist das System der sichtbaren Regierung der Eidgenossenschaft mindestens zwei wichtige »Abweichungen« auf:

1. Die Regierung ist dem Parlament gegenüber nicht verantwortlich.[14] Sie kann innerhalb einer Legislaturperiode nicht gestürzt werden. Und selbst wenn es die Tadelsmotion und die Vertrauensfrage gäbe, würde die Regierung nicht allzuviel riskieren: Von den 244 Abgeordneten der Bundesversammlung gehören nur 41 einer Partei an, die

12 Das ist nicht nur ein Symbol: Man hat tatsächlich dieses imposante und akademische Gebäude aus der Zeit der Jahrhundertwende mit einem ausgeklügelten System künstlicher Belüftung versehen. Die frische Luft zirkuliert darin nicht mehr.

13 *Beispiel:* Selbst nach ihrer Wahl fahren die Bundesräte fort, treu wie irgend ein anderer Abgeordneter und mit denselben Rechten an den Sitzungen der parlamentarischen Fraktionen ihrer jeweiligen Partei teilzunehmen.

14 Die Ausübung der Macht erfolgt kollegial. Aber jeder der sieben Bundesräte verwaltet eines der sieben Exekutivdepartemente der Eidgenossenschaft. Somit manifestiert sich die Macht eines jeden Bundesrates im Bereiche seines besonderen Departementes.

nicht in der Exekutive vertreten ist. Von diesen 41 sind 25 von der bestehenden Koalition abhängig.

2. Das Vorhandensein bedeutender Rechte des Volkes. 50 000 Bürger und Bürgerinnen können auf dem Weg über die Initiative die Abänderung eines Verfassungsartikels (oder der gesamten Verfassung) verlangen. Wenn die Initiative von der Mehrheit des Volkes und von den Ständen angenommen wird, ändert der Vorschlag tatsächlich die Verfassung. Andererseits kann jedes vom Parlament erlassene Gesetz innerhalb einer Frist von drei Monaten angefochten werden; 30 000 Unterschriften genügen, um eine Referendumsabstimmung herbeizuführen.

Die direkten Volksrechte nützen jedoch nur etwas, wenn sie von informierten, von symbolischer Gewalt befreiten Bürgern wirksam ausgeübt werden können. Und eben das ist meistens nicht der Fall. Die direkte Demokratie wird vielfach zur direkten Oligarchie. Unter dem Sperrfeuer der mit Millionen finanzierten Propagandakampagnen, welche die Oligarchie bei ihren bevorzugten Meinungsmanipulatoren — dem Büro Farner, der »Schweizerischen politischen Korrespondenz« und wie die Schattenorganisationen alle heißen — in Auftrag gegeben hat, lehnte das Volk die Förderung seiner eignen Interessen frei und gehorsam in folgenden Fällen ab: Atomwaffenverbot (1962 und 1963), Bodenspekulationsverbot (1967), Recht auf Wohnung (1970), Recht auf Bildung (1973), Mitbestimmung der Arbeitenden in den Betrieben (1976); das willfährige Volk verwarf auch gehorsam die sozialdemokratische Verfassungsinitiative für eine allgemeine Krankenversicherung (1974) und das Raumplanungsgesetz, das den Grundstückspekulanten das Handwerk legen wollte (1976).

Wie wird man Bundesrat? Indem man lange schweigt. Beharrlich. Wenigstens, indem man bei öffentlichen Debatten nur mit äußerster Vorsicht eingreift und möglichst vieles im Unklaren läßt. Es sei denn, es bestehe von Anfang an Einhelligkeit. Denn das Schlüsselwort des Systems ist die Kooptation. Doch wer wählt wen hinzu? Man weiß es nie genau. Wechselnde Mehrheiten regieren die Bundesversammlung. Von Zeit zu Zeit drängt ihr die Oligarchie brutal einen direkt von ihr abhängigen Mann auf. Es ist nicht zu leugnen, daß sowohl jene Bundesräte, die aus der parlamentarischen Kooptation hervorgegangen sind, als auch die andern, die durch die Oligarchie mittels einer konzentrierten Pressekampagne aufgedrängt worden sind, oftmals tüchtige Verwalter sind.

Das Parlament, diese an sich bewundernswerte Institution, in der eine ganz bestimmte Etappe des Klassenkampfes in Europa ihren Niederschlag gefunden hat, ist indes von den Begleiterscheinungen des Regimes nicht frei. Allerdings müssen hier drei Ebenen unterschieden werden. Wenn es sich mit struktureller Politik beschäftigt, das heißt, wenn das Statut der ausländischen Banken in der Schweiz, die Kompetenzen der Nationalbank, das Militärbudget etc. behandelt werden, dann ist der Spielraum des Parlaments gleich Null. Die Oligarchie diktiert ihr Gesetz.

Vorausgesetzt jedoch, daß die Debatten der Abgeordneten (oder die Tätigkeit der Regierung, der Verwaltung, der Presse etc.) nicht an die Hierarchien der Ausbeutergesellschaft, an die Art ihrer oligarchischen Machtausübung oder an das System ihrer Selbstinterpretation rühren, verfügt das Parlament über ein erstaunliches Maß an Freiheit. Und wenn es sich innerhalb dieser Grenzen hält, vollbringt es oft bemerkenswerte Arbeit.

Beispiel: das 1971 bis 1973 neu ausgearbeitete Gesetz betreffend Adoption und Kindsrecht, das für das Problem des verlassenen Kindes eine der fortschrittlichsten und menschlichsten Lösungen in ganz Europa gebracht hat.

Ein drittes Betätigungsfeld bietet sich der sichtbaren Regierung an:

Die Schiedsgerichtsbarkeit zwischen vorübergehend verfeindeten Fraktionen der Oligarchie. Es kommt tatsächlich vor, daß zwei Fraktionen des hegemonistischen Kapitals sich angesichts eines wichtigen Problems uneins sind. Da nimmt dann die sichtbare Regierung sogleich einen unerwarteten Freiraum wahr.

Beispiel: die Aufwertung des Schweizerfrankens. Die Bankherren bekämpften sie energisch, denn ihre Spekulationen mit europäischen Währungen und Dollars erforderten einen unveränderten Kurs. Die Einfuhr- und internen Verteilerkonzerne hingegen wünschten eine Aufwertung (die Verteilerorganisation Migros sogar eine solche von 12 %), die ihnen spürbar höhere Gewinnmargen sicherte. Dank dieser Konfliktsituation beschloß der Bundesrat am 10. Mai 1971 überraschend die Aufwertung des Frankens um 7 %.[15]

Untersuchen wir nun die Kolonisierung der sichtbaren Regierung, insbesondere des Parlaments, durch die imperialistische Sekundär-Oligarchie, durch die kalten Monster.

Gleich dem Sonnenkönig verfügen die kalten Monster über einen fast unerschöpflichen Vorrat an Pfründen. Das System ist bewundernswürdig: Die Oligarchie kontrolliert eine große Zahl von Immobilien-, Finanz-, Industrie- und Handelsgesellschaften; die meisten von ihnen sind Aktiengesellschaften; die Kolonialisierung des Parlaments geht folgendermaßen vor sich: Sobald ein Abgeordneter einer bürgerlichen Partei gewählt ist, legt die Oligarchie sein politisches Potential in die Waagschale und bietet ihm einen Sitz im Verwaltungsrat oder sogar die Präsidentschaft eines Arbeitgeberverbandes an. Reiche Pfründen sind mit jedem dieser Posten verbunden. In der 39. Legislaturperiode gehörten 82 % der Mitglieder des Bundesparlaments einem oder mehreren Verwaltungsräten an.[16]

Max Schmid (in seinem lesenswerten Buch »*Demokratie von Fall zu Fall*«) und die *Aargauer Arbeiterzeitung* (Juni 1976) haben das eidgenössische Pfründensystem untersucht:

Auf die 244 Abgeordneten der beiden Kammern fallen mehr als 1000 Verwaltungsratssitze. Davon sind die rund 250 Verwaltungsratssitze abzuziehen, die mit öffentlich-rechtlichen und nicht mit privatwirtschaftlichen Mandaten verbunden sind. 115 bürgerliche »Volks«vertreter teilen unter sich 750 meist hochdotierte Verwaltungsratspfründen der Großbanken, in- und ausländischer multinationaler Industrie- und Handelsgesellschaften, Waffenfabriken und Immobilienkonzerne. Aber auch unter den bürgerlichen Pfründenbeziehern und Kapitalvertretern im Parlament zeichnet sich unter den Hochbezahlten noch einmal eine Aristokratie der Höchstbedachten ab: 81 bürgerliche Stände- und Nationalräte beziehen zusammen die

15 Die Festlegung der Nominalparität (Verhältnis Währung/Gold) steht, nach einer kürzlichen Änderung des Bundesgesetzes, in der ausschließlichen Kompetenz der Regierung.

16 Für die Namensliste vgl. *Die Weltwoche*, 14. Februar 1973.

Gehälter von 431 Verwaltungsräten. Zu dieser Aristokratie der Pfründenbezieher gehören zum Beispiel der freisinnige Glarner Ständerat Hefti, der in 37 meist höchst einfluß- und einkommensreichen Verwaltungsräten sitzt, sein freisinniger Zürcher Kollege Honegger, der 22 Kapitalmandate im Parlament vertritt, und der Urner Katholik und Konservative Muheim (44 Kapitalmandate).

Ein Beispiel aus dem Nationalrat: jenes des frommen Christdemokraten Paul Eisenring aus Zürich. Er besetzt 25 Verwaltungsratssitze; Aktienkapital der vertretenen Unternehmen: rund 750 Mio Franken. – Hier einige seiner Gönner:

A. W. Faber-Castell (Holding) AG, Grabs (10,0) (P)
AG Brinkmann International, Zug (1,0)
Allgemeine Finanzgesellschaft, Zürich (15,0)
Atomkraft AG, Zürich (0,05) (P)
Bank Leumi le-Israel (Schweiz), Zürich (15,0)
Banque de Gestion Financière, Zürich (10,0)
BBC Société Anonyme Brown Boveri & Cie., Baden (307,56)
Buchdruckerei Maihof («Vaterland»), Luzern (2,0)
Expertisa Vorsorge-Beratungen AG, Zürich (0,05) (P)
Goldman Sachs AG, Zürich (0,05)
Handelsvertretungen AG, Lugano (0,05)
Handelszeitung und Finanzrundschau AG, Zürich (0,1203)
Jacobs Douwe Egberts AG, Zürich (150,0)
Jasis AG, Zürich (0,2)
Michelin Recherche et Technique SA, Basel (2,5)
Motor-Columbus AG, Baden (130,0)
Parmoges AG, Basel (2,5)
Philipp Brothers Bank AG, Zug (15,0)
Privat Holding AG, Zürich (0,5)
Privatbank und Verwaltungsgesellschaft, Zürich (10,0) (P)
Proventina Commercial AG, Zürich (18,4)
Provestor SA, Aarau (2,0)
Schweizerisch-Amerikanische Elektrizitäts-Gesellschaft, Zug (11,84625)
Südamerikanische Elektrizitäts-Gesellschaft, Zug (30,0)
Tampimex Holding AG, Glarus (7,2)
(in Klammer: Kapital in Mio Franken; P = VR-Präsident)

Die erwähnten 115 Kapitalvertreter, die vom gutmütigen Schweizer Stimmvolk über die Listen der bürgerlichen Parteien ins eidgenössische Parlament befördert worden sind, repräsentieren insgesamt ein Kapital von über 15 Milliarden Franken. Diese bescheidene Summe entspricht rund einem Drittel des Nominalkapitals sämtlicher schweizerischer Aktiengesellschaften! Aber Demokratie muß sein: Die Pfründen werden unter den bürgerlichen »Volks«vertretern fast gleichmäßig verteilt: 39 freisinnige Abgeordnete vertreten 284 Banken und Großunternehmen mit einem ausgewiesenen Aktienkapital von total 6830 Millionen Franken. Die Christdemokraten haben 40 Abgeordnete in 334 Verwaltungsräten sitzen. Zusammen vertreten sie ein Gesellschaftskapital von 2807 Millionen Franken.

Dieses System führt gelegentlich zu reizenden Situationen.

Beispiel: 1972, Debatte im Parlament. Der pazifistische Abgeordnete Arthur Villard prangert den Mißbrauch des schweizerischen Flugzeugs vom Typ Pilatus-Porter durch die amerikanische Luftwaffe in Vietnam an. Dieses ausgesprochen wendige Flugzeug kann knapp über die Wipfel der Bäume fliegen und dient vor allem dazu, kleine Guerillaeinheiten oder versteckte Dörfer im Dschungel auszumachen. Sobald die Menschen gesichtet sind, wirft der Pilot eine Rauchbombe ab, die den Phantombombern das Ziel weist; diese bombardieren dann wenige Minuten später das Dorf. Arthur Villard verlangte von der Regierung, daß der Verkauf von Pilatus-Porter-Maschinen an die Vereinigten Staaten und ihre Verbündeten (vor allem Australien) verboten werde. Unverzüglich steigt ein Abgeordneter aus Buochs auf die Tribüne und erklärt, die Pilatus-Porter sei ein sehr langsames, sehr empfindliches Flugzeug, das weder Bomben noch Raketen mitführe und deshalb nicht als Kriegsflugzeug gelten könne! Die Regierung und die Mehrheit des Parlaments schlossen sich begeistert dieser Meinung an. Der Mann, der diesen schönen Erfolg für sich buchen konnte, ist nidwaldnerischer Nationalrat und heißt August Albrecht: Er ist Präsident der Gesellschaft, welche die Pilatus-Porter herstellt. Die Gesellschaft selbst gehört zum Konzern Bührle-Oerlikon.

Weiteres Beispiel: 1974, Debatte im Parlament über die gewerkschaftliche Mitbestimmungsinitiative. Im Verlaufe meiner Intervention erwähne ich das wunderbare Beispiel geglückter Selbstverwaltung durch die Arbeiter bei Lip. Sturm der Entrüstung! Ein Abgeordneter namens Yann Richter besteigt die Tribüne. In einer denkwürdigen Rede greift er mich an und bezeichnet, im Namen der Objektivität, die Arbeiter von Lip als Diebe. Langanhaltender Applaus! Richter ist Vizedirektor der schweizerischen Uhrenkammer, zu der auch die ASUAG gehört, deren Filiale Ebauches SA 1973 die Aktienmehrheit bei Lip besaß.

Um die Übergriffe der Oligarchie auf die Bundesversammlung und die ihm angeschlossenen Institutionen (Expertenkommissionen etc.) in ihrem vollen Ausmaß und in ihrer ganzen Komplexität zu verstehen, sind verschiedene Strategien ins Auge zu fassen.

Erste Strategie: Die Oligarchie nimmt eine gewisse Anzahl ergebener Männer direkt in ihren Dienst.

Beispiele: Paul Eisenring, Nationalökonom und ehemals Redakteur der *Handelszeitung,* oder Fritz Honegger, Direktor der Zürcher Handelskammer. Zwei interessante Untervarianten dieser Strategie stellen Menschen wie Felix Auer dar, kultivierter Volkswirtschaftler und Lohnempfänger im Ciba-Geigy-Konzernstab, sowie die Produktionsmittelbesitzer Hans Rüegg und Andreas Brunner, die autonome Mitglieder der Oligarchie sind.

Es ist selbstverständlich, daß die Oligarchie die politische Karriere dieser Philantropen fördert. Es scheint auch selbstverständlich, daß diese Männer, wenn sie einmal gewählt sind, in eine größere Anzahl von Verwaltungsräten bedeutender Finanzgruppen eintreten.

Es gibt auch eine andere Art der Förderung, die häufiger ist: Männer – seltener Frauen – finden den Weg in die Kammern über gesellschaftliche Positionen oder Berufe, die bisher die Aufmerksamkeit der Oligarchie in keiner Weise erregt haben. Sobald sie gewählt sind, macht man ihnen Angebote.[17]

Beispiele: Ein freisinniger Abgeordneter aus Genf, Angestellter der Werbeagentur, Fernand Corbat, wird am Tag nach

17 Im Gegensatz zu dem, was in den Vereinigten Staaten, in Frankreich, in England der Fall ist, lehnt es das schweizerische Parlament ausdrücklich ab, Licht in diese Praktiken zu bringen. Am 18. Juni 1975 verlangte ein Abgeordneter die Erstellung einer amtlichen Liste der Abgeordneten-Verwaltungsräte. Der Vorschlag wurde abgelehnt. Das Büro des Nationalrates antwortet: »Es gibt keine gesetzliche Grundlage für eine solche Liste.« Punktum! Dok. Nationalrat Nr. 75.738.

seiner Wahl Präsident der Zigarettenfabriken der Schweiz. Eine Frau, Französischlehrerin von Beruf, bekommt nach ihrer Wahl in den Ständerat einen Sitz im Verwaltungsrat einer der drei größten Banken des Landes. Die Liste ist zu lang, um sie hier vollständig aufführen zu können. Fügen wir hinzu, daß die meisten Anwälte, Berater, lokalen Juristen, auch wenn sie in finanziellen Dingen wenig Erfahrung haben, nach ihrer Wahl über eine bürgerliche Liste große Firmenanwälte werden. Solche Beispiele gibt es in rauhen Mengen: von der kleinen Stadt Baden in der Nähe von Zürich über das Städtchen Schwyz bis hinunter nach Lugano.

Was den Bundesrat betrifft, wiederholt sich das gleiche noch einmal. Ausgenommen sind hier die wenigen (seit 1943: sechs) sozialdemokratischen Minister – und insbesondere der einzige ehemalige Arbeiter, der je in die Regierung aufgestiegen ist: der außerordentlich kluge und ehrenhafte Willy Ritschard. Zwischen der Funktion des Regierungsmitglieds und jeder andern Erwerbstätigkeit besteht im Prinzip restlose Unvereinbarkeit: Trotzdem ist der Kreislauf der Männer zwischen den Verwaltungsräten der Finanz- und Industrieimperien und der Regierung gesichert. Dieses System besteht seit jenem großen Abenteuer der Alpenbahnen, das eine intime Zusammenarbeit zwischen der Bundesregierung und den Banken, welche enorme Summen in dieses Unternehmen gesteckt hatten, verlangte. Und so »benützt« die Oligarchie den Bundesrat:

Manche Abgeordnete stehen schon vor ihrer Wahl im Dienste des hegemonistischen Großkapitals. Nach ihrem Abstecher in die Regierung finden sie ihre früheren Posten stark verbessert wieder.

Beispiel: Max Petitpierre, Firmenanwalt in Neuenburg, war vor seinem Eintritt in die Regierung als Außenminister Präsident der Schweizerischen Uhrenkammer. Nach seinem Austritt wird er zum Verwaltungsratspräsidenten von Nestlé befördert. Hans Schaffner, hoher Bundesbeamter und Spezialist für internationale Handelsfragen, wird Volkswirtschaftsminister. Bei seinem Rücktritt wird er wie von selbst Vizepräsident des Sandoz-Imperiums (Chemie, pharmazeutische Produkte). Nello Celio, Anwalt in Lugano und Präsident des multinationalen Konzerns Alusuisse (Aluminium, Bauxit), ist

der muntere Ideologe des modernistischen Flügels der schweizerischen Oligarchie. Er wird ganz selbstverständlich zum Bundesrat befördert, wo er – ebenso selbstverständlich – Finanzminister wird! Nachdem er 1974 zurückgetreten ist, hält er heute Schlüsselstellungen in zahlreichen Verwaltungsräten von Banken und Industriekonzernen inne, in denen die Strategie der Oligarchie entwickelt wird.
Allem Anschein nach hat keiner dieser Männer – während er in der Regierung saß – seine Macht mißbraucht, um den einen oder andern Konzern, in dem er heute Verwaltungsrat ist, zu begünstigen. Es handelt sich lediglich um eine sozusagen »natürliche Reaktion« des helvetischen Systems, das durch diese Beförderungen die tiefe Logik zum Ausdruck bringt, die ihm innewohnt: die ontologische Übereinstimmung zwischen den Interessen des Staates und der Strategie der Akkumulation von Privatkapital.
Die zweite Art von Beförderung geht so vor sich: Männer des mittleren und Kleinbürgertums – in selteneren Fällen des Bauerntums – ohne bisherige Beziehungen zur Oligarchie werden in den Bundesrat aufgenommen. Bei ihrem Rücktritt werden sie zu Verwaltungsratsmitgliedern multinationaler Gesellschaften befördert. Auch hier gibt es eine Unzahl von Beispielen; ich beschränke mich auf ein einziges: Paul Chaudet, Winzer aus Rivaz am Genfersee, wird waadtländischer Regierungsrat, Nationalrat und schließlich Chef des eidgenössischen Militärdepartements. Heute ist er Präsident der Schweizerischen Volksbank, eines der mächtigsten Bankimperien Europas.
Wir wollen es dem ehemaligen Bundespräsidenten und heutigen Kreditanstalt-Verwaltungsrat Nello Celio glauben, wenn er Roger Dubois von der *Tribune de Genève* (7. 5. 76) versichert:

> »Ich garantiere Ihnen, kein einziger Bundesrat hat je einer Industrie irgendeinen Gefallen erwiesen, um sich einen Verwaltungsratsposten zu sichern. Keiner.«

Schlimm scheint vielen nicht die Tatsache an sich, daß zurückgetretene Regierungsmitglieder – wenige Wochen nach ihrer Demission – in die Verwaltungsräte der Bankimperien und in- und ausländische multinationale Konzerne aufgenommen werden. Ein pensionierter Bundesrat kann schließlich tun, was er will. Jedoch: In der Schweiz sind Bundesräte meist ziemlich lang im Amt. Petitpierre leitete 22 Jahre lang das schweizerische Außenministerium. Kurz nach seinem Rücktritt aus der Regierung wurde er zum Nestlé-Präsidenten befördert. Praktisch sämtliche schweizerischen Botschafter im Ausland und die meisten der damals amtierenden Chefbeamten des Außenministeriums verdankten ihm ihre Karriere. Für einen Weltkonzern wie Nestlé, dessen Produktion zu 98 % im Ausland liegt, ist ein solches Beziehungsnetz von praktisch unbezahlbarem Wert.

Betrachten wir noch zwei parallel verlaufende Strukturen näher, die denen des kolonialisierten Parlaments entsprechen: Es handelt sich um die Hierarchie der *Armee* und die Hierarchie der parlamentarischen *Lobbies.*

Die Schweiz hat eine Milizarmee von ungefähr 320 000 Mann.[18] Mit Ausnahme der leitenden Chargen und eines beschränkten Korps von Instruktionsoffizieren und Unteroffizieren leistet jedermann seinen obligatorischen Militärdienst auf Zeit und nach Art der Miliz. Die Armee nimmt in der Schweiz eine Stellung ein, die von einer Strukturanalyse nur schwer erfaßt werden kann. Immerhin übt sie vier auf Anhieb erkennbare Funktionen aus:

1. Sie ist ehrlich und wirksam bestrebt, das schweizerische Territorium gegen jederzeit mögliche ausländische Übergriffe zu verteidigen.
2. Sie hält die monopol-kapitalistische Ordnung innerhalb der Grenzen aufrecht.
3. Sie ist das notwendige Instrument im Integrationsprozeß der verschiedenen Völkerschaften innerhalb der Eidgenossenschaft.
4. Sie ist notwendig zur Aufrechterhaltung des militärisch-industriellen Komplexes und der Gewinne, die er der Oligarchie sichert.

Die meisten der Verwaltungsratsabgeordneten haben in der Armee einen Kommandoposten inne. Um Bundesrat zu werden, ist es gut, wenn man vorher Milizoberst ist. Wenn ein

18 Die beste Monographie über die Schweizerarmee ist englischer Herkunft: *The Defence Forces of Switzerland,* Buch der Serie »Armies of the world«, veröffentlicht von *The Army quarterly and Defence Journal,* West of England Press Ltd., 1974.

Offizier National- oder Ständerat wird, dann kann nur sein Tod die Beförderung zum Obersten verhindern. Die »Vorgesetzten« dieser Verwaltungsratsabgeordneten – die Herren der sekundären imperialistischen Oligarchie – sind oft selbst Truppenkommandanten und Generalstabsoffiziere in der Armee. Die Situation ist einmalig in Europa.

Hier ein paar Beispiele: Der gegenwärtige Generalstabschef der Armee, Oberstkorpskommandant Vischer, ist Großaktionär der Basler Chemie, Dieter Bührle, Verwaltungsratspräsident eines der mächtigsten Rüstungskonzerne Europas, ist Milizoberst.

Das schweizerische Milizsystem ist durchaus bewundernswürdig. Wer die tatsächliche, wirksame Verteidigung des schweizerischen Territoriums will – und wer will sie nicht? – kann sich kein klügeres und stärkeres System des nationalen Selbstschutzes ausdenken als eben diese Milizarmee. Alle Truppenkommandanten – mit Ausnahme der Obersten, die eine Division oder ein Armeekorps kommandieren (einen General gibt es in Friedenszeiten nicht) – sind Milizoffiziere und erhalten keinerlei festen Lohn. Wer immer also Truppenkommandant wird, nimmt für sich und seine Familie nicht nur erhebliche finanzielle Opfer in Kauf, er verbringt auch einen guten Teil seiner Freizeit mit der Administration seiner Truppe. Aber dieses Milizsystem weist auch paradoxe Seiten auf. Ich habe es soeben gesagt:

Die Milizoffiziere nehmen angesichts ihrer oft privilegierten gesellschaftlichen Stellung erhebliche Opfer an Zeit und Geld auf sich, um ihre Funktionen zu erfüllen. Das rechtfertigt in ihren Augen – wenige Ausnahmen, die ich kenne, vorbehalten – die Vorteile im Zivilleben, die sie aus ihrem Grad in der Armee ziehen können. Und gleichzeitig wird der Arbeiterklasse praktisch der Zugang zu den höheren Graden versperrt.

Die Armee ist stets die institutionalisierte gesellschaftliche Gewalt. Die Erfahrung beweist es: Sie dient ebenso dazu, die nationale Souveränität nach außen hin zu verteidigen, wie den »Feind im Innern« zu bekämpfen. In der Schweiz besteht der innere Feind aus jeder Gruppe, Partei, Bewegung, Gewerkschaft oder Organisation, welche die politische Hegemonie der imperialistischen Oligarchie wirklich gefährdet. Die öffentliche Ordnung aufrechterhalten bedeutet auch die Ordnung des Monopolkapitalismus aufrechterhalten.[19] In diesem Sinne gehört die Stellung der Mehrheit der Finanzkapitäne und Mitglieder des kolonialisierten Parlaments an der Spitze der Armee zur tieferen Logik des Systems.

Es gibt noch eine weitere parallele Struktur: Gewisse Mitglieder der Bundesversammlung vertreten, auch wenn sie verschiedenen Parteien angehören, die gleichen finanziellen Interessen; diese Mitglieder finden sich im Schoße des Parlaments zu einer Art von *Lobbies* zusammen, die den harmlosen Titel »Parlamentarische Gruppen« führen. Einige dieser Pressionsgruppen üben eine gewaltige Macht aus, sei es durch parlamentarische Kommissionen, die sie kontrollieren, sei es durch direkten Einfluß auf die Verwaltung und die öffentliche Meinung.[20]

Beispiele: Gruppe für Handel und Industrie, parlamentarische Gruppe für Verkehr, Tourismus und Hotellerie, Gruppe für Raumplanung, parlamentarische Gruppe der Presse, Gruppe für die Binnenschiffahrt, politische und soziale Gruppe der Freisinnigen Fraktion etc.[21]

Eine Untersuchung der sich überlagernden Schichten, welche die Bundesversammlung, den Schlußstein des formellen Machtsystems der Schweiz, regieren, wirft eine Frage auf, die nach den *Wechselbeziehungen* (Interaktionen), insbesondere nach dem Maß an direktem Einfluß der sekundären imperialistischen Oligarchie auf die Entscheidungen des Parlaments. Darauf gibt es keine klare Antwort. Werden denn nicht alle diese oft sehr gut bezahlten[22] Verwaltungsratsabgeordneten

19 *Beispiele:* Militärische Unterdrückung des Generalstreiks von 1918, der Arbeitermanifestation von Genf 1932, etc.

20 D. Sidjanski, »Les groupes de pression et la politique étrangere en Suisse«, *Annuaire de l'Association suisse de science politique*, 1966.

21 Liste bei G. Keel-Nguyen, L'Influence des groupes d'Interêts politiques sur la politique étrangère de la Suisse, in: *Handbuch der Außenpolitik*, Ed. Haupt, Bern, 1975.

22 Die multinationalen Gesellschaften und Bankunternehmen bezahlen ihren Verwaltungsrats-Abgeordneten Anwesenheitsprämien, die Beträge von 80 000 bis 220 000 Schweizerfranken jährlich im Durchschnitt ausmachen. Es ist nicht selten, daß ein besonders einflußreicher Abgeordneter in mehreren Dutzend Verwaltungsräten sitzt. Der Rekord wurde während der 38. Legislaturperiode erreicht, als ein Nationalrat insgesamt 61 Verwaltungsratssitze auf sich vereinigte.

in Versuchung geführt, sich den Interessen ihrer Banken, multinationalen Gesellschaften, Rüstungsfabriken oder Immobilienspekulanten zu beugen, wenn sie sich zu einem Gesetz zu äußern haben, das diese Interessen tangiert? Gewiß, die Interessierten würden bei Gott und allen Heiligen schwören, daß sie sehr wohl in der Lage seien, ihre Persönlichkeit zu verdoppeln und als Abgeordnete für ein Gesetz zu stimmen, das sie als »Privater« ablehnen müßten. Doch eins scheint sicher: Das Volk, das seine Abgeordneten wählt, erwartet nicht, daß diese selben Abgeordneten sich, kaum sind sie gewählt, in den Dienst – und sei es auch nur teilweise – von Immobiliengesellschaften und Banken stellen. Aber, und das ist bezeichnend, das Problem wird nie öffentlich diskutiert, außer in den Gewerkschaften oder in den Parteien der Linken. Auf der einen Seite werden diese Verwaltungsratsabgeordneten ständig wiedergewählt, weil die Mehrzahl der Zeitungen sich über das Problem ausschweigt; auf der andern Seite führen die Interessierten selbst Argumente zu ihrer Verteidigung vor, die auch von den intelligentesten politischen Kommentatoren nie formell widerlegt werden. 1973 unternahm ein konservativer Abgeordneter aus Baden, Julius Binder, einen Vorstoß, der darauf hinauslief, diese »Undurchschaubarkeit« noch zu verstärken. In seiner Motion verlangte er die Erweiterung der administrativen Mittel des Parlaments, mit dem Ziel, das »Milizparlament« zu erhalten und die Schaffung eines »Berufsparlaments« zu verhindern. Die These: Ein »Milizparlament«, dessen Mitglieder einen Beruf ausüben und infolgedessen ihren Mitbürgern näher verbunden bleiben, ist »repräsentativer« als ein Parlament von Berufsabgeordneten, die keine andere Tätigkeit als diejenige des »Volksvertreters« ausüben. Diese Theorie hat auf den ersten Blick etwas Überzeugendes[23], aber ihre offensichtlichen Nachteile springen ins Auge: Das schweizerische Parlament, dessen Abgeordnete als einzige Parlamentarier Europas kein Gehalt beziehen, fordert von seinen Mitgliedern oft tatsächliche finanzielle Opfer; um dies auszugleichen, ist es anschließlich nur »normal« und

23 Sie wird willfährig von den Autoren verbreitet: siehe Erich Gruner, et al., *Assemblée fédérale et Peuple suisse*, 1848–1920; Leonhard Neidhart, »Die Funktion des parlamentarisch-repräsentativen Elementes«, entnommen dem Werk *Die Reform des Bundesstaates*, 1970.

»gerecht«, wenn die Abgeordneten nach ihrer Wahl dem Drängen der Immobilienspekulanten, Banken und multinationalen Unternehmen nachgeben und einen Sitz in ihrem Verwaltungsrat akzeptieren. Die reichen Pfründen der Oligarchie wären demnach eine Art Entschädigung für die treuen Diener des Volkes, die für eine kurze Zeit ihr persönliches Interesse zugunsten des Dienstes am Gemeinwohl hintangestellt haben. Die Kolonisierung des Parlaments wird so in wundersamer Weise mit der Weihe ontologischer Notwendigkeit bedacht.

Anhang

Ein Buch wie dieses hier darf weder die Xenophobie eines Teils der schweizerischen Bevölkerung noch die Apartheid-Politik der herrschenden Klasse und ihrer Regierung verschweigen. Die Repression, der der Gastarbeiter ausgesetzt ist, ist wirtschaftlicher, politischer, sozialer und ideologischer Natur. In diesem Sinn könnte die bedeutende Studie von Delia Castelnuovo-Frigessi jedem beliebigen Kapitel dieses Buches angefügt werden. Wenn sie nun auf das Kapitel über »Die Macht der Symbole« folgt, dann hat das einen bestimmten Grund: Vor dem Hintergrund der Analyse der Legitimierung einer helvetischen Apartheid-Politik ersteht so das Bild des eingewanderten Arbeiters, des »Fremden« ohne Behausung, ohne Familie. ohne Rechte, aus dem die imperialistische Oligarchie ihren Nutzen zieht. In der Ausbeutung des Gastarbeiters, des »Fremden«, offenbart sich tatsächlich die strukturelle Gewalt des Imperialismus. Sie hat ihre materiellen Grundlagen. Aber sie wird erst möglich dank dem Bild von dem »Fremden«, dem »andern«, das die Oligarchie den einheimischen Arbeitern zu suggerieren gewußt hat.

Die Gesetzgebung, die Statistiken, die internationalen Vereinbarungen, die das diskriminierte Dasein der Gastarbeiter in der Schweiz regeln, sind in steter Veränderung begriffen. Gewisse Aspekte werden sich beim Erscheinen dieses Buches schon wieder geändert haben. Die Studie von Delia Castelnuovo-Frigessi zeigt die institutionelle Strategie auf, deren die Oligarchie sich bedient, um den ausländischen Arbeitnehmer auszubeuten.

J. Z.

Kolonialismus im eigenen Land: Die Gastarbeiter in der Schweiz

Nach jahrhundertelanger Auswanderung ist die Schweiz im 20. Jahrhundert zu einem Land der Einwanderung geworden. Nachdem die Bilanz zwischen 1850 und 1888 noch negativ (177 000) gewesen war, wurde sie in den Jahren 1888 bis 1914 positiv (176 000). Einen Höhepunkt erreichte die Zahl der Ausländer in der Schweiz im Jahr 1914 (600 000 oder 15,4 % der Gesamtbevölkerung) und dann noch einmal 1960 (584 739); 1968 machen die Ausländer, wie 1914, 15,3 % der Einwohnerschaft aus und nehmen in den folgenden Jahren ständig zu. Hier die Zahlen der Eidgenössischen Fremdenpolizei für das Jahr 1972:

> »Ende Dezember beschäftigte die schweizerische Wirtschaft alles in allem 708 815 ausländische Arbeitskräfte: Grenzgänger, Saisonniers, Jahresaufenthalter und Niedergelassene ... Das sind 23 % der arbeitenden Bevölkerung, die sich auf circa 3 075 000 beläuft. Der Anteil der Ausländer an der Gesamtheit der Arbeiter beträgt, wenn man die höchste Zahl im August in Betracht zieht, 27 %.«

Die Politik des Landes kennt in Sachen Einwanderung mehrere Phasen. Die erste geht von 1917 (der Erste Weltkrieg hatte die Freizügigkeit zwischen den Ländern unterbunden) bis 1925. Die ersten Gesetze zur Fremdenpolizei stammen aus dieser Zeit (21. Februar 1917; 19. November 1921). Man fängt an, Aufenthalts-, Arbeits- und Niederlassungsbewilligungen zu verlangen. Man legt Bedingungen für Einreiseverbote fest (Art. 10 der Verordnung über die Kontrolle von Ausländern vom 29. November 1921); man führt Rücksprachen zwischen den kantonalen Polizeibehörden und den kantonalen Arbeitsämtern ein (ibid., Art. 17); man beginnt zwischen verschiedenen Formen des Aufenthalts zu unterscheiden (begrenzter Aufenthalt, Niederlassung), man spricht erstmals von Saisonaufenthaltern. In der Botschaft des Bundesrates an die Bundesversammlung zur Regelung des Aufenthalts und der Niederlassung von Ausländern in der Schweiz (2. Juni 1924) finden diese Tendenzen erstmals offiziell ihren Niederschlag: in einer *selektiven Einwanderungspolitik.* Zum erstenmal werden 1924

> »die Ausländer nach einem neuen Unterscheidungskriterium, das sich aus dem Kampf gegen die Überfremdung ergeben hat, eingeteilt; der Aufenthalter fällt bei der Überfremdung nur unerheblich ins Gewicht, weil er ja das Land wieder verläßt, der Niedergelassene jedoch zählt voll.«

Das Prinzip des »Kampfes gegen die Überfremdung« findet weiteste Verbreitung. Die *Xenophobie* wurde in Wirklichkeit von der herrschenden Klasse geschaffen und genährt. Der Kampf gegen die Überfremdung macht – noch immer laut Botschaft des Bundesrates – »die Annahme einer Reihe von Maßnahmen betreffend die Aufnahmekapazität des Landes« erforderlich. Um den Ansturm dieser Arbeitskräfte gemäß den Erforderlichkeiten der Wirtschaft zu regeln, schlägt man eine neue Gesetzgebung vor, deren ausführender Arm die Fremdenpolizei sein soll; sie wird offiziell dafür sorgen, daß der Schweizer vor der Konkurrenz des ausländischen Arbeiters geschützt und sein Arbeitsplatz gesichert ist.

In den Jahren der Kontingentierung wird die Zahl der Jahresaufenthalter, nur sie, einer Limitierung unterzogen: 1965 und 1966 wird ihre Zahl auf 145 000 resp. 125 000 für das Baugewerbe festgesetzt; 1967 auf 115 000 im Baugewerbe, auf 21 000 im Gastgewerbe und auf 16 000 in den verschiedenen Industriebereichen. Die Zahl bleibt unverändert bis 1970. Bis 1973 hält die Bundesregierung an dem Prinzip fest, daß die Saisonaufenthalter

(und Grenzgänger) in Sachen Überfremdung »nicht die gleiche Rolle spielen wie die Nicht-Saisonniers«.
Von 1954 an verändert sich die Zusammensetzung der kontrollpflichtigen Arbeiter (mit Ausnahme der Niedergelassenen), wie dies die Zeitschrift *Vie économique* für die Jahre 1956 bis 1973 zeigt.
Die Zahl der *Jahresaufenthalter* ist in den Jahren 1956 bis 1969 steigend (Höhepunkt im Jahre 1964) und fällt dann schrittweise in den Jahren 1970 bis 1973. Die der *Saisonaufenthalter* hingegen sinkt zwischen 1956 und 1964, nimmt dann zusehends ab bis 1969, steigt wieder bis 1970 und erreicht 1972 mit der Zahl von 196 623 ihren Höhepunkt (das ist die Zahl im August, die Aufenthaltsgenehmigungen lagen 1972 bei 244 603). Während die Saisonaufenthalter 1972 um 8,7 % zunehmen, sinkt ihre Zahl in der Folge der Maßnahmen des Bundesrates 1973 um 2866 ab. Die Anzahl der Grenzgänger steigt seit 1956: 1972 um 10,7 %, 1973 um 7,6 %.
Im Jahre 1956 stellten Saisonaufenthalter und Grenzgänger fast die Hälfte der kontrollpflichtigen Arbeitskräfte. (181 000 Jahresaufenthalter, 108 000 Saisonaufenthalter und 37 000 Grenzgänger. 1964 lag die Zahl der Jahresaufenthalter bei 465 000, der Saisonaufenthalter bei 206 000 und der Grenzgänger bei 49 000. In der Zusammensetzung der kontrollpflichtigen Bevölkerung verläuft die Entwicklung in Richtung »Saisonaufenthalter und Grenzgänger«. In den Jahren 1970 bis 1973 geht die Zahl der Jahresaufenthalter um 120 354 zurück, die der Saisonaufenthalter (+ 44 565) und der Grenzgänger (+ 38 232) nimmt um 87 797 zu. Sie treten also an die Stelle der wegfallenden Jahresaufenthalter. Die Zunahme der Niedergelassenen als Folge der starken Einwanderung in den sechziger Jahren wird als notwendiges Übel angesehen; sie müssen zehn Jahre in der Schweiz gearbeitet haben, bis sie die Niederlassungsbewilligung bekommen. Wenn man die Niedergelassenen zu den Jahresaufenthaltern zählt, die Rechte genießen, die den »niedrigeren« Kategorien versagt sind, dann erhält man folgendes Resultat:

276 568	Niedergelassene	193 766	Saisonaufenhalter (Aug. 73)
322 513	Jahresaufenthalter	104 573	Grenzgänger (Aug. 73)
599 081	Total	298 339	Total

Saisonaufenthalter und Grenzgänger bilden zusammen also mehr als ein Drittel der ausländischen Arbeitskräfte in der Schweiz. Wenn man aber die ständig wachsende Zahl (man spricht von 25 000 bis 30 000) der *Schwarzarbeiter*, die in z. B. Genf für ein paar Monate Arbeit finden, hinzuzählt, dann kommt man auf eine Zahl von 600 000 Arbeitern, die ihre zugesicherten Rechte haben, und von 330 000 Arbeitern auf Zeit, die ohne jegliche Rechte sind. Man kann daraus schließen, daß die Zusammensetzung der ausländischen Arbeiter geeignet ist – und dies heute mehr denn je –, die wirtschaftliche Ausbeutung, die auf der politischen Kontrolle und der institutionalisierten Diskriminierung beruht, zu begünstigen. Denn die Zusammensetzung erlaubt es, die für die Wirtschaft notwendige Arbeitskraft aufrechtzuerhalten und gleichzeitig den Anteil der Benachteiligten zu erhöhen: jener, die am wenigsten kosten, und deren sich die Schweiz im Falle einer wirtschaftlichen Krise oder Stagnation kostenlos entledigen kann. Gegenwärtig, da die stärkste Rezession in Europa seit dem Krieg im Gange ist, erweist sich diese Politik als unentbehrliche Waffe für die herrschende Oligarchie.
Die Kategorie der Saisonarbeiter bildet den »strategischen Pfeiler« des

helvetischen Arbeitsmarktes. Ihr Status ist durchwegs negativ. Nicht die geringste Freizügigkeit, weder beruflich noch geographisch, wird ihnen zugestanden. Während der Saison darf der Saisonarbeiter die Stelle nicht wechseln. Sein Arbeitsplatz ist nicht gesichert. Er hat nicht das Recht, seine Familie in die Schweiz nachzuholen, außer in ganz seltenen Fällen; außerhalb der Kontingentierung und ausschließlich als Arbeitskraft darf die Frau des Saisonarbeiters manchmal in der Schweiz arbeiten (z. B. in Krankenhäusern). Eine jüngste Maßnahme untersagt es allen Frauen mit minderjährigen Kindern. Durch diese Verordnung versuchen die schweizerischen Behörden, die skandalösen Zustände jener Kinder zu beheben, die von ihren Eltern heimlich in die Schweiz gebracht werden. Diese Kinder (ungefähr 10 000) können weder zur Schule gehen noch ein ihrem Alter entsprechendes normales Leben führen. Sie müssen den ganzen Tag im Haus versteckt bleiben, aus Angst, von der Fremdenpolizei entdeckt und des Landes verwiesen zu werden. Laut Gesetz ist der Arbeitgeber verpflichtet, dem Saisonarbeiter eine Unterkunft zur Verfügung zu stellen, aber – ob möbliert oder nicht – diese Unterkünfte verdienen nur sehr selten diesen Namen. Die Saisonarbeiter werden in der Regel unter ungenügenden hygienischen Bedingungen entweder an Orten zusammengepfercht, die weit weg von den städtischen und gesellschaftlichen Zentren liegen, oder aber in Häusern, die zum Abbruch bestimmt sind. Diese Art von »Unterkunft«, aus der der Arbeitgeber bisweilen skandalöse Profite herausschlägt, verurteilen den Saisonarbeiter zur Einsamkeit. Er lebt am Rande der Gesellschaft, wie in einem Ghetto. Der Saisonarbeiter muß zwar Steuern bezahlen, aber er kommt sehr selten in den Genuß der Infrastruktur des Staates (Schule, subventionierter Wohnungsbau usw.). Diese Steuern werden auf der Basis eines angenommenen Einkommens berechnet, das höher ist als das tatsächliche Einkommen, und dann mit elf Monaten multipliziert. Folglich ist der Saisonarbeiter während der gesetzlich verlangten Unterbrechung seiner Arbeit erzwungenermaßen arbeitslos. Schließlich wird er beim Eintritt in die Schweiz einer Gesundheitskontrolle unterzogen und riskiert im Falle einer Krankheit, die er sich während der vorangegangenen Saison in der Schweiz zugezogen hat, zurückgeschickt zu werden ...

Die Aufzählung der Diskriminierungen, denen der Saisonarbeiter ausgesetzt ist, spricht für sich: Sie ist ein schlagendes Beispiel für einen Kolonialismus im eigenen Land, der den ausländischen Proletarier zu politischer Nicht-Existenz, zu legalisierter Diskriminierung und gesellschaftlicher Isolierung verdammt. Man beutet ihn aus, indem man ihm eine ganz bestimmte Rolle (die schwersten und minderwertigsten Arbeiten) als Entgelt für einen unsicheren Arbeitsplatz und eine jederzeit kündbare Stelle zuweist. Die herrschende Klasse zieht aus seinem Negerstatus ihre besonderen Vorteile:

1. Sie spart Kosten für die Infrastruktur (inklusive Ausbildung); der Saisonarbeiter, der nicht mit seiner Familie zusammenleben kann, benützt die sozialen Einrichtungen (Wohnungen, Krankenhäuser, Transportmittel) sowie Schulen, Heime usw. weniger als ein anderer Arbeiter und nicht das ganze Jahr über.
2. Der Arbeitsmarkt bleibt elastischer; es wurde offiziell bestätigt, daß das Potential der Saisonarbeiter sich leichter modifizieren läßt als das der übrigen Arbeitskräfte; die Saisonarbeiter können praktisch ohne

Vorankündigung entlassen werden. »Die Hypothese, wonach die Saisonaufenthalter unter der ausländischen Bevölkerung nicht ins Gewicht fallen, ist mit Vorsicht aufzunehmen. Auch sie belasten unsere Infrastruktur. Vor allem im Falle der Saisonarbeiter haben Probleme der Unterkunft Anlaß zu ernsthaften Schwierigkeiten und langen Diskussionen in der Öffentlichkeit gegeben. Die illegale Anwesenheit zahlreicher Frauen und Kinder ausländischer Saisonarbeiter in der Schweiz hat häufig heftige Reaktionen ausgelöst. Die Erfahrung zeigt, daß die Saisonarbeiter als erste in Konflikte am Arbeitsplatz verwickelt sind. Auch auf internationaler Ebene verursacht das Problem der Saisonaufenthalter der Schweiz am meisten Schwierigkeiten.« Dieser Passus, ein Auszug aus dem Informationstext betreffend ein Projekt zur Neuregelung der ausländischen Arbeitskräfte (ausgegeben am 28. Mai 1973 durch den Bundesrat), ist ein Meisterwerk an Heuchelei und Zynismus: Die Saisonarbeiter werden hier als Sündenböcke dargestellt, als die »Schuldigen«, die das innere und äußere Leben der Eidgenossenschaft belasten.

Die neue Verordnung vom Juli 1973 sieht vor:

1. Beschränkung der Zahl der Saisonaufenthalter auf 192 000; wenn man bedenkt, daß sich ihre Zahl im August des vorangegangenen Jahres auf 194 000 belief, dann hat der Bundesrat nichts anderes getan, als den Status quo zu sanktionieren.
2. Die Umverteilung der Saisonaufenthalter wie der Jahresaufenthalter in kantonale Kontingente (und nicht mehr wie bisher nach Wirtschaftszweigen); die Unterteilung in zwei Unter-Kategorien: einerseits die Jahresaufenthalter *in petto* (Saisonarbeiter, die das Glück gehabt haben, 1973 in der Schweiz zu erarbeiten, und die hoffen können, Jahresaufenthalter zu werden), andererseits die permanenten Saisonaufenthalter (das heißt die Neuhinzugekommenen im Baugewerbe oder diejenigen, deren Arbeitsvertrag 1972 unterbrochen worden war); da letztere weniger als neun Monate in der Schweiz bleiben dürfen, haben sie keine Chance mehr, Jahresaufenthalter zu werden. Die Kategorien ausländischer Arbeitskräfte sind so von vier auf fünf angewachsen. Hinzu kommt eine Erschwerung der Situation der Grenzgänger, weiteres »Sicherheitsventil« für die schweizerische Wirtschaft: bis jetzt von jeglicher Kontingentierung ausgenommen (120 000 im Jahre 1973), haben auch sie eine Art von Apartheid zu erdulden; um eine Arbeitsbewilligung zu bekommen, müssen sie seit mindestens sechs Monaten im Grenzbereich ansässig sein und jeden Tag dahin zurückkehren.

Die Saison von neun Monaten, neue Grundlage für den Status des Saisonaufenthalters, hat keinerlei Entsprechung. Seit ungefähr 1957 hat sich die Kategorie der sogenannten falschen Saisonniers gebildet. In diesem Jahr wurde die Tätigkeit auf den Baustellen, die bis dahin am 30. November abgeschlossen worden war, auf den 15. Dezember verlängert, bei vorzeitiger Rückkehr der für den 1. März bestimmten Arbeiter. Nach unzähligen Verstöße dauerte die Saison schließlich länger als elf Monate. Seit rund zehn Jahren dürfen die Saisonarbeiter ihre Arbeit schon in den ersten Januartagen aufnehmen. 1970 hat die Bundespolizei den Unternehmen das Recht eingeräumt, 50 % aller ihnen zustehenden Saisonniers bereits am 4. Januar einzustellen, die andere Hälfte dann im Februar. Die Saison von neun Monaten gibt es folglich auf den Baustellen nicht

mehr. Die schweizerische Regierung einigte sich schließlich mit der italienischen Regierung, den Berechtigten die Arbeitsgenehmigung für ein ganzes Jahr auszustellen. Doch die Anwendung dieser Vereinbarung läßt auf sich warten, denn sie hat infolge der langen Trennung schwerwiegende Folgen für das Familienleben der Saisonarbeiter (1973 waren 57 % von ihnen verheiratet).
[Die Schweiz erlebt in dieser Periode der Krise ein Ansteigen der Xenophobie, ausgehend von der äußersten Rechten. Es sind die Republikaner des James Schwarzenbach sowie die Nationale Aktion, die sich von der republikanischen Bewegung abgespalten hat. Diese Bewegungen bekämpfen die Fremdarbeiterpolitik des Bundesrates als zu »lasch«. *Anmerkung J. Z.*]
Das Verhältnis zwischen den fremdenfeindlichen Bewegungen und den wirtschaftlichen und politischen Kräften des Landes ist nur scheinbar widersprüchlich. Es stimmt, daß die fremdenfeindliche Rechte leichtes Spiel bei den Schichten der Bevölkerung hat, die sich durch das Großkapital frustriert und ausgebeutet fühlen – und es auch tatsächlich sind; um so mehr, als sie in demagogischer, jedoch sehr wirksamer Weise die negativen Folgen des Kapitalismus für die Arbeiterklasse ins Feld führt. Als falsche Antikapitalisten bringen die Fremdenhasser das Programm der herrschenden Klasse durcheinander, indem sie eine zu starke Reduzierung der ausländischen Arbeitskräfte fordern, was verheerende Folgen für die Wirtschaft des Landes hätte. Sie bringen den Widerspruch zwischen dem Internationalismus der Bourgeoisie und dem politischen Isolationismus weiter Kreise der Bevölkerung an den Tag. Es handelt sich dabei allerdings nur um einen sekundären Widerspruch: die Fremdenhasser kommen objektiv gesehen den Interessen der Oligarchie entgegen, indem sie den Graben zwischen den einheimischen und den eingewanderten Arbeitern vertiefen.
(Delia Castelnuovo-Frigessi, op. cit.)

III. Die Pseudo-Neutralität

1. »Die Theorie der Neutralität«[1]

> Kommt Ihr zu dem lieben Nächsten
> Kommt mit gut geschärften Äxten
> Nicht entnervten Bibeltexten und Schnickschnack!
> Wozu all der Predigtplunder?
> Seht, die Äxte tuen Wunder
> Und mitunter glaubt an Wunder der Azdak.
> Siebenhundertzwanzig Tage
> Maß er mit gefälschter Waage
> Ihre Klage, und er sprach wie Pack zu Pack.
> Auf dem Richterstuhl, den Balken
> Über sich von einem Galgen
> Teilte sein gezinktes Recht aus der Azdak.
>
> *Bertolt Brecht Der kaukasische Kreidekreis*

Die schweizerischen Bankherren gleichen aufs Haar dem freundlichen Azdak aus dem *»Kaukasischen Kreidekreis«*. Ihre tatsächliche Außenpolitik ist meist jene der Axt, der gefälschten Waage und des gezinkten Rechts. Während sie aber solches tun, halten sie – wie Azdak – eine Predigt und reden von Solidarität, guten Diensten und Neutralität.

Die »schweizerische Neutralität«[2] ist eine mit Kunst und Ausdauer verfolgte Mystifikation imperialistischer Oligarchie. Sie verschleiert damit ihre Praxis. Der Untertanenstaat und seine sichtbare Regierung finden darin ihren Nutzen.

> »Die Schweizer, neutral in den großen Revolutionen der sie umgebenden Staaten, haben sich am Elend der anderen bereichert und eine Bank gegründet auf dem Unglück der Nationen.« (Chateaubriand)

Doch die Dinge liegen komplizierter: Diese fiktive Neutralität hat eine Geschichte, die eng mit dem Aufkommen des Kapitalismus verbunden, durch diesen jedoch nicht restlos bestimmt ist. Sie ist durch die europäischen Mächte im Westfälischen Frieden von 1648 anerkannt, später durch die Staaten am Wiener Kongreß im Jahre 1815 erneuert und bestätigt worden. Der Schweizer Diplomat Pictet-de-Rochmont erreichte da-

1 Es handelt sich um die »Theorie«, wie sie durch das kollektive Über-Ich der Oligarchie selbst hervorgebracht worden ist. Hier treten nun – um Gramsci zu zitieren – die unentbehrlichen »organischen Intellektuellen« des sekundären imperialistischen Systems in Erscheinung.

2 Es gibt einen amtlichen Text, der die Neutralität definiert: siehe *Verwaltungsentscheide der Bundesbehörden*, Jahrgang 1954, Heft 24, S. 9, Kap. »Beziehungen mit dem Ausland, Begriff der Neutralität«.

mals, daß die heute noch von der Eidgenossenschaft vertretene These angenommen wurde: Die Schweiz ist nicht um ihrer selbst willen neutral, sondern sie ist es für die andern, denn das Bestehen eines neutralen Staates im Herzen Europas entspricht dem besonderen Interesse eines jeden Staates des Kontinents.

Wie lautet heute die offizielle Definition, d. h. die »Theorie« der Neutralität, wie sie von der sichtbaren Regierung der Schweiz vertreten wird? Sie ist, selbst in ihrem Kern, Anlaß zu den kontroversesten Diskussionen und Interpretationen. Etymologisch kommt der Begriff »neutral« vom lateinischen Adjektiv *neuter* oder dem vulgärlateinischen *neutralis* und bedeutet »keiner von beiden«. Er bezeichnet folglich im wesentlichen etwas Negatives. Wenn C neutral ist, dann ist es weder A noch B, oder genauer, die Definition von A und B ist von derjenigen von C gänzlich unabhängig; die Definition von C hingegen hängt von der Form und dem bedeutungsmäßigen Inhalt der beiden anderen, A und B, ab. Der Neutrale ist also zunächst einmal *weder das eine noch das andere.*[3] Aber was ist er dann?

André Gorz sagt: »Die Schweiz gibt es nicht«[4], und er unterstellt damit, daß ein Staat, der sich der internationalen Stellungnahme ständig entzieht, der sich weigert, Partei zu ergreifen, und manchmal sogar so weit geht, das Vorhandensein von Konflikten, die Menschen und Völker zerreißen, zu leugnen, daß ein solcher Staat in Wahrheit keine internationale Existenz besitze. Wir haben es gesehen, diese Sicht der Dinge ist verfehlt. Die Schweiz gibt es. Sie ist eine imperialistische Großmacht.

Deshalb müssen wir über die semantische Diskussion hinausgehen und auf eine bedeutungsvollere Ebene gelangen, jene der Selbstinterpretation der imperialistischen Oligarchie und ihrer sichtbaren Regierung. Beide sind sich in einem Punkt einig: in der *positiven Bewertung der Neutralität.* Worin besteht dieses Positive? Der Erfinder der Formel ist ein einstiger

3 Zur Etymologie des Begriffs, siehe F. Blankhart, »Der Neutralitätsbegriff aus logischer Sicht«, in: *Discordia concors*, Festgabe für *Edgar Bonjour*, Helbing und Lichtenhahn, Basel, 1968, S. 607 ff.

4 A. Gorz, zitiert von J. Halliday, *Svizzera, l'eldorado borghese, Quaderni Piacentini*, Nr. 39, November 1969, S. 206.

Bundespräsident, der zum Nestlé-Präsidenten befördert worden ist:

»Die jüngsten Ereignisse und die bescheidenen Aktivitäten, die wir ausführen durften, scheinen mir zu zeigen, daß in der heutigen Welt sehr wohl ein Platz ist für eine Neutralität, wie diejenige unseres Landes, welche nicht eine moralische, gleichgültige Neutralität ist und nichts zu tun hat mit Neutralismus, die keine Flucht ist vor Verantwortung, die keineswegs Verzicht auf das Urteil über die Ereignisse bedeutet und die sich nicht der Tat entzieht, wenn diese für die Sache des Friedens nützlich sein kann.«[5]

Der positive Wert der Neutralität basiert gemäß offizieller Theorie noch auf einer anderen Überlegung: Der Begriff der Neutralität schließt die Konsequenz der bewaffneten Verteidigung und der Unabhängigkeit in sich. Die Schweiz ist neutral, sie ist mit keiner der Parteien eines Konfliktes verbündet. Wenn jedoch dieser Konflikt auf ihr Territorium übergreift, wenn er die Möglichkeit, sich neutral zu verhalten, mit anderen Worten die Unabhängigkeit, in Frage stellt, dann verteidigt sie sich mit der Waffe in der Hand. Blankart sagt zu Recht:

»Die Neutralität ist eine Art von lokalem Pazifismus, der sich das Recht zur Selbstverteidigung vorbehält.«[6]

Eine dritte Vorstellung gesellt sich schließlich noch zum Begriff der Neutralität, jene der »Vermittlung«. Pictet-de-Rochmont sagte in Wien zu Metternich: Die Anerkennung der schweizerischen Neutralität liegt im Interesse aller Staaten Europas. Diese Berufung zur Vermittlung, die von der sichtbaren Regierung geltend gemacht wird, ist in Wirklichkeit recht bescheiden. Sie wird im wesentlichen als die abstrakte Möglichkeit zweier Feinde verstanden, sich auf einem neutralen Territorium zu begegnen. Sie hat mit Geographie mehr zu tun als mit Politik.

Beispiel: Als 1962 die eidgenössische Regierung den kriegführenden Parteien im Algerienkonflikt Botschafter Olivier Long zur Verfügung stellte und dieser, mit Meldungen in der

5 M. Petitpierre, zitiert bei J. Freymond, »Neutralität und Neutralismus«, *Revue des travaux de l'Académie des sciences morales et politiques*, Paris 1966, S. 98.

6 F. Blankhart, op. cit., S. 617.

Tasche, zwischen der Delegation der GRP (Provisorische Revolutionsregierung) auf dem »Signal de Bougy« im Waadtland und den französischen Unterhändlern auf Schloß de Leusse (Hochsavoyen) hin und her pendelte, erfüllte sie zweifellos eine nützliche Aufgabe. Allerdings war die konkrete Funktion von Botschafter Long die eines Briefträgers und nicht die eines Vermittlers. Seit dem Zweiten Weltkrieg hat die Schweiz nie mehr eine wirkliche Vermittlerfunktion übernommen oder, besser, Gelegenheit gehabt, zu übernehmen. Solche Funktion würde bedeuten, daß ein Dritter dank seiner Neutralität im Konflikt zwischen zwei Parteien versucht, die gegensätzlichen Standpunkte einander näherzubringen und schrittweise eine Versöhnung, also das Ende des Konfliktes herbeizuführen. Der positive Wert der schweizerischen Neutralität besteht – in der Praxis – nicht in dieser Art der Vermittlung.[7]

Worin besteht denn nun in der täglichen Praxis des Staates die schweizerische Neutralität? Blankhart gibt Auskunft:

> »Die Neutralität ist, wie jede Außenpolitik, eine Politik der Interessenverteidigung. Sie hat ein klares positives Ziel: die staatliche Souveränität aufrechtzuerhalten. Doch das ändert nichts an der Tatsache, daß die Neutralität selbst, wenn sie dieses Ziel erreichen will, etwas rein Negatives ist. Mehr noch, sie muß sich notwendigerweise hinter dieser Negativität verschanzen. Auf nichtmilitärischer Ebene kann diese Negativität von gewissen Solidaritätsaktionen begleitet sein. Doch die Negativität wird durch solche Aktionen nicht geringer. Für denjenigen, der neutral sein will, gibt es nur eine einzige Neutralität. Dieser Versuch verstieße gegen die Logik.«[8]

Die helvetische Neutralität reduziert sich also auf ihre reine Negativität. Oder, um mit Claude Lévi-Strauss zu sprechen: Sie besteht ausschließlich in ihrer Methode.

7 I. Galtung, in: Büchi, Matter, et al., op. cit., S. VII.

8 F. Blankhart, op. cit. Zur »Neutralität«, wie sie konkret von namhaften Vertretern der Oligarchie (»Affäre der 200«) im Zweiten Weltkrieg verstanden worden ist, siehe Niklaus Meienberg, *Reportagen aus der Schweiz*, 2. Aufl., Luchterhand, Neuwied und Darmstadt 1975; auch: *Geschichte der Schweizerischen Arbeiterbewegung, Dokumente*, Limmatverlag, Zürich 1975, und Robert Grimm, *Geschichte der Schweiz in ihren Klassenkämpfen*, Limmatverlag, Zürich.

2. Die Kolonisierung der Außenpolitik

Die Kolonisierung der Außenpolitik der Eidgenossenschaft vollzieht sich auf dem Umweg über verschiedene sich überschneidende und ergänzende Vorgänge, die wir einen nach dem anderen untersuchen wollen. Der erste und wichtigste ist die Inbesitznahme – oder zumindest die Infiltration – der Schlüsselinstitution der Außenpolitik, der *Handelsabteilung*[1], durch die Bankenoligarchie und den »Vorort«[2].

Eine eigenartige, faszinierende Institution, diese Handelsabteilung! Sie besteht aus 133 Funktionären, der Elite der eidgenössischen Verwaltung. Formal ist sie vom Eidgenössischen Volkswirtschaftsdepartement abhängig: In Wirklichkeit macht sie, was sie will. Die Männer, die sie regieren (ein Direktor und vier Delegierte für Handelsverträge, die alle den Rang eines Botschafters besitzen) sind Technokraten reinsten Wassers: intelligent, brillant, fähig, über sichere Freundschaften in allen wichtigen Kanzleien der Welt verfügend – Unterhändler wie sie besser nicht sein können, jedoch ohne jede kritische Anwandlung gegenüber der imperialistischen Oligarchie oder der amerikanischen Politik. Die Männer der Handelsabteilung kultivieren die angelsächsische Lebensart, sprechen mehrere Sprachen und schuften wie die Irren.

Die Handelsabteilung lenkt den schweizerischen Außenhandel. Aber sie tut noch viel mehr: Als eigentliches analytisches Laboratorium der Eidgenossenschaft arbeitet sie die großen Wirtschaftsstudien aus, wirft mit »Ratschlägen« um sich und bereitet die lebenswichtigen Entscheidungen für das Land vor – wie zum Beispiel den Freihandelsvertrag mit der EWG, den Beitritt zur Internationalen Energieagentur –, die es ihr erlauben, wenn auch nicht de jure, so doch de facto die Außenpolitik der Eidgenossenschaft auszuarbeiten und zu bestimmen.

1 Diese Instanz nimmt in der Schweiz die Funktionen eines Außenhandelsministeriums wahr.

2 Bezeichnung des Sekretariats des Schweizerischen Handels- und Industrievereins, dem schweizerischen Pendant zum Bundesverband der Deutschen Industrie.

Von einem bestimmten Grad der Osmose an, der Gemeinsamkeit der Gesichtspunkte, des Austausches von Personal wird es sehr schwierig zu sagen, wer von der Banken- und Industrieoligarchie einerseits und der Handelsabteilung andererseits den andern kontrolliert. Oder besser: ob es zutrifft, daß die Handelsabteilung selbst überhaupt keine Macht hat und alle wirtschaftliche, finanzielle, und das heißt politische Macht in den Händen der Oligarchie liegt; der hegemonistische Kapitalismus ist so komplex, daß der außenstehende Beobachter – und vermutlich auch der Ausführende selbst – nicht weiß, wer im Entscheidungsprozeß diese Macht benutzt, ausübt und bestimmt.

Beispiel: Wer organisiert die gegenwärtige Politik der Unterstützung des rassistischen Regimes in Südafrika durch die Schweizerische Bankgesellschaft – Botschafter Paul Rudolf Jolles[3] durch seine Analysen, oder Generaldirektor Philipp de Weck[4] durch seine konkreten Entscheidungen? Wer hat die Blockade Chiles zur Zeit Allendes organisiert? Die Handelsabteilung, indem sie die Bundesgarantie für die Ausfuhr von Ausrüstungsgütern herabsetzte, welche die Regierung Allende kaufen wollte, oder die mechanische Industrie, die sich weigerte, Ersatzteile und neue Maschinen zu liefern? Wer schließlich legt die Versorgung der Schweiz mit Rohöl in die Hände des von Kissinger geleiteten Kampfkartells (Internationale Energieagentur), verzichtet auf den unabhängigen Weg bilateraler Abkommen und begünstigt objektiv eine gegen die Dritte Welt gerichtete Politik? Ist das die Folge der heiligen traditionellen Allianz des helvetischen Sekundär-Imperialismus mit dem amerikanischen Imperialismus oder aber das Resultat der »Untersuchung« der Lage durch die Handelsabteilung?

Unmöglich zu unterscheiden! Alles, was sich feststellen läßt – aber die Tatsache ist für das Verständnis der Schritte von Bedeutung, in denen sich die Kolonisierung der Außenpolitik durch die Oligarchie vollzieht – ist die außerordentliche Intimität, eine regelrechte geistige und existenzielle Komplizen-

3 Paul Rudolf Jolles, Direktor der Handelsabteilung.

4 Philippe de Weck, Verwaltungsratspräsident der Schweizerischen Bankgesellschaft.

schaft zwischen den Leitern der Handelsabteilung und denen der multinationalen Banken- und Industriegesellschaften.[5]

Ich erinnere mich an einen herrlichen Augustabend 1973 in Basel. Die Außenhandelskommission des Nationalrates war zu Gast bei den Chemieherren. Wir saßen im Hotel Drei Könige, einem wundervollen Bau am Ufer des Rheins, der den pharmazeutischen Konzernen gehört. Von Planta, ein hochgewachsener, nervöser, munterer Kerl, Verwaltungsratspräsident von Ciba-Geigy, hielt eine Rede, um uns naiven Parlamentariern zu erklären, wieso unsere Währungspolitik (wir hatten soeben das »floating« des Schweizerfranken beschlossen) absolut blödsinnig sei. Der Ton war väterlich, aber bestimmt. Dann kam die Reihe an seinen Direktor für Finanzen, einen gewissen Schaer. Hier wurde der Ton aggressiver, es war der Ton eines jungen ehrgeizigen Kaders, der seinen Vorgesetzten beweisen will, daß er sich dem Feind gegenüber hart zu geben weiß. Genau vor mir saß ein kleiner kahler Greis, der ununterbrochen zustimmend mit dem Kopf nickte. Es war Staehelin, der Präsident des Schweizerischen Bankvereins, der in dem langen Kampf der Intrigen, der der Fusion von Ciba und Geigy vorausgegangen war, von Planta den Sieg gesichert hatte. Dann nahte endlich die Stunde des Diners, das von Ciba-Geigy offeriert wurde. Schaer gab bekannt, daß die Parlamentarier so plaziert würden, daß sich an jedem Tisch entweder ein Vertreter von Ciba-Geigy oder ein Mann aus der Handelsabteilung befinde. Diese Männer hätten die Aufgabe, den ungebildeten Parlamentariern zu erklären, wo genau das Interesse der Schweiz liege und welches ihre Aufgabe in bezug auf die Währungspolitik sei. Ich verließ den Saal.

Diese totale Komplizenschaft von Handelsabteilung und imperialistischer Oligarchie ist ein Faktor, der die Außenpolitik der Schweiz bestimmt.

Beispiel: die multinationale Gesellschaft Hoffmann-La Roche, der größte pharmazeutische Konzern der Welt. In den Ländern des Elends werden ihr Valium, ihre Vitamine, ihre Beruhigungsmittel zu überhöhten Preisen verkauft. Auch in

5 Zur Kenntnis der Außenhandelspolitik der Eidgenossenschaft, siehe Anhang I (Hollenstein) zum vorliegenden Kapitel.

Europa übt sie eine Kartellpreispolitik aus, die den Wettbewerbsregeln wie sie seit 1972 durch den Vertrag zwischen der Schweiz und der EG vereinbart sind, zuwiderläuft. Ein Handelsbevollmächtigter des Konzerns, Stanley Adams, enthüllte anhand von Dokumenten diese Praktiken. Albert Borschett, europäischer Kommissär für Wettbewerbsfragen in Brüssel, hatte schon seit einigen Monaten den manipulierten Markt mit Vitaminen und Beruhigungsmitteln überwacht.[6] Was tut Hofmann–La Roche? Sie verlangt die Verhaftung Stanley Adams' wegen »Wirtschaftsspionage«! Und was noch erstaunlicher ist, sie erreicht sie auch. Adams wandert ins Gefängnis. Seine Frau, Mutter von drei Kindern, begeht Selbstmord. Was tut die Handelsabteilung, Wächterin über die Verträge von 1972? Sie unterstützt tatkräftig den total rechtswidrigen Standpunkt von Hoffmann-La Roche.

Die Hoffmann-La Roche-Affäre zeigt geradezu modellhaft, wie multinationale Gesellschaften in und außerhalb der Schweiz vorzugehen pflegen, wenn irgend jemand – sei es noch so schüchtern – an ihren Privilegien rüttelt. Unmittelbar nach der Klageerhebung durch das Kartellamt der Europäischen Wirtschaftsgemeinschaft nahm sich Hoffmann-La Roche einen Anwalt. Sie wählte richtig: Claudius Alder, Advokat im Kanton Basel-Land, Nationalrat und Landesobmann des Landesringes der Unabhängigen. Die politische Front war damit stabilisiert: Im Nationalrat wurden alle Anfragen, die die seltsame Verhaftung von Stanley Adams, die offensichtlichen Rechtsverletzungen und sonstige Praktiken dieser Firma betrafen, negativ beantwortet. Blieb die Presse: Eine Fernseh-Equipe – das Team der Sendung »Kassensturz« in Zürich – hatte kritisch über die Affäre berichtet. Hoffmann-La Roche reichte Klage ein wegen Kreditschädigung und Diffamierung! Am 8. 6. 1976 verurteilt die EG-Kommission den Pharma-Weltkonzern wegen willentlicher Verletzung der Wettbewerbsregeln zu 900 000 Franken Buße. Die Basler Justiz aber verfolgte Stanley Adams trotz klar erwiesener Schuld von Hoffmann-La Roche munter weiter. Anfang Juli 1976 verurteilte sie ihn, der nicht zum Prozeß er-

6 Eine detaillierte Analyse dieser Affäre findet sich in: *Le Monde*, 22. März 1975.

schienen war, zu zwölf Monaten Gefängnis und fünf Jahren Landesverweis. Außerdem mußte er die hinterlegte Kaution von 25 000 Franken dem Kanton Basel-Stadt überlassen.
Ich habe von einem Modellfall gesprochen: Wie Hoffmann-La Roche versucht auch der Weltkonzern Nestlé in- und ausländische Kritik zu ersticken. Ein Beispiel für Kritikbeseitigung im Ausland: In den peruanischen Nestlé-Betrieben – zusammengefaßt in der dortigen Dachgesellschaft Perulac – revoltieren die Arbeiter. Sie verlangen anständige Arbeitsbedingungen und anständigen Lohn. Nestlé ruft die Polizei. Die Polizei kommt. Es kommt aber auch ein Delegierter der Internationalen Föderation der Arbeiter der Plantagen- und Nahrungsmittelindustrie aus Genf (Generalsekretär Dan Gallin). Nestlés Allgewalt in Peru wird ein zweites Mal wirksam: Dem Gewerkschaftsdelegierten aus Genf wird die Einreise nach Peru untersagt.
Im schweizerischen Inland: Dreizehn Schweizer Bürger und Bürgerinnen – zusammengeschlossen in der »Arbeitsgruppe Dritte Welt« – haben in der Schweiz eine Broschüre des englischen Kinderhilfswerkes »War on Want« übersetzt und verteilt. Darin wird aufgezeigt, wie bestimmte Geschäftspraktiken der Nestlé in der Dritten Welt den Tod von Kleinkindern zur Folge haben. Titel: »Nestlé tötet Babies«. Der Weltkonzern aus Vevey versuchte, die dreizehn Schweizer Bürger durch Strafanzeige zum Schweigen zu bringen. Im Berner Strafprozeß hatte die »Arbeitsgruppe Dritte Welt« nach Ansicht des Richters nicht beweisen können, daß Nestlé vorsätzlich oder fahrlässig Babies tötet. Wegen übler Nachrede wurden die dreizehn Mitglieder der Gruppe zu Bußen von je 300 Franken verurteilt, eine Strafe, die angesichts der ursprünglichen Anklage eher als symbolisch zu werten ist. Die Verfahrenskosten wurden zu je einem Drittel dem Staat und den beiden Parteien auferlegt. Das Gericht erklärte jedoch, daß die Firma Nestlé ihre Werbepraktiken überdenken müsse, wenn sie sich nicht dem Vorwurf aussetzen wolle, unmoralisch und unethisch zu handeln. Das Urteil, so der Richter, sei eine Ermessensfrage gewesen.
Ich begnüge mich hier mit einer phänomenologischen Untersuchung. Eine Strukturanalyse ist schwer durchzuführen. *Hier nur einige Indizien:* Der Austausch von Personal zwischen der

Oligarchie und der Handelsabteilung erfolgt ständig. Rothenbühler, Geschäftsführender Sekretär des Schweizerischen Handels- und Industrievereins, wird zum Delegierten für Handelsverträge ernannt und mit dem Sektor Lateinamerika betraut. Im Augenblick, da er die Arbeitgeberorganisation verläßt, geht ein Sektionschef der Handelsabteilung den umgekehrten Weg: Paul Veyrassat wird Sekretär des Schweizerischen Handels- und Industrievereins. Oder: 1976 wandert ein anderer Delegierter für Handelsverträge ab. Er wird Bankdirektor. Zu seinem Nachfolger ernennt der Bundesrat den Nestlé-Satrapen in Österreich, einen Mann namens Peter C. Bettschard.

Weiteres Indiz: Vor jeder großen internationalen Verhandlung wird eine komplizierte Prozedur, genannt »Konsultation«, in Gang gesetzt, die es den Experten der Oligarchie nur allzu leicht macht, ihre Standpunkte durchzusetzen.

Und noch ein Indiz: Seit dem Zweiten Weltkrieg existiert ohne jede Rechtsgrundlage eine ständige wirtschaftliche Delegation, in der die Oligarchie eine entscheidende Rolle spielt und die dazu bestimmt ist, die (inneren und äußeren) wirtschaftlichen Entscheidungen der Regierung vorzubereiten.

Es stimmt, daß zwischen Handelsabteilung und Oligarchie Konflikte entstehen können. Peter Nobel untersucht ihre jeweilige Position in den internationalen Verhandlungen aufs genaueste und fügt seiner Studie ein Kapitel ein, das den vorsichtigen Titel trägt: »Die Konfliktmöglichkeiten zwischen dem Staat und den multinationalen Gesellschaften«.[7] Er führt den Fall an, der den Chef der Schweizer Delegation und einige seiner Begleiter während der Kennedyrunde im Rahmen des GATT in Opposition zu den Leitern der multinationalen Gesellschaft Sandoz (Chemie, pharmazeutische Industrie) gebracht hat. Die schweizerische Regierung verlangte von Sandoz eine Änderung ihres Geschäftsgebarens in den Vereinigten Staaten, eines Gebarens, das die Position der Schweiz bei den schwierigen Zoll- und Wirtschaftsverhandlungen mit der Regierung in Washington belastete. Sandoz weigerte sich und gab schließlich teilweise nach. Unsere Leser können sich beruhigen. Solche Konflikte werden künftig nicht mehr auftreten:

7 P. Nobel, op. cit.

Der Volkswirtschaftsminister jener Zeit und ehemalige Direktor der Handelsabteilung, Hans Schaffner, ist heute Vizepräsident des Verwaltungsrates des Basler Konzerns!
Es kann natürlich als völlig normal – will heißen notwendig – erscheinen, daß ein souveräner Staat die konkreten Interessen seiner Bürger im Ausland, inklusive jene seiner Bankiers, Industriellen und Waffenhändler, vertritt. Aber das, was sich täglich in der Schweiz abspielt, hat mit dieser Verpflichtung nichts zu tun. Hier ist an Stelle der notwendigen Verteidigung des gemeinsamen Interesses die beschränkte, aber wirksame Verteidigung gewisser Privilegien getreten. Der Staat wird zum simplen Beauftragten oder – noch häufiger – zum Werkzeug der imperialistischen Aggression. Was der Bundesrat sagt und was die Mehrheit des Volkes will – die konkrete Umschreibung einer aktiven Neutralitätspolitik – ist ein reines Lippenbekenntnis. Mit der täglichen Realität der schweizerischen Außenpolitik hat das nichts zu tun.
Der zweite Vorgang, der diese Kolonisierung der staatlichen Außenpolitik durch die Banken und die multinationalen Gesellschaften begründet, ist schwieriger zu erkennen. Stützen wir uns auf Keel, der die folgende Graphik entwickelt hat[8]:

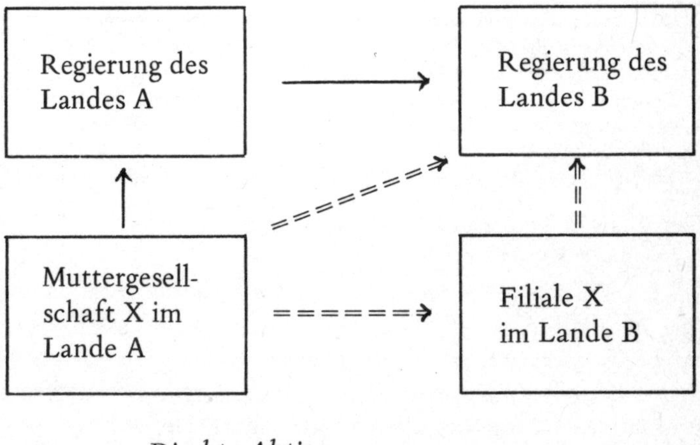

8 Keel-Nguyen, op. cit.

Unter tatkräftiger Anteilnahme der drei schweizerischen Großbanken und verschiedener industrieller Großunternehmen sind in den letzten Jahren private Entwicklungsbanken entstanden, welche mit ihren aus europäischen, amerikanischen und japanischen Großunternehmen stammenden Kapitalien in Entwicklungsländern Geschäfte In Afrika arbeitet die Sifida (Société internationale financière pour betreiben.
les investissements et le développement en Afrique). Am Aktienkapitel von 50 Mio Dollars (davon 12,5 Mio einbezahlt) waren bei der Gründung im Jahre 1970 die drei schweizerischen Großbanken beteiligt, sowie die IFC und die Afrikanische Entwicklungsbank. Die Schweizerische Kreditanstalt hatte die Federführung inne.
Für Geschäfte in Asien wurde die *Pica* 1968 gegründet (Private Investment Company for Asia Ltd. an welcher die schweizerischen Banken und Industrien ebenfalls beteiligt sind.)
Das älteste derartige Institut ist aber die *ADELA* (Atlantic Community Development Group for Latin America). .Unter den schweizerischen Mitgliedern finden sich die drei Großbanken, André SA, Gebr. Volkart, Ciba-Geigy, Elktro-Watt Ingenieurunternehmung, Motor-Columbus Ingenieurunternehmung, Nestlé, Bührle, Sulzer, Hoffman-La Roche und Holderbank. Die ADELA hat »in einer Zeitspanne von 7½ Jahren ihr Vermögen von rund 16 Mio auf 300 Mio Dollars zu steigern vermocht und durch ihre Kapitalanlagen ein Vielfaches an Investitionsmitteln mobilisiert. Die Ertragsrate erreichte im letzten Geschäftsjahr 8,1 % des investierten Eigenkapitals«.[1]
Die privaten Entwicklungsgesellschaften haben Brückenkopffunktionen in der Dritten Welt. Sie sollen Erfahrungen sammeln und Erfahrungen vermitteln. »Die Beteiligungen der ADELA werden nur bei gesunden und gewinnbringenden Unternehmen vorgenommen« (H. Hofer). Sie leistet einen »nicht zu unterschätzenden Dienst am Unternehmertum in Lateinamerika« (H. Hofer). In den ersten 5½ Jahren ihrer Tätigkeit hat die ADELA für rund 400 Mio Fr. Dollar Beteiligungen von seiten der Privatwirtschaft in der Dritten Welt vorbereitet und angeregt. Sie hat sich spezialisierte Tochtergesellschaften zur Seite gestellt: *Adelatec* (Technical and Management Services Co. SA), *Adeltrade* (Trade and Development Co. SA) und schließlich *AAF* (Assessores Financieiros SA).
(Kappeler, op. cit.)

1 *NZZ*, 9. 2. 1973.

Sektorenanalysen beweisen es: Die sekundäre imperialistische Oligarchie übt in zahlreichen Staaten der Peripherie (und sogar im Zentrum) eine beträchtliche Macht aus. Sie ist somit in der Lage, von diesen Staaten zu verlangen, daß sie an die Adresse der Schweizerischen Eidgenossenschaft Forderungen stellen, die ihren eigenen Interessen entsprechen.

Beispiel: Das Finanzimperium ADELA (Atlantic Community Development Group for Latin America) unter Leitung einer Koalition schweizerischer und ausländischer Großbanken, arbeitet nach diesem Schema in Lateinamerika. Ich habe die Ergebnisse der ADELA-Politik in Paraguay am Ort überprüft. ADELA hat sich dort vor vier Jahren niedergelassen. Sie hat die CAPSA (Compagnia alcodonera paraguaya SA) aufgekauft. CAPSA/ADELA beherrscht heute über 80 % des Sojamarktes in Paraguay. Ihre Fabriken verarbeiten auch Kokos, Baumwolle und Sonnenblumenkerne. Soja (und seine Derivate) ist das wichtigste Produkt des kleinen und mittleren Bauern in Paraguay.[9] Ungefähr 75 % der landwirtschaftlichen Produktion (mit Ausnahme der tierischen Produkte) stammen, bezogen auf den Warenwert, von der Sojabohne. Rund 140 000 Tonnen werden pro Jahr verarbeitet und an die übrigen Länder Lateinamerikas, nach Asien und Europa exportiert. ADELA besitzt drei Mutterfabriken (Öl, Margarine und Verarbeitung von Abfällen zu Tierfutter). Den Herren der ADELA fehlt es nicht an Ironie: Ihr Satrap in Paraguay ist ein Philanthrop namens Fischer. Er war lange Jahre Experte des schweizerischen Dienstes für Entwicklungszusammenarbeit und leitete das Viehzuchtprojekt Jenaro-Herrera im peruanischen Amazonasgebiet.

Die CAPSA/ADELA dehnt ihr Imperium mit wirksamen Methoden unablässig aus: In der Gegend von Pirapoa, wo mehrere tausend japanische Kleinbauern[10] arbeiten, plante eine japanische Gesellschaft den Bau einer Fabrik für pflanzliche Öle, die (zum besten Preis für den Bauern) die Verwertung der von der japanischen Gemeinschaft angebauten Sojabohnen erlaubt hätte. Darauf baute CAPSA/ADELA in der Nähe eine Fabrik, die eine Politik der hohen Ankaufspreise zu betreiben begann. Die japanische Fabrik konnte nicht nachziehen und ging ein. Nachdem das japanische Gemeinschaftsprojekt liquidiert war, schloß CAPSA/ADELA ihre Fabrik in dieser Gegend.

9 ADELA besitzt praktisch das Monopol für die Ausfuhr von Soja, Pflanzenöl und Nebenprodukten.

10 Die Aufzucht ist das Privileg von vier Großgrundbesitzerfamilien und ausländischer Gesellschaften, die den größeren Teil der Ländereien kontrollieren. Beispiel: Die multinationale Gesellschaft Liebig (englisch) besitzt allein etwa 15 % des paraguayischen Bodens.

Und so geht CAPSA/ADELA vor: Der Verkauf von Soja durch den Bauern beginnt im April. Die Regierung von Paraguay legt dann einen festen Ankaufspreis fest. Im April setzt ein Regierungsdekret diesen Preis bei 21 Guarani an. CAPSA/ADELA weigert sich zu kaufen. Sie bietet 16 Guarani. Die Bauern kehren mit ihren Ochsenkarren nach Hause zurück. Und dann beginnt das immer gleiche tragische Schauspiel unerbittlich abzulaufen. Die Monate vergehen, die bescheidenen Geldreserven der Bauern versiegen. Wenn im Monat August CAPSA/ADELA noch immer nicht kauft, verhungern die Bauern und ihre Familien.[11] 1974 hielt CAPSA/ADELA, wie in den Vorjahren, stand, die Regierung gab nach und die Bauern mit ihr: Sie verkauften ihr Soja zu dem von der Gesellschaft diktierten Preis von 16 Guarani per Einheit.[12]
Die Herren der ADELA, die einen beherrschenden Einfluß auf die Regierung von Paraguay ausüben, verfügen jedoch nichtsdestoweniger über Sinn fürs »Soziale«. Erschüttert durch die Not der Kleinbauern, der Landarbeiter und der Arbeitslosen haben sie General Stroeßner geraten, die Schweiz um Hilfe anzugehen! Die Eidgenossenschaft – das heißt die schweizerischen Steuerzahler – finanzieren auf diese Weise ein großangelegtes technisches Hilfsprogramm in Paraguay: Nicht weniger als vier Entwicklungshilfeprojekte befinden sich gegenwärtig in Ausführung (eine Tierfutterfabrik in Minga Guazu, die dazu bestimmt ist, den Kleinbauern und Schweinezüchtern im Osten des Landes zu helfen; zwei Berufsschulen, die eine für Forstarbeiter, die andere für Mechanikerlehrlinge; und schließlich ein viertes Projekt – bei weitem das wichtigste –, das eine Genossenschaftsschule, eine Landwirtschaftsschule, eine Haushaltsschule, eine industrielle Sägerei, Musterfarmen und Zuchtbetriebe für importiertes Vieh umfaßt). Sämtliche Unternehmungen befinden sich in

11 Da Soja sozusagen zur Monokultur für Tausende von Bauern geworden ist, müssen diese einen großen Teil ihrer Nahrung (Maniok, Zucker, Mehl etc.) kaufen.

12 Diesem Typus der Unterdrückung muß ein zweiter angefügt werden: Die ADELA diktiert nicht nur ihre Soja-Ankaufspreise, sondern sie hält auch das Monopol des Verkaufs von Pflanzenöl in Paraguay. Der Verkaufspreis für einen Liter Öl betrug 1974 110 Guarani. Es braucht 5 kg Soja zu 16 Guarani, um einen Liter Öl herzustellen.

der Gegend von Pastorea, unweit von Encarnacion. Sie sind dazu bestimmt, den rund 30 000 »Colones«, Bauern ohne Land, und deren Familien zu helfen, welche die Regierung General Stroeßners ohne Vorbereitung und Ausrüstung in den Urwald des Hoch-Parana deportiert hat. Alle diese schweizerischen Projekte sind dazu da, die Not der Bauern in Paraguay zu lindern: eine grauenhafte Not, deren Urheberin die ADELA, eine Tochterfirma großer Schweizer Banken ist.

Anderes Beispiel: Die Lima Light and Power Company, mächtiges Monopol in der Energiewirtschaft der Gegend von Lima (Peru), baute in den Jahren 1950 bis 1960 eine Reihe von Staudämmen in den Vorgebirgen der Anden Zentralperus. Sie siedelte eine große Anzahl von Bauern und nur halbqualifizierte Arbeiter um, bewog sie zum Auswandern und manchmal sogar zur Aufgabe ihrer kargen Felder. Doch als dann Mitte der sechziger Jahre Staudammarbeiten beendet waren, sahen sich die Arbeiter ohne Beschäftigung. Statt jedoch dieses ernste soziale Problem zu lösen und den Versuch zu unternehmen, die Masse dieser Arbeiter wieder in den Arbeitsprozeß einzugliedern, wandte sich der schweizerische Verwaltungsratspräsident von Lima Light and Power, Mariotti, an die peruanische Regierung, und diese ging die Eidgenossenschaft um Hilfe an! Die schweizerische Regierung stellte der Regierung von Peru Millionen von Franken, Experten, Kühe und Maschinen zur Verfügung, um die Männer, Frauen und Kinder, die sich, durch die Auswanderung entwurzelt, auf den Baustellen der Lima Light and Power befanden, wieder anzusiedeln, zu ernähren, auszubilden und zu beschäftigen.

Anderes Beispiel: Motor Columbus, ein mächtiges Ingenieurberatungsunternehmen, hat einen Plan zur industriellen Entwicklung in Ecuador ausgearbeitet. Dieser Plan war auf Verlangen der örtlichen Regierung erstellt worden, doch die Honorare in Höhe von 2 Millionen Schweizerfranken wurden vom Dienst für technische Zusammenarbeit, d. h. vom schweizerischen Steuerzahler, bezahlt. Als der Plan ausgearbeitet war, ließ sich wie durch Zufall ein schweizerisches Konsortium das größte Projekt, den Bau eines Wasserkraftwerkes, zu günstigen Bedingungen zuschlagen. »Informiert« und geleitet durch Motor Columbus schloß Ecuador in der Folge mit der

Verschiedene Schweizer Firmen, die in der Dritten Welt tätig sind, haben es verstanden, ihre Investitionsprogramme unter kräftiger Zuhilfenahme von Weltbankgeldern zu finanzieren.

Die zwei ersten Beispiele, die wir hier nennen wollen, betreffen Firmen aus der Gruppe um die Finanzgesellschaft Motor-Columbus, welche ihrerseits, vor allem zur Zeit ihrer anfänglichen Tätigkeit, wiederum der Brown Boveri in Baden nahestand und heute großenteils der Alusuisse gehört. Dieser Kranz von Finanzgesellschaften diente seit dem letzten Jahrhundert dazu, die möglichen Kunden der BBC mit Krediten zu finanzieren oder durch Tochtergründungen neue Kunden erst zu schaffen, um den Absatz elektrischer Apparaturen auch außerhalb der Schweiz zu beleben. Diese Finanzgesellschaften erfüllten also die heute eher den Großbanken zugefallene Funktion der Exportfinanzierung.[1]

Die *Südelektra* (Südamerikanische Elektrizitäts-Gesellschaft) finanziert Elektrizitätswerke in *Peru*. Ihre Tochtergesellschaften in Peru, die *Lima Light* und die *Hidrandina*, genossen hohe gesetzliche Privilegien, indem ein peruanisches Sondergesetz ihnen einen *steuerfreien Reingewinn von 8,5 %* und eine steuerpflichtige zusätzliche Gewinnmarge von 3 % gestattete, wogegen die Gesellschaften zu einem jährlichen Ausbau ihrer Produktionskapazitäten von 10 % verpflichtet wurden.[2] Der Südelektra-Verwaltungsrat M. Kohn (Motor-Columbus) bemerkte, »der Transfer von Dividenden, Zinsen und Amortisationen habe trotz einschneidenden Devisenrestriktionen und trotz strengen Transfervorschriften gut funktioniert«.[3]

Was uns hier im Zusammenhang mit der Weltbank interessiert, ist die Tatsache, daß von den gesamten Investitionen von 925 Mio Franken der Südelektra 525 Mio Franken durch die Ausgabe von Dollar- und Schweizerfrankenobligationen finanziert wurden. Daran beteiligte sich die Weltbank mit 290 Mio Franken, der Rest von ca. 230 Mio Franken wurde von der Südelektra-Gruppe direkt oder über den schweizerischen Kapitalmarkt plaziert.[4] Vom Fremdkapital an den Südelektra-Investitionen hat die Weltbank also über die Hälfte aufgebracht, vom Gesamtwert des investierten Kapitals von 925 Mio Franken immer noch 30 %. Die Südelektra bezahlt ihren privaten Aktionären in der Schweiz schon seit langem eine Dividende von 12 %, 1974 noch von 10 %.

1 Die CIA – eine dieser Finanzgesellschaften um Motor-Columbus und die BBC – erlaubte es der schweizerischen Elektrizitätsindustrie, auf dem argentinischen Markte Fuß zu fassen. »Nahezu alle Aufträge der CIA und der ihr nahestehenden Unternehmen wurden an schweizerische Firmen wie Brown Boveri, Escher Wyss und Gebrüder Sulzer vergeben. In dieser Hinsicht haben sich die Erwartungen, die an die Gründung geknüpft worden sind erfüllt.« J. R. Egli, *Die Schweiz und die südamerikanische Elektrizitätswirtschaft*, Uni-Druck München 1962, 101 S., S. 38.

2 *Sonntagsjournal* 22. 7. 1971.

3 *NZZ* 21. 7. 1971.

4 *NZZ* 21. 7. 1971.

Die *Compania Italo-Argentina (CIA)* ist ein anderes Mitglied der Finanzgruppe um Motor-Columbus. Sie hat ihrerseits einen gesetzlichen Anspruch auf 8 % Reingewinn (nach Abschreibungen etc.) von der argentinischen Regierung erwirkt.[5] Die CIA erhielt 1960 von der Interamerikanischen Entwicklungsbank (deren viertgrößter Kapitalgeber die Schweiz ist) ein Darlehen von 15,8 Mio Dollar für den Ausbau der Anlagen,[6] sowie 1966 einen Kredit von 42 Mio Franken von einem Konsortium schweizerischer Banken. Weitere 45 Mio Franken schweizerische Bankkredite gingen an die argentinische Industriebank.[7] Mit diesen Geldern wurden schweizerische Industriegüter gekauft, darunter eine 250 000 KW-Turbogruppe, die bis dahin größte Südamerikas. Das Bulletin des Bankvereins (No. 3/1967) spricht von einer »aide financière appréciable« und meint damit diese nüchternen, von der Interamerikanischen Bank unterstützen und von den argentinischen und schweizerischen Regierungen garantierten Finanztransaktionen.

Auch die zu 100 % dem Bührle-Konzern gehörende »Fabrica Argentina de Engranjes« soll über die IFC ein günstiges Weltbankdarlehen erhalten haben.[8]

Es ist also einigen gar nicht notleidenden schweizerischen Firmen gelungen, Weltbankkredite für sich selbst in Anspruch zu nehmen und sie zu ihrer normalen, gewinnorientierten und nicht hilfsähnlichen Geschäftstätigkeit zu verwenden. Damit entsteht ein irgendwie geschlossener Kreislauf, eine inselähnliche Einpflanzung schweizerischer Kapitalzirkulation in Länder der Dritten Welt. Spargeld schweizerischer Kapitalanleger wird von den Banken zu den Weltbankanleihen kanalisiert, welche größtenteils zum Kauf schweizerischer Industriegüter verwendet werden. Bis zu diesem Punkt wird immer nur die schweizerische Wirtschaft, nicht aber jene des Entwicklungslandes, durch diese Weltbankkredite befruchtet. Wenn an diesem Punkt nun die Anlagen zu arbeiten beginnen, müssen aus dem im Entwicklungsland entstehenden Ertrag Zinsen an die Schweiz zurückbezahlt werden, d. h. ein beachtlicher Teil des allfälligen Mehrprodukts wandert zurück. Sofern während der ganzen Dauer der Anleihe die damit finanzierten Anlagen 15 % Ertrag auf das investierte Kapital abwerfen (was unwahrscheinlich ist), verschlingen 6 bis 8 % Verzinsung die Hälfte des erwirtschafteten Ertrags. (Bei 15 Jahren Laufzeit machen die jährlichen Abführungen von 6 bis 8 % des Ertrags eine Summe von mindestens 90 % des anfänglichen Darlehens aus). Nebenbei müssen aber noch Rückstellungen für den Ersatz vernutzter Teile der Anlagen gemacht werden. Sofern das Darlehen nicht verlängert wird, ist nach den 15 Jahren auch noch die Rückzahlung fällig. Neben den Zinszahlungen und neben den Rück-

5 *Finanz-Revue* 29. 5. 1971.
6 Botschaft des Bundesrates zur Vereinbarung mit der Interamerikanischen Entwicklungsbank, *Bundesblatt* 1970 I S. 1086.
7 *Finanz-Revue* 29. 5. 1971.
8 V. Schiwoff »Konjunkturpolitik der Monopole«, S. 11.

stellungen für Abnützung der Anlagen müssen also auch während der 15 Jahre noch die Gelder zur Rückzahlung beiseite gelegt werden, was die jährliche Anheufung eines Amortisationsfonds mit weiteren 6 % der Darlehenssumme bedeutet. Im Entwicklungsland verbleibt dann nach der Darlehensrückzahlung lediglich eine immerhin anderthalb Jahrzehnte alte Anlage zurück ...

Die großen schweizerischen Ingenieurgesellschaften haben ihre Tätigkeit stark auf die Dritte Welt ausgedehnt. In der Vororts-Enquête über die schweizerische Wirtschaft und die europäische Integration wurde klar, *daß das Hauptfeld der beratenden Ingenieurfirmen die Dritte Welt ist.* Wir beziehen ihre Tätigkeit in diesen Überblick ein, weil ihre Erträgnisse oft den Charakter von »unsichtbaren Erträgen«, wie jene der Bank- und Versicherungskapitalien, annehmen.

Die Ingenieurgesellschaften verkaufen nicht hauptsächlich Anlagen und Waren, sondern ihre technischen Kenntnisse, welche sie für den Bau spezifischer Anlagen oder für die Produktion gewisser Güter bereitstellen. Gegenüber der Dritten Welt dürften sie ebenfalls neben ihren konkreten Bau- und Produktionsleistungen leider wiederum einen insulären Charakter aufweisen: Ihre Kenntnisse kommen von außen, aus schweizerischen Schulen und Laboratorien, werden durch schweizerische Kader eingeführt und lassen in der Folge eine einmalige oder wiederkehrende Zahlungen aus dem Entwicklungsland fließen.

Als Beispiele für die Tätigkeit schweizerischer Ingenieur-Gesellschaften können die Studien der Elektro-Watt und der *Société Générale pour l'Industrie* für Kraftwerke auf Taiwan (von der Asiatischen

Schweiz ein Rahmenabkommen über bilaterale technische Zusammenarbeit ab.

Es gilt, noch eine andere, vorletzte Dimension dieser Pseudoneutralität aufzudecken: Die Internationale Arbeitsorganisation in Genf hat bis heute 143 Konventionen ausgearbeitet. 36 davon hat die Schweiz ratifiziert. Sie beziehen sich auf die gewerkschaftliche Freiheit in den Unternehmen, auf Arbeitshygiene, soziale Sicherheit, Beschäftigungsschutz, Verbot der Kinderarbeit usw.

Auf einen Schweizer Bürger, der im Ausland ein Verbrechen begeht, findet das schweizerische Strafgesetzbuch Anwendung. Doch die multinationalen Gesellschaften, die ihr Hauptquartier in der Schweiz haben und die im Ausland gegen das Schweizer Gesetz und gegen von der Schweiz unterzeichnete internationale Abkommen verstoßen, haben nichts zu befürchten. Diese Abkommen sind zwar von der Eidgenossen-

Entwicklungsbank finanziert) angeführt werden, oder der venezolesische Auftrag an Motor-Columbus für einen Großkraftwerkbau. In Anbarli (Türkei) sind ebenfalls schweizerische Ingenieur-Gesellschaften tätig. Diese Aktivität hat in den meisten Fällen große Aufträge für die schweizerische Industrie zur Folge. Für die Anlagen der Suisselektra in Südamerika lag die »Projektierung in den Händen der Eisenbahnbank und der Motor-Columbus. Dadurch war die Vergebung der Aufträge an schweizerische Firmen sichergestellt«.[9]
Nach Tibor Mende werden die Ingenieurgesellschaften eine der Hauptformen der internationalen Konkurrenz der Konzerne. Sie halten eine faktische Kontrolle über die Investitionsstrukturen aufrecht und verhindern, daß sich diese den bereits bestehenden Produktionsmöglichkeiten anpassen oder sich mit ihnen koordinieren, um den Rahmen zur Schaffung einer nationalen Industrie abzugeben.[10]
Schon im Jahre 1967 sollen die Lizenzeinnahmen der Schweiz aus dem Ausland 600 Mio Franken betragen haben, wogegen nur 140 Mio Franken ans Ausland abgeführt wurden, so *daß vor 7 Jahren aus dieser Sparte weltweit und (zu einem schönen Teil aus Entwicklungsländern) knapp 500 Mio Franken netto jährlich in die Schweiz flossen.* Mit der von der UNCTAD kritisierten Zunahme von jährlich 20 % dürfte dies heute über 1 Milliarde ausmachen.
(Kappeler, op. cit.)

9 J. R. Egli S. 40.
10 »De l'aide à la recolonisation, les leçons d'un échec«, Seuil, Paris 1972. *Le Mondes diplomatique,* April, 1972.

schaft ratifiziert worden, wodurch sie sich verpflichtet hat, ihre Befolgung durch ihre Rechtsuntergebenen zu gewährleisten. Doch die Eidgenossenschaft interveniert praktisch nie.[13]

Ein letztes Kapitel, vielleicht das tragischste in der Geschichte dieser Pseudoneutralität, wird gegenwärtig von den Waffenlieferanten geschrieben. Das Geschäft mit dem Tod ist eine wichtige Beschäftigung aller sekundären Imperialismen. In der Schweiz zerfällt es in drei unterschiedliche Kategorien:
1. Die internationalen Händler, denen die Schweiz als operationelles Hinterland und Drehscheibe dient. In einem diskreten Büro an der Rue du Mont-Blanc in Genf oder in einem

13 Zur Kenntnis der sozialen, wirtschaftlichen und politischen Wirkungen der schweizerischen Privatindustrie in den abhängigen Ländern, siehe Anhang II (Strahm) zu diesem Kapitel.

Chalet in Gstaad kaufen und verkaufen, verschieben und liefern sie Waffen, ohne daß diese jemals schweizerischen Boden berührten. Nur die Fernschreiber, die Zollfreilager, die Transporterleichterungen, die Nummernkonti, die Büros werden ihnen von den lokalen Behörden zur Verfügung gestellt[14].
Beispiel: Mehrere Abgeordnete waren erstaunt darüber, daß Samuel Cummings, Verwaltungspräsident der Interarmco, Monaco, des größten privaten Waffenhandelsunternehmens der Welt[15], sich mehrere Monate im Jahr in seinem Chalet in Villars-suc-Ollon aufhalten und dort »arbeiten« kann. Der Bundesrat, der natürlich bestens im Bild ist, hat nie etwas gegen Cummings unternommen. S. Mardam, Chef der inzwischen hoch im Kurs stehenden Banque commerciale arabe SA. (Fall Khidder siehe Seite 61 f.) ist einer der begehrtesten Waffenmakler für den Mittleren Orient. Er operiert reich, zufrieden und unbehelligt von Genf aus.
2. Auch eine zweite Kategorie von Waffenhändlern besitzt alle Anzeichen der Wohlanständigkeit: die großen multinationalen Gesellschaften ausländischer Herkunft in Genf oder Zürich.
Zwei Beispiele: Der größte Napalm-Hersteller der Welt, die Dow Chemical Corporation, hat sein außeramerikanisches Hauptquartier in Zürich. Er besitzt vier verschiedene »schweizerische« Verkaufs-, Verwaltungs- und Finanzgesellschaften.[16] Alles Napalm, das außerhalb der Vereinigten Staaten verkauft wird, wird vom Hauptquartier in Zürich verwaltet, verbucht und finanziert.
Honeywell. Diese Gesellschaft ist der größte Hersteller antipersoneller Waffen der Welt (Kugelbomben, Splitterminen etc.). Jeden Tag fallen irgendwo auf der Welt Kinder, Männer und Frauen, verbrannt durch Napalm oder zerfetzt von Kugelbomben. Zwei Millionen Kinder sind zwischen 1968 und 1971 in Indochina auf diese Weise gestorben[17]. Zweimal

14 Nur die Herstellung in der Schweiz und die Ausfuhr sind der Bewilligungspflicht unterstellt. Solange die Waffen nicht durch die Schweiz geführt werden, kann irgend eine Bank, irgend ein individueller Händler Kriegsmaterial von Genf, Lausanne oder Zürich aus kaufen, verkaufen, wiederverkaufen.
15 *Time,* 3. März 1975.
16 Siehe die Eintragungen im Handelsregister des Kantons Zürich.
17 Bericht E. Kennedy, Sub-Kommitee für die Flüchtlinge, Senat der Vereinigten Staaten, Library of Congress, Juni 1971.

auf diese Angelegenheit hin angesprochen, hat der Bundesrat erklärt, da könne er »nichts machen«, weder gegen die Dow Chemical in Zürich noch gegen Honeywell in Genf.[18]

3. Die dritte Kategorie umfaßt die einheimischen multinationalen Rüstungsgesellschaften. Es gibt deren nur zwei. Zuerst das erstaunliche Imperium des Dieter Bührle, des recht mediokren Sohns eines deutschen Immigranten, ehemaligen Reichswehrhauptmannes und außerordentlich aggressiven Waffenschmieds. Bührle Senior war einer der wichtigsten Waffenlieferanten im Zweiten Weltkrieg. Er war auch ein Humanist: Er hat die größte Privatsammlung französischer Impressionisten in Europa geschaffen. Das Imperium, das er seinem Sohn hinterlassen hat, erstreckt sich über drei Kontinente. In der Schweiz zählen dazu vor allem das Stammhaus in Örlikon (Vorort von Zürich), die Contraves (Zürich) und die Hispano (Genf). Das Imperium Bührle ist spezialisiert auf Maschinengewehre, Kanonen und Panzertürme. Die zweite einheimische multinationale Gesellschaft ist die SIG-Schaffhausen, die Sturmgewehre herstellt. Diese Gesellschaften sind faktisch unantastbar. Aus mehreren Gründen: Einerseits fabrizieren sie zu finanziellen Bedingungen, die sie praktisch selbst diktieren, die Waffen für die Schweizer Armee; sie können sich deshalb rühmen, sie arbeiteten zum »Wohl des Landes«; andererseits verfügen sie über gewaltige finanzielle Macht. Diese Gesellschaften erzielen vermutlich astronomische Gewinne.[19] Sie profitieren in der Tat von einer einmaligen historischen Situation: Bührle, Contraves und SIG-Schaffhausen stellen nur wenige schwere Waffen her, ihre Spezialität sind die Infanteriewaffen, Sturmgewehre, Fliegerabwehrkanonen, Minen. Die Schweizer Firmen halten sogar für einen Teil des Kriegsmaterials das Monopol auf dem Weltmarkt.

Beispiel: Die Pilatus-Maschinen mit Startlängen von 25 bis

18 Antwort der Regierung auf die Interpellation J. Ziegler (Nationalrat) vom 28. Juni 1972 und vom 12. Dezember 1973.

19 Die Rüstungsindustrie weigert sich, vollständige Rechnungen über ihre Aufwände und Erträge zu veröffentlichen. Sie verschanzt sich hinter dem militärischen Geheimnis. In den USA hingegen sind die Rüstungsindustrien verpflichtet, ihre gesamten Bücher vorzulegen. Dabei stellt man fest, daß die Gewinne dieser Industrien sehr viel höher liegen als jene von vergleichbaren zivilien Unternehmen: 17,5 % gegenüber 10,6 % im Mittel; siehe Delay et al., *Documentation pour l'initiative contre l'exportation d'armes*, Genf, 1972.

30 Metern. Die einzigen Kriege, inneren Vergeltungsmaßnahmen und Strafexpeditionen, die heute noch eine große Menge von Waffen und Munition dieser Art »konsumieren«, sind – mit Ausnahme des Mittleren Ostens – die Konflikte zwischen (oder in) den unbeständigen, ewig zerrissenen Ländern der Dritten Welt. Die Regierungen dieser Nationen haben nur selten die Mittel, sich B-52 oder Flugzeugträger anzuschaffen. Dafür kaufen sie in beeindruckender Menge leichte Waffen, die eine wenig ausgebildete Soldateska ohne Schwierigkeit handhaben kann. Am 8. 10. 1967 wurde Ernesto Che Guevara in Higueras (Bolivien) mit einem schweizerischen Sturmgewehr ermordet. Die bolivianischen Rangers waren 1966 von SIG-Schaffhausen ausgerüstet worden, in der Folge eines Abkommens zwischen Barrientos und SIG, das vom Bundesrat ratifiziert worden war. Dieselbe Waffe befindet sich heute auch in den Händen der »boinas negras«, dieser Killer der chilenischen Armee, die auf die Hinrichtung von Arbeitern, Studenten und Bauern »auf der Flucht« spezialisiert sind.[20]

Die Farce der helvetischen Pseudo-Neutralität hat mich stets auf das Tiefste erstaunt. Im Parlament werde ich nie müde, den endlosen Reden des Außenministers über »gegenseitige Abhängigkeit« und »Solidarität« unter den Völkern zuzuhören. Sie haben die poetische Unwirklichkeit von Lügen aus Unwissenheit oder Naivität. Aber leider: Diese Lügen töten.

20 Die Waffenausfuhren steigen ununterbrochen. Sie beliefen sich 1974 auf 236 Millionen Franken; 1975 auf 369 Millionen (Zuwachs: 133 Millionen!). Diese Waffen gehen vorzugsweise nach Ländern mit repressiven Diktaturen: Wichtigster Kunde war 1975 der Iran; zweitwichtigster Spanien. Südafrika ist ebenfalls ein ausgezeichneter Kunde.
Es gibt theoretisch ein Bundesgesetz über die Ausfuhr und die Herstellung von Kriegsmaterial. Dieses Gesetz wird weitgehend mißachtet: Die Schweiz beliefert Transitmärkte – wie Singapur –, von wo aus die Waffen an Länder, die vom »Embargo« betroffen sind, weiterverkauft werden.

Anhang

Der aggressive und überhaupt nicht neutrale Charakter der schweizerischen Außenpolitik zeigt sich mit größter Deutlichkeit am Beispiel der Außenhandelspolitik und der privaten Investitionen des Finanzkapitals in der Dritten Welt. Diese beiden Arten von Aktivitäten werden hier von Hollenstein und Strahm untersucht.

J. Z.

a) Die schweizerische Handelspolitik gegenüber den Entwicklungsländern

Merkmale und Bedeutung der Außenhandelsbeziehungen zwischen den Industrieländern bzw. der Schweiz und den Entwicklungsländern

Ausgangspunkt unserer Ausführungen sind die folgenden grundlegenden Tatsachen[1]:

1. Über 80 Prozent ihrer Exporteinnahmen verdienen sich die Entwicklungsländer durch Rohstoffe, obschon deren Preise aus verschiedenen Gründen langsamer steigen als jene der Fabrikate (Problematik der sinkenden Terms of Trade). Da der Verbrauchszunahme, besonders bei landwirtschaftlichen Rohwaren, enge Grenzen gesetzt sind, lassen sich die Erlöse nur über eine Exportsteigerung auf Kosten der Industrieländer erhöhen. Dies erfordert den Abbau des Agrarprotektionismus in den Industrieländern.
2. Wegen der begrenzten Zunahme des Rohstoffverbrauchs, der relativ sinkenden Rohwarenpreise und der auf die Kolonialzeit zurückgehenden einseitigen Produktionsstruktur kommt der Steigerung des Fabrikatexports der Entwicklungsländer besondere Bedeutung zu. Voraussetzung dafür bilden die Öffnung der Märkte in den Industrieländern und die Hilfe bei der Errichtung neuer Absatzwege für Produkte aus der Dritten Welt.
3. Durch die im säkularen Trend sinkenden Terms of Trade und durch die starken Schwankungen der Rohstoffpreise erwachsen den Entwicklungsländern große Verluste, die es zu vermindern und kompensieren gilt.

Eine solidaritätsbezogene Handelspolitik soll dazu beitragen, die strukturellen Mängel des Welthandelssystems, auf denen diese ganz knapp skizzierten Probleme beruhen, zu beseitigen. Dabei ist daran zu denken, daß die handelspolitischen Maßnahmen, da sie grundsätzlich nicht selektiv konzipiert werden können, zwar geeignet sind, Ungleichheiten zwischen Industrie- und Entwicklungsländern abzubauen, daß sie aber keinen direkten Beitrag zur Beseitigung der Entwicklungsbarrieren innerhalb der Entwicklungsländer leisten. Insofern die Gewinne aus dem Handel einseitig städtischen Agglomerationen und/oder einer kleinen Oberschicht zufließen, können handelspolitische Maßnahmen »zugunsten« der Entwicklungsländer sogar entwicklungshemmend wirken. Bei der Ausgestaltung der andern Instrumente der Entwicklungspolitik wird daher dem Aspekt der

1 S. L. B. Pearson et al., a. a. O. Kapitel 2 und 4.

Gleichheit innerhalb der Entwicklungsländer besondere Beachtung geschenkt werden müssen.
Die Schweiz als stark außenhandelsorientiertes Land pflegt intensive Handelsbeziehungen zu den Entwicklungsländern. 1971 standen Exporten von 4,9 Mrd. sFr. Importe von nur 2,6 Mrd. sFr. gegenüber[2]. Unser Land wies also gegenüber der Dritten Welt einen – strukturellen – Handelsbilanzüberschuß von rund 2,3 Mrd. sFr. auf. Für unsere Exportindustrie zählen die Entwicklungsländer zu den wichtigsten Absatzgebieten, gingen doch in den letzten zehn Jahren regelmäßig über 20 Prozent unserer Exporte in diesen Raum[3]. Die Dritte Welt leistet mithin einen Beitrag an unseren Wohlstand, der unsere öffentliche und private Entwicklungshilfe zu Vorzugsbedingungen bei weitem übersteigt[4].

Der Handel mit verarbeiteten Produkten

Diese stark aktive Handelsbilanz beruht nicht allein auf der Leistungsfähigkeit unserer Exportindustrie und den staatlichen Exportförderungsmaßnahmen[5], sondern auch auf gewichtigen Importhindernissen für Produkte aus Entwicklungsländern. Daran hat – wie zu zeigen sein wird – auch die Gewährung nicht-reziproker Zollpräferenzen wenig zu ändern vermocht.

Eigenschaften des schweizerischen Zollschutzes

Gehen wir aus von einigen wesentlichen Charakteristiken des schweizerischen Zolltarifs[6]:

1. Der allein maßgebende effektive Zollschutz – berechnet auf dem Wertzuwachs eines Produktionsprozesses – ist etwa doppelt so hoch wie der üblicherweise zum Beweis der geringen schweizerischen Zollbelastung angeführte Nominalzoll. Vor der Gewährung der Zollpräferenzen bildete er ein gewichtiges Handelshemmnis für Produkte aus der Dritten Welt, z. T. war er sogar prohibitiv. Dabei ist von Bedeutung, daß die Zollbelastung mit wachsendem Verarbeitungsgrad eines Importgutes zunimmt. Dadurch verringern sich die Chancen der Entwicklungsländer, sich mit Erfolg zu industrialisieren.

2 Berechnet aufgrund: Eidgenössische Oberzolldirektion, Schweizerische Außenhandelsstatistik, Jahresbericht 1971, 1. Teil, Bern 1972. Zu den Entwicklungsländern wurden gezählt: Afrika (ohne Südafrika), Asien (ohne Japan), Amerika (ohne USA und Kanada), südeuropäische Entwicklungsländer, Ozeanien (ohne Australien und Neuseeland).

3 Botschaft des Bundesrates an die Bundesversammlung über die Handelspolitik der Schweiz am allgemeinen System von Zollpräferenzen zugunsten dieser Länder, 24. 3. 1971, S. 10 (im folgenden zitiert als: Botschaft Zollpräferenzen, a. a. O.).

4 Zahlenvergleich bei: R. H. Strahm, *Industrieländer – Entwicklungsländer. Ein Werkbuch,* Laetare/Imba, Reihe Stichwörter zur Entwicklungspolitik, Freiburg i. Ve.-Nürnberg 1972, S. 85.

5 Vgl. unter anderem Kapitel 3 dieser Arbeit.

6 S. R. H. Strahm, Der effektive Zollschutz der Schweiz auf Produkten aus Entwicklungsländern und die Frage der Zollpräferenzen, in: *Civitas* (Luzern), Nr. 7/8 (März 1971), Jahrgang 26 (1970/1971), S. 577 ff.

2. Die schweizerischen Zollreduktionen für Importprodukte aus Entwicklungsländern anläßlich der »Kennedy-Runde« im GATT[7] reichten im Durchschnitt nicht an die Vergünstigungen heran, die andere Industrieländer auf diesen Produkten einräumten.
3. Da die Schweiz im Gegensatz zu den meisten Industrieländern den Zoll nicht auf dem Wert, sondern auf dem Gewicht eines Importgutes bemißt (Gewichtszoll-System), werden billigere Produkte stärker belastet als teurere. Dies benachteiligt Importe aus Entwicklungsländern, weil sie wegen tieferer Löhne und meist einfacherer Qualität oft billiger zu stehen kommen als Konkurrenzprodukte aus Industrieländern. Die Zollbelastung beträgt aus diesem Grund bei wichtigen Exportprodukten der Dritten Welt wie Woll-, Baumwoll- und Ledererzeugnissen – mit zunehmender Verarbeitung wachsend – 1,5 bis 2,5mal soviel wie die Belastung entsprechender Importgüter aus Industrieländern.

Die schweizerischen Zollpräferenzen zugunsten der Entwicklungsländer – eine kritische Würdigung

Durch ihre Teilnahme am allgemeinen nicht-reziproken Präferenzensystem im Rahmen der UNCTAD will die Schweiz die Exportmöglichkeiten der Entwicklungsländer bei den verarbeiteten Erzeugnissen verbessern. Der Bundesrat reduzierte die Zölle auf den Industriewaren (Zolltarif Kap. 25–99) gegenüber den Entwicklungsländern in zwei Stufen. Im März 1972 wurde die erste Stufe, die eine generelle Zollsenkung um 30 % brachte, in Kraft gesetzt. Im Frühjahr 1974 erfolgte der zweite Schritt, allerdings gegenüber dem ursprünglichen Plan, der eine völlige Zollbefreiung vorsah, in reduzierter Form. Die Abstriche betrafen einerseits den Ausschluß gewisser »halbindustrialisierter Länder« (z. B. Spanien, Griechenland); andererseits wurden bei gewissen Produkten (vor allem bei Textilien und Bekleidung), bei denen die Entwicklungsländer besonders konkurrenzfähig erscheinen, die Präferenzen nur von 30 % auf 50 % des Normaltarifs erhöht. Daneben kam es zu einer, allerdings nicht sehr bedeutungsvollen Verbesserung des Präferenzenschemas im Bereich der landwirtschaftlichen Erzeugnisse (Zolltarif Kap. 1–24), von denen bereits in der ersten Stufe einige Produkte erfaßt worden waren.[8]

Wie ist dieser Schritt zu beurteilen, insbesondere unter Berücksichtigung des Freihandelsabkommens, das die Schweiz mit der erweiterten EWG abgeschlossen hat und deren erste Zollsenkungen bereits im April 1973 vorgenommen worden sind?

Obschon das schweizerische System großzügiger ist als die Präferenzordnungen der großen Handelsmächte EWG, Japan und USA, ist es kaum geeignet, die Fabrikatimporte wesentlich zu erhöhen. Dies aus folgenden Gründen:

1. Die Industrialisierung der weniger fortgeschrittenen Entwicklungsländer könnte am leichtesten und sinnvollsten bei »landwirtschaftsnahen« Produkten, vor allem bei Nahrungsmitteln (Zolltarif Kap. 16–24), einsetzen. Gerade auf diesen Produkten werden jedoch nur in Einzelfällen

7 General Agreement on Tariff and Trade.

8 Vgl. *Informationsdienst der Handelsabteilung*, Zweite Etappe der schweizerischen Zollpräferenzen zugunsten der Entwicklungsländer, Presserohstoff vom 6. 2. 1974.

Präferenzen gewährt, vorwiegend bei Erzeugnissen, welche die schweizerische Wirtschaft nicht konkurrenzieren. Zudem wurden den EFTA-Staaten für die gleichen Produkte oft größere Zollvorteile eingeräumt[9]. Die meisten Entwicklungsländer fallen daher als Nutznießer der Zollpräferenzen im vorhinein weg[10]; dafür besteht die Gefahr, daß sich die Kluft zwischen den »halb-industrialisierten« und den übrigen Staaten der Dritten Welt vergrößert.

2. Der Freihandelsvertrag der Schweiz mit der EWG[11] mindert die Bedeutung der Präferenzen für einen steigenden Fabrikatimport aus Entwicklungsländern stark herab. Die Zollvorteile werden bis 1977 gegenüber die EWG völlig verschwinden[12]. Zudem verringert die durch den europäischen Freihandel zu erwartende Verschärfung der Konkurrenz tendenziell die Kostenvorteile der Entwicklungsländer. Schließlich fördern die Ursprungsregeln, insbesondere das Kumulationsprinzip, die Arbeitsteilung innerhalb Europas auf Kosten der Entwicklungsländer; denn es wird relativ lohnender, Vorprodukte von europäischen Staaten zu beziehen, da nur so insgesamt (kumuliert) eine Verarbeitung erreicht wird, die zum Erwerb des schweizerischen Ursprungs und damit zum zollfreien Export in den EWG-Raum ausreicht[13]. Die Tendenz, Rohstoffe in Entwicklungsländer einer (ersten) Verarbeitung zu unterziehen, wird dadurch gebremst. Da Freihandelszonen erfahrungsgemäß bedeutende Handelsumlenkungen zur Folge haben[14], können diese für die Dritte Welt negativen Effekte kaum unterschätzt werden. Es ist fraglich, ob das von der europäischen Integration erwartete Wirtschaftswachstum ein solches Ausmaß annimmt, daß die genannten Nachteile durch eine zusätzliche Nachfrage nach Gütern aus Entwicklungsländern wettgemacht werden[15].

3. Die Erleichterung des Marktzutritts mittels Zollsenkungen ist zwar eine notwendige, aber keine hinreichende Bedingung für größere Importe aus Entwicklungsländern. Die neuen Exportmöglichkeiten müssen auch ausgenützt werden können. Nach Ansicht des Bundesrates ist dies Auf-

9 S. Schweizerischer Gebrauchszolltarif 1959, Stand: 1. 4. 1973.

10 Der Bundesrat erwartet eine Exportsteigerung aufgrund der Zollpräferenzen insbesondere durch: Brasilien, Mexiko, Indien, Pakistan und Südkorea (s. [pr], Zollpräferenzen für Entwicklungsländer vor dem Nationalrat, in: *NZZ* 3. 6. 1971). Nach ersten Erfahrungen haben zusätzlich vor allem Israel (ein Entwicklungsland?), Jugoslawien, Spanien und Hongkong profitiert (mündl. Mitteilung von Herrn Stähelin, Eidg. Volkswirtschaftsdepartement).

11 Abkommen zwischen der Schweizerischen Eidgenossenschaft und den Europäischen Gemeinschaften. Botschaft des Bundesrates an die Bundesversammlung, 16. 8. 1972. Texte der Abkommen und der zusätzlichen Dokumente. Bern 1972 (im folgenden zitiert als: Freihandelsvertrag EWG, a. a. O.).

12 Der Zollabbau gegenüber der EWG erfolgt von 1973–1977 in fünf Stufen zu je 20 Prozent (s. Freihandelsvertrag EWG, a. a. O.).

13 *Informationsdienst 3. Welt (i3w)*, Bulletin Nr. 13, 21. 11. 1972. Bern.

14 S. z. B. (Zir.), Handelsschöpfung und Handelsumlenkung durch regionale Präferenzsysteme. Eine Untersuchung des EFTA-Sekretariats, in: *NZZ* Nr. 291, 25. 6. 1972, und zwei weitere Artikel desselben Autors: *NZZ* Nr. 267, 11. 6. 1972 und *NZZ* Nr. 40, 25. 1. 1973.

15 Vgl. UNCTAD, TD/B/C. 5/8, Effects of the enlargement of the European Economic Community on the generalized system of preferences, 1973.

gabe der Entwicklungsländer[16]. Sie haben für ein Investitionsklima zu sorgen, das für ausländische Firmen genügend Anreize bietet, im Exportsektor zu investieren. Ebenfalls weitgehend den Entwicklungsländern überlassen bleibt das Marketing, die Errichtung neuer Absatzwege. Die Schweiz leistet in diesem Bereich zwar einige Hilfe durch Unterstützung des internationalen Handelszentrums GATT/UNCTAD[17], durch ein weniges an bilateraler technischer Hilfe und durch die OSEC[18], die Schweizer Botschaften und die Länderdienste der Handelsabteilung des Volkswirtschaftsdepartementes, die auf Anfragen aus der Dritten Welt hin Adressen potentieller Importeure vermitteln. Eine systematische Förderung der Importe aus Entwicklungsländern wird dagegen nicht betrieben, das Projekt einer »Importförderungszentrale« abgelehnt[19]. Eine solche Stelle könnte für die Entwicklungsländer und ihre Produkte Imagewerbung betreiben und – unter Umständen zusammen mit andern Industrieländern – Messen organisieren, potentielle Importeure genau spezifizierter Produkte identifizieren, bei Submissionen in der Schweiz die Interessen von Lieferanten aus der Dritten Welt wahrnehmen, usw.[20].

Die Auswirkungen der Zollpräferenzen auf den Fabrikateexport der Entwicklungsländer dürften also äußerst gering sein, weil die für die meisten Staaten der Dritten Welt potentiell wichtigen Exportprodukte vom Zollabbau ausgenommen sind, weil der europäische Freihandel die Bedeutung der Präferenzen stark reduziert und weil keine systematischen Anstrengungen unternommen werden, den Entwicklungsländern zu helfen, die Vorzugszölle auszunützen.

Der Handel mit Rohwaren

Wenden wir uns nun den Fragen des Handels mit – insbesondere landwirtschaftlichen – Rohwaren und der damit verknüpften Problematik der Terms of Trade zu. Dabei ist erstens davon auszugehen, daß heute ein wesentliches Wachstum der Rohwarenimporte aus Entwicklungsländern bei der geringen Verbrauchszunahme nur durch einen Abbau des Agrarprotektionismus in den Industrieländern, auch in der Schweiz, ermöglicht werden kann. Zweitens steht fest, daß die relativ sinkenden Preise der (landwirtschaftlichen) Rohstoffe sowohl die Schweizer Bauern wie die Mehrheit der Bevölkerung in den Entwicklungsländern trifft und, da es sich um eine strukturelle Erscheinung handelt, auch in Zukunft treffen wird. Drittens stellt sich das Problem der starken Schwankungen der Rohstoffpreise, die eine rationale Wirtschaftsplanung verunmöglichen.

16 Botschaft Zollpräferenzen, a. a. O., S. 15.
17 Dieses Zentrum führt Marktstudien durch, stellt Experten zur Verfügung und organisiert Kurse für Export-Marketing-Fachleute (Antwort des Bundesrates auf die Interpellation von Nationalrat Müller-Marzohl betr. einer Importförderungszentrale vom 6. 10. 1972, Berlin, April 1973).
18 Organisation Suisse pour l'Expansion Commerciale.
19 S. Quellenangabe in Anmerkung 17.
20 Eine Untersuchung über das Projekt einer Importförderungszentrale ist zur Zeit im Gang. Autor: H. R. Strahm.

Elemente einer solidaritätsgerechten Rohstoffpolitik
Eine Ordnung, die diese Probleme im Sinne der Solidarität löst und schrittweise zu verwirklichen ist, muß wohl auf folgenden Hauptelementen beruhen:

1. Stabilisierung der Rohstoffpreise durch ein System von internationalen Rohwarenabkommen auf einer Höhe, auf der die angebotenen und nachgefragten Mengen übereinstimmen.
2. Stufenweiser Abbau des Agrarprotektionismus dadurch, daß den billiger produzierenden Entwicklungsländern im Rahmen der Rohstoffabkommen wachsende Marktanteile zugeteilt werden (»market-sharing approach«)[21].

Diese beiden Maßnahmen sind nur realisierbar, wenn die Einkommenssicherung für Rohwarenproduzenten nicht mehr über die Preispolitik erfolgt. Daher:

3. Einkommenssicherung für die Bauern in den Industrieländern durch direkte Einkommenszuschüsse, für die rohwarenproduzierenden Entwicklungsländer mittels Kompensationszahlungen, welche die Verluste aus der Verschlechterung der Terms of Trade zu decken hätten.[22]

Solche weitgehenden, aber notwendigen Strukturänderungen müssen grundsätzlich international koordiniert erfolgen. Vorwürfe an die Adresse der Schweiz wegen der bisher magern Ergebnisse haben daher nur einen Sinn, wenn sich nachweisen läßt, daß unser Land es an der nötigen Initiative und Bereitschaft zu solchen grundsätzlichen Lösungsmöglichkeiten hat fehlen lassen oder autonom durchführbare Maßnahmen nicht ergriffen hat. Wie steht es damit?

Versuch einer handelspolitischen Bilanz

Versuchen wir eine »handelspolitische Bilanz« zu ziehen. Der Staat, unter Druck gesetzt durch die Interessen der Privatwirtschaft und die Forderungen der Dritten Welt, die einander meist – zumindest kürzerfristig – widersprechen, hat ersteren weitgehend nachgegeben. Die Entwicklungsländer forderten 1967 in Algier Zollpräferenzen auf halb- und fertigverarbeiteten Rohstoffen, landwirtschaftlichen Erzeugnissen und industriellen Fertigprodukten[23], die Schweiz gewährte, nachdem sie zuerst solche nicht-reziproken Vorzugszölle rundweg abgelehnt hatte[24], erst dann Präferenzen – und auch dann fast ausschließlich auf Industriewaren –, als sie nicht mehr anders konnte, ohne daß ihr Image bei den Industrieländern und den Entwicklungsländern gefährdet worden wäre. Die Dritte Welt fordert einen erleichterten Zugang zu den Agrarmärkten der Indu-

21 S. UNCTAD, TD/99, The international development strategy in action – The role of UNCTAD. Report by the secretary-general of UNCTAD, Februar 1972.

22 Am weitesten geht der »Prebisch-Plan«, dargestellt in: O. Matzke, Die entwicklungspolitische Bedeutung der Rohwaren, VI. Folge, Einkommenstransfer durch Kompensationszulagen und fiskalische Maßnahmen, in: *NZZ*, Nr. 435, 18. 9. 1971.

23 UNCTAD, Charter of Algiers, adopted by the Ministerial Meeting of the Group of 77 on the 24 oct. 1967.

24 Botschaft Zollpräferenzen, a. a. O., S. 12 ff.

striestaaten; die Schweiz hält an ihrem hohen Selbstversorgungsgrad[25] fest, obschon dies an ihrer Auslandsabhängigkeit im Kriegsfall wenig zu ändern vermag. Bei ihren Wirtschaftsverhandlungen mit andern Industrieländern wahrt die Schweiz die Interessen der Privatwirtschaft, ohne die Bedürfnisse der Entwicklungsländer zu berücksichtigen. Unsere Ausführungen über die für die Dritte Welt unerwünschten Auswirkungen des Freihandelsvertrages mit der EWG wie auch folgendes Detail aus den Verhandlungen zum nämlichen Vertrag zeigen dies deutlich: Der einflußreichen EWG bot die Schweiz Zollsenkungen auf Nahrungsmitteln (Zolltarif Kap. 16–24) an[26], während dieselben Produkte von den Zollpräferenzen für Entwicklungsländer fast vollständig ausgenommen wurden. Wenn sich jedoch die Interessen der Privatwirtschaft mit jenen der Dritten Welt decken, wie etwa bei preisstabilisierenden Rohwarenabkommen – sofern eine Einigung über die Höhe des Preises zustande kommt –, lassen sich Resultate erzielen. Insgesamt waren diese bisher indessen sehr bescheiden. Die wichtigsten Strukturänderungen, die erforderlich sind, um den Entwicklungsländern einen größern Anteil am schweizerischen Markt zu garantieren, scheiterten am Widerstand der privaten Wirtschaftsinteressen. Der Vorschlag der Entwicklungsländer, durch staatliche Anpassungshilfen diesen Widerstand zu verringern, wurde jedoch von der Schweizer Delegation an der Welthandelskonferenz in Santiago verworfen: »Il en est ainsi parce que, en vertu des principes qui inspirent en Suisse la politique économique, l'Etat laisse la transformation des structures industrielles au jeu des lois du marché.«[27] *(Hollenstein, op. cit.)*

b) Die Auswirkungen der privaten Auslandsinvestitionen auf die armen Völker

Wirkungen auf den Volkswohlstand

> »Privatinvestitionen erhöhen das Volkseinkommen in den Entwicklungsländern.«

Ein Hauptargument der Unternehmer besteht darin, Privatinvestitionen seien produktiv, das heißt, sie erhöhten die Produktion von Gütern und mithin das Sozialprodukt. Die Rentabilitätserwägungen der privaten Investoren böten die beste Gewähr dafür, daß die Mittel produktiv verwendet würden.

Volkswohlstand wird von den Ökonomen rein wirtschaftlich, nämlich durch das Bruttosozialprodukt ausgedrückt. Dieses ist definiert durch den Marktwert aller produzierten Güter und Dienstleistungen; es wird vereinbarungsgemäß als Maß für die industrielle, gewerbliche und teilweise auch landwirtschaftliche Produktion verwendet.

25 Die inländische Produktion deckt den in Kalorien ausgedrückten Normalverbrauch an Nahrungsmitteln zu 57 Prozent (Auskunft des Volkswirtschaftsdepartementes).

26 *i3w*, Bulletin Nr. 4, Bern 4. 5. 1972, S. 6.

27 Stellungnahme der Schweizer Delegation an der Welthandelskonferenz in Santiago (Chile) zu Punkt 14c der Traktandenliste, Vervielfältigung des Volkswirtschaftsdepartementes, Bern 1972.

Industrieproduktion ist also definitionsgemäß Sozialprodukt-erhöhend. Insofern ist es eine nichtssagende Zirkelerklärung (Tautologie), wenn behauptet wird, Privatinvestitionen erhöhten das Bruttosozialprodukt, resp. das Volkseinkommen.

Es zeigt sich aber, daß die gängige Definition des Bruttosozialprodukts in keiner Weise die Art und das Ausmaß der Lebensqualität widerspiegelt. Auch bei uns verbreitet sich endlich die Einsicht, daß das Bruttosozialprodukt (BSP) nicht unbedingt Wohlstand widerspiegelt, z. B.: Wenn ich einen Verkehrsunfall habe, vergrößere ich durch die Autoreparatur und die Spitalkosten das BSP. Wenn ich 1 Franken in die Parkuhr werfe, vergrößere ich das BSP des Landes um einen Franken. Eine Frau, die in der Fabrik arbeitet, vergrößert das BSP; wenn sie aber im Haushalt arbeitet und ihre Kinder erzieht, ist sie volkswirtschaftlich nicht produktiv usw.

Das Wachstum der Güterproduktion in Volkswirtschaften, in denen es einem großen Teil der Bevölkerung am Nötigsten fehlt, ist in seiner Bedeutung nicht zu unterschätzen. Es ist in der Tat ein Grunderfordernis für die Gesellschaften, wie wir sie in der Dritten Welt antreffen, daß mehr nützliche Güter zur Verfügung stehen. Die Hauptfrage besteht darin, welche Güter nützlich und wertvoll erscheinen und wem sie primär zur Verfügung stehen.

Privatinvestitionen sind nicht einfach dann schon wohlstandserzeugend, wenn sie für den Unternehmer rentabel sind. Die Kosten-Nutzen-Rechnung des privaten Unternehmers ist nicht identisch mit einer *sozialen* Cost-Benefit-Analyse. Was privatwirtschaftlich dem Unternehmer einen Gewinn bringt, ist möglicherweise volkswirtschaftlich nicht rentabel.

Die volkswirtschaftliche Kosten-Nutzen-Analyse ist erst in den letzten Jahren entwickelt worden[1]. Jedes Industrieprojekt kann Kosten verursachen, die nicht dem Unternehmer, sondern der Gemeinschaft anfallen: Auslagen für Infrastruktur wie Verkehr, Energie, Schulen, Wohnungen; Belastung des Staatshaushalts, eventuelle Steuererleichterungen, schädliche Auswirkungen auf das ökologische System usw.[2]. Man bezeichnet solche Lasten, die der Gemeinschaft anfallen, als *soziale Kosten.*

Nicht alle sozialen Kosten der Privatwirtschaft können als schädlich bezeichnet werden. Unter Umständen tragen z. B. Infrastrukturinvestitionen auch zur Entwicklung bei. Entscheidend ist aber die Frage, ob die für die Unternehmungen notwendigen Investitionen in Verkehr oder Energie für die Bevölkerung Priorität haben, oder ob nicht die knappen staatlichen Mittel in andere Bereiche fließen sollten.

Die Bewertung aller externen Effekte in Geldeinheiten ist allein wissenschaftlich nicht möglich. Sie ist eine politische Frage und hängt letztlich

1 In der weltweiten ökonomischen Literatur gibt es hierzu nur zwei Standardwerke: I. M. D. Little/I. A. Mirrlees, *Manual of Industrial Project Evaluation in Developing Countries Vol. II, Social-Cost-Benefit-Analysis,* OECD Paris 1968; und P. D. u. A. Sen/S. Marglin, *Guidelines for Project Evaluation,* UNIDO/UN New York 1972.

2 Little/Mirrlees, op. cit. (13), S. 209 ff. (frz. Fassung: S. 241 ff.). In der sozialen Cost-Benefit-Analyse werden solche Kosten mit sogenannten Verrechnungspreisen (»prix de référence«, »shadow prices«) eingesetzt. Eine Behandlung dieses Verfahrens würde im Rahmen dieses Artikels zu weit führen.

davon ab, wer die Macht hat, seine Ansprüche oder Schäden geltend zu machen.

Ein Beispiel

Über Schweizer Firmen wissen wir sehr wenig Bescheid, weil sie sich in der Regel kaum Rechenschaft geben über die sozialen Kosten, die sie verursachen. Als typisches Beispiel der Vernachlässigung volkswirtschaftlich schädigender Effekte privater Industrieanlagen zitieren wir hier aus der Projektbeschreibung eines Direktors der *Sandoz*[3]. Er beschreibt den Standort einer Sandoz-Fabrikanlage in Pakistan wie folgt:

> »In diesem unterentwickelten, trockenen und vegetationsarmen Land lassen sich selten so viele Vorteile eines Grundstückes finden wie: relative Nähe von Karachi mit Hafen und internationalem Flugplatz, ... gute Straßenverhältnisse ..., Nähe des Indus zur Wasserentnahme, angrenzendes Bachbett für die Abwasserableitung ...«

Die Fabrikabwässer werden in einer einfachen Hauskläranlage vorgereinigt und fließen dann mit dem Kühlwasser und chemisch belastetem Abwasser in ein Ausgleichsbecken, aus dem es normalerweise verdunstet. Während der kurzen und heftigen Regenperiode wird das indessen nicht möglich sein, so daß dann das Ausgleichsbecken in den wasserführenden Graben überläuft mit dem entsprechenden Verdünnungseffekt. Das Kanalisationsnetz ist jedoch so verlegt, daß in einem späteren Zeitpunkt bei Bedarf eine Abwasserreinigungsanlage und eine Abwasserleitung bis in den Indus erstellt werden können.« Wenn man bedenkt, daß der Indus für die ärmste Bevölkerungsgruppe das Wasser des täglichen Bedarfs liefert, ist ersichtlich, daß die ungereinigten Abwässer einer chemischen Fabrik für die untersten Bevölkerungsschichten einen realen Nutzenentzug ergeben.

Dieses Beispiel mag zeigen, daß privatwirtschaftliche Rentabilitätserwägungen wegen der Vernachlässigung sozialer Kosten nicht genügen, die Auswirkungen auf den Wohlstand der Gesellschaft zu beurteilen. Unter der Berücksichtigung sozialer Kosten würde sich herausstellen, daß nicht wenige »rentable« Industrieprojekte verlustbehaftet sind.

Wenn wir hier für das erwähnte Sandoz-Projekt in Pakistan nur einen Rappen pro Liter verschmutztes Fabrikwasser rechnen und annehmen, die Fabrik entlasse pro Minute einen Kubikmeter Abwasser, so lassen sich die verursachten sozialen Kosten allein durch die Wasserverschmutzung auf 5,2 Millionen Franken schätzen –, vielleicht in der Größenordnung wie die Fabrik Gewinn ausweist.

Weitere Fragen, die in einer sozialen Cost-Benefit-Analyse betrachtet werden, seien hier nur angedeutet. Bei extraktiven Industrien etwa diese: wie intensiv werden die internen Ressourcen des Entwicklungslandes ausgenutzt? Wird ein Raubbau betrieben?

3 Max Aebi, Eine Fabrikanlage entsteht in Jamshoro/Kotri (Pakistan), in: *Sandoz-Bulletin* Nr. 24, S. 3 f.

»Industrieinvestitionen bringen Beschäftigung in ein Entwicklungsland.«

Die Bereitstellung von Arbeitsplätzen durch die Privatinvestitionen in Entwicklungsländern wird oft als deren positivster Entwicklungseffekt bezeichnet.

Wir wollen diese Behauptung keineswegs für alle Investitionen generell in Frage stellen. Methodisch ist dieses Argument für sich jedoch nicht zulässig. Man darf nicht nur fragen, welche Zahl von Beschäftigten in einer neuen ausländischen Unternehmung ihr Einkommen findet. Es ist vielmehr zu fragen: Wieviele Arbeitskräfte sind im historischen Prozeß durch die Industrialisierung in der gewerblichen Produktion freigesetzt worden und wieviele werden in Zukunft freigesetzt werden?

In vielen Entwicklungsländern war ja vor den Industrieinvestitionen bereits eine Produktion von Textilien, verarbeiteten Nahrungsmitteln und Konsumgütern vorhanden, und zwar auf einer gewerblichen Stufe. Nicht selten wurden durch rationelle kapitalistische Techniken der Industrieproduktion soviel oder mehr Arbeitskräfte in der einfachen gewerblichen Fertigungsweise freigesetzt, als in der Fabrik neue beschäftigt wurden. Insbesondere kann dieser Effekt die zukünftige gewerbliche Produktion, die viel mehr Arbeitskräfte absorbieren könnte, verhindern.[4]

Ein Beispiel aus der milchverarbeitenden Industrie mag diese Problemstellung erläutern. Im mexikanischen Gliedstaat Chiapas, der mehr als anderthalbmal so groß ist wie die Schweiz und 1,6 Millionen Einwohner zählt, errichtete *Nestlé* eine Fabrik zur Milchverarbeitung (Käseherstellung, Pasteurisierung). Bei einer Investitionssumme von 60 Millionen Pesos (20 Millionen Franken) werden 89 festangestellte und 92 weitere Arbeiter beschäftigt[5]. Die Fabrik verarbeitet einen ansehnlichen Teil der im ganzen Staat produzierten und verarbeiteten Milch[6]. Angesichts dieser kapitalintensiven Produktionsstruktur und der hohen Unterbeschäftigung sei die Frage gestellt, ob nicht zunächst ein gewerblicher Entwicklungspfad mit einigen hundert einfachen Käsereibetrieben volkswirtschaftlich lohnender gewesen wäre. Zu denken wäre etwa an den Typus der schweizerischen Talkäsereien, wie sie bei uns Mitte des letzten Jahrhunderts überall entstanden sind und heute durch den Arbeitskräftemangel und die kapitalintensive Rationalisierung der Milchverarbeitung wieder am verschwinden sind. Durch die marktmäßige Vormachtstellung der Nestlé-Fabrik wird in Chiapas das Entstehen von gewerblichen und genossenschaftlichen Käsereibetrieben verhindert.

4 Hans Bachmann, Sinn und Widersinn ausländischer Privatinvestitionen in Lateinamerika, in: *Außenwirtschaft* 24 Heft III/1969, S. 235. Wesentlich bei dieser Betrachtung ist eine dynamische Betrachtung, die immer wieder auch die alternativen Möglichkeiten miteinschließt, also antwortend auf die Frage: »Was wäre im Laufe der Zeit passiert, oder was würde in Zukunft passieren, wenn das betrachtete Industrieprojekt nicht stattgefunden hätte?« Zur Methode vgl. A. K. Sen. General Criteria of Industrial Project Evalution, in UN, *Evaluation of Industrial Projects,* New York 1968, E.67.II.B.23, S. 65 f.

5 Nestlés Arbeit in den Entwicklungsländern, op. cit., S. 27.

6 Eine genaue Angabe über das Volumen der Milchverarbeitung und Produktionsprogramms läßt die Broschüre allerdings vermissen.

Entwicklung mit moderner Technologie

Es sei festgehalten, daß der industrielle Entwicklungspfad, wie ihn die fortgeschrittene Technologie der Industrieländer einschlägt, für die Entwicklungsländer nur unter großen Opfern beschreitbar ist. Von 1970–80 werden in der Dritten Welt 226 Millionen Menschen ins erwerbsmäßige Alter treten und Arbeitsplätze suchen[7]. 20 bis 40 Prozent der aktiven Bevölkerung, je nach statistischer Definition, ist bereits heute unbeschäftigt oder unterbeschäftigt. Innerhalb eines Jahrzehnts müßten also in der Dritten Welt mehr Arbeitsplätze geschaffen werden, als Europa und die USA aufweisen.

Bei uns beträgt der durchschnittliche Kapitalbedarf etwa 60 000 bis 100 000 Franken pro Arbeitsplatz. Selbst wenn wir für die Entwicklungsländer mit einem kleineren Kapitalbedarf von 10 000 Franken[8] rechnen und diesen mit der notwendigen Anzahl Arbeitsplätze multiplizieren, so kommen wir – vorausgesetzt einen industriellen Entwicklungspfad – zu einer astronomischen Summe von 2000 Milliarden Franken. Diese ist innerhalb von 10 Jahren unmöglich aufzubringen, selbst wenn die Entwicklungshilfe ein Mehrfaches erreichte und die Sparquote in den Entwicklungsländern stark ansteigen würde ...[9]

Gewinne und Gewinntransfers

> »Gewinne sind die notwendige Risikoentschädigung des Unternehmers; ohne Gewinne gibt es keine Investitionen.«

Entgegen landläufiger Auffassung halten wir die Erwirtschaftung von Gewinnen nicht für den entscheidenden Effekt der ausländischen Privatinvestitionen in Entwicklungsländern, obwohl sie für die Unternehmungen entscheidender Faktor sind. Es lohnt sich nicht, über Gewinnzahlen zu streiten, weil die multinationalen Konzerne Möglichkeiten haben, die nach außen ausgewiesenen Gewinnzahlen zu *manipulieren.* Einige Möglichkeiten sind hier aufgeführt:

1. Die Schätzung des Kapitalwertes der ursprünglichen Investition auf dem die Gewinnrate basieren soll, ist mit Willkürlichkeiten verbunden. Die Bewertung der ins Entwicklungsland gebrachten Kapitalgüter werden von den Investoren selber festgesetzt[10].

7 ILO-Nachrichten, OIT, Nr. 1/1970, S. 7.

8 Bei der erwähnten Nestlé-Fabrik in Chiapas betrug die Kapitalinvestition 11 000 Franken pro Arbeitsplatz (Nestlés Arbeit ... op. cit., S. 27). Bei den schweizerischen Investitionen in Brasilien betrug sie 11 300 Dollar pro Arbeitsplatz, als ca. 35 000–45 000 Franken (*NZZ* Nr. 594 v. 20. 12. 72).

9 2×10^{12} Franken innerhalb zehn Jahren (2000 Milliarden). Weil zu erwarten ist, daß bei massiver Industrialisierung ein Teil der landwirtschaftlichen Bevölkerung (heute noch 60–80 %) den Primärsektor verlassen wird, müßte mit einem größeren Bedarf von Arbeitsplätzen gerechnet werden.

10 Gunnar Myrdal, *Politisches Manifest über die Armut in der Welt*, Frankfurt 1970; UN, Panel on Foreign Investment in Developing Countries, Amsterdam 1969, UN/E.69.II.D.12. New York 1969, S. 22.

2. Konzerninterne Geldströme werden hinter Verrechnungspreisen für konzerninterne Warentransfers verborgen. Profite werden buchmäßig minimiert, indem Outputs unterbewertet und Inputs überbewertet werden. Durch die Unterbewertung der Preise jener Güter, die von der Filiale im Entwicklungsland in das Stammhaus in der Schweiz verschoben werden, werden Gewinntransferbeschränkungen umgangen und Steuerverpflichtungen von einem Land ins andere verlagert[11]. Solche Transferpreismanipulationen sind nicht etwa eine sporadische Gepflogenheit, sondern heutzutage eine gängige Praxis der Konzerne.
3. Hohe Lizenzgebühren und Entschädigungen für technologisches Know-How dienen der Verschleierung von Gewinntransfers. In Lateinamerika bestand nicht selten der Hauptbetrag des investierenden Konzerns aus einem technologischen Paket (Patente, Pläne, industrielle Prozesse), während der größere Teil des Finanzkapitals aus dem Entwicklungsland stammt[12]. Durch willkürliche Bewertung des Technologietransfers können also auch Gewinnanteile retransferiert werden, die mit einheimischen Kapitalien erwirtschaftet wurden.
4. Durch hohe Abschreibungsquoten der Investitionen werden weitere Gewinne verschleiert[10].
5. Steuerprivilegien und Investitionsbegünstigungen sind auch Gewinnelemente. Durch einen neuen Typ von Doppelbesteuerungsabkommen mit Entwicklungsländern ermöglicht die Schweiz bessere Steuereinsparungen für schweizerische Investoren[13].

Diese Verzerrungsmöglichkeiten zeigen, daß Gewinnziffern mit Vorsicht aufzunehmen sind. Allerdings ist anzunehmen, daß bei schweizerischen Filialen in Entwicklungsländern Gewinnmanipulationen nach unten häufiger sind als nach oben, weil die Schweiz ein Niedrigsteuerland ist und es sich lohnt, die Gewinne am schweizerischen Hauptsitz zu versteuern[14]. Die schweizerischen Firmen geben kaum Gewinnzahlen ihrer Investitionen in Entwicklungsländern bekannt. Wir kennen einigermaßen die Durchschnittsprofite der Investitionen in Entwicklungsländern aus den Vereinigten Staaten (1967: 13 Prozent), aus England (1966: 10 Prozent ohne Erdöl) und der Bundesrepublik (6,3 Prozent ohne Bergbau und Chemie).

11 Paul Streeten, Improving the climate, in: *Ceres* Nr. 2/1969 FAO S. 56; H. D. Boris, Zur politischen Ökonomie der Beziehungen zwischen westlichen Industriegesellschaften, in: *Das Argument* Nr. 38 Berlin 1966, S. 190; Helmut Arndt, in: *Die Zeit* Nr. 10 v. 2. 3. 73, S. 35; Hans Bachmann, op. cit. (13), S. 236 f.

12 Andre G. Frank, Kapitalismus und Unterentwicklung in Lateinamerika, Frankfurt 1968, S. 296.

13 In einigen Ländern sind Abschreibungen zu Wiederbeschaffungswerten möglich und somit noch höher als üblich. Das neue Doppelbesteuerungsabkommen zwischen der Schweiz und Trinidad/Tobago hat einen präjudiziellen Charakter für weitere Abkommen mit anderen Entwicklungsländern. Durch Einführung eines sog. »Matching credit« müssen Schweizer Investoren die Steuererleichterung im Entwicklungsland in der Schweiz nicht mehr ausgleichen: Botschaft über ein Doppelbesteuerungsabkommen zwischen der Schweiz und Trinidad und Tobago, v. 18. 4. 73 (Nr. 11637) *Bundesblatt* Nr. 20/73, S. 1228.

14 Bei gewissen amerikanischen Firmen ist das Umgekehrte der Fall. Sie versuchen möglichst viel Gewinn (z. B. des Erdölsektors) in gewissen Entwicklungsländern zu versteuern, weil die amerikanischen Steuersätze höher liegen.

Die Reinvestitionsquoten betrugen bei den USA-Filialen 18 Prozent, bei den englischen 34 Prozent und bei den deutschen 70 Prozent[15]. Die niedrigen Gewinnraten und Gewinntransfers der deutschen Investoren wurden mit dem geringen Ausreifungsgrad dieser Investitionen begründet[16]. Von den Entwicklungsländern her gesehen, ergeben sich durch die Gewinntransfers westlicher Konzerne bedeutende Dekapitalisierungseffekte, welche die Zahlungsbilanzen wesentlich belasten. Insbesondere in Lateinamerika, wo sich ältere Investitionen befinden, fallen die Gewinntransfers stark ins Gewicht[17].

Gewinnrückflüsse

Von den schweizerischen Privatinvestitionen in der Dritten Welt kann füglich behauptet werden, daß sie für diese Länder einen erheblichen Kapitalabfluß bedeuten. Selbst bei vorsichtigen Annahmen von Gewinnraten kommen wir zu einer Summe an retransferierten Gewinnen aus schweizerischen Direktinvestitionen von 198 Millionen Franken für das Jahr 1972[18]. Im gleichen Jahr betrugen die offiziell ausgewiesenen Neuinvestitionen der Schweiz 281 Millionen Franken. In dieser letzten Zahl sind aber definitionsgemäß auch die reinvestierten Gewinne enthalten, obschon diese keinen eigentlichen Kapitaltransfer in die Entwicklungsländer darstellen[19]. Von den 281 Millionen Franken Investitionen waren nach unserer Rechnung 145 Millionen reinvestierte Gewinne. Nur ca. 136 Millionen betrugen demnach die Neuinvestitionen, die einen Finanzfluß von der Schweiz in die Dritte Welt widerspiegeln. Wenn wir diese Hinflüsse des Jahres 1972 von 136 Millionen mit den geschätzten Gewinnrückflüssen von 185 Millionen vergleichen, so zeigt sich ein eindeutiger Saldo zugunsten der Schweiz. Für das Jahr zuvor lassen sich nach den gleichen Verfahren schätzen: Neuinvestitionen in Entwicklungsländern 143 Millionen, Gewinnrepatriierungen 185 Millionen Franken.
Aus Lateinamerika sind die Rückflüsse im Vergleich zu Neuinvestitionen größer. Für die schweizerischen Investitionen in Lateinamerika ergibt sich im Jahr 1971 ein Gewinntransfer von ca. 119 Millionen Franken[20].

15 G. Grosche/R. Lehmann-Richter, *Die Gewinne aus deutschen Direktinvestitionen in Entwicklungsländern,* Bertelsmann 1970, S. 3, 56, 80.
16 F. Hemmerich, Die Rolle der westlichen Konzerne im Wirtschaftsprozeß der Entwicklungsländer, in: *Blätter für deutsche und internat. Politik,* Heft 5/71, Sonderdruck, S. 16.
17 Zahlen vgl.: Rudolf H. Strahm, *Industrieländer – Entwicklungsländer,* ein Werkbuch, Fribourg/Nürnberg 1972, S. 94–97.
18 Der Gesamtbestand der schweizerischen Investitionen in Entwicklungsländern betrug Ende 1971 4170 Millionen Franken (G. Etienne, op. cit., und EPD/EVD, Entwicklung/Development Nr. 20/73). Es wird angenommen, daß die Altinvestitionen (älter als 10jährig 2085 Millionen Franken) einen Gewinn von 10 % erwirtschafteten, wobei drei Viertel (also 7½ %) retransferiert wurden (156 Millionen). Die jüngeren Investitionen (2085 Millionen): 6 % Gewinn, wovon ein Drittel retransferiert (2 % = 42 Millionen). Total 198 Millionen retransferiert und 145 Millionen reinvestierte Gewinne.
19 EPD/EVD, Entwicklung/Développement Nr. 20/1973.
20 Für Lateinamerika wurde mit den gleichen Sätzen gerechnet wie oben: Dies

Währenddessen wurden 102 Millionen Franken investiert, wovon mehr als die Hälfte reinvestierte Gewinne sind, die in Lateinamerika selber erwirtschaftet wurden. *(Strahm, op. cit.)*

ergibt 119 Millionen retransferierte und 81 Millionen reinvestierte Gewinne. Wahrscheinlich ist der Anteil der Älteren und somit profitableren Investitionen in Lateinamerika größer als 50 %.

IV. Den Feind kennen, den Feind bekämpfen

Es kommt der Tag, da wird sich wenden
Das Blatt für uns, er ist nicht fern.
Da werden wir, das Volk, beenden
Den großen Krieg der großen Herrn.
Die Händler, mit all ihren Bütteln
Und ihrem Kriegs- und Totentanz
Sie wird auf ewig von sich schütteln
Die neue Welt des g'meinen Manns

Es wird der Tag, doch wann er wird
Hängt ab von mein und deinem Tun
Drum wer mit uns noch nicht marschiert
Der mach' sich auf die Socken nun

Bertolt Brecht
Mutter Courage und ihre Kinder

Keinen verderben zu lassen, auch nicht sich selber
Jeden mit Glück erfüllen, auch sich, das
ist gut.

Bertolt Brecht
Der gute Mensch von Sezuan

Wirklich hilft und nichts gelte als ehrenhaft mehr, als was
Diese Welt endgültig ändert: sie braucht es.

Bertolt Brecht
Die heilige Johanna der Schlachthöfe

Wir alle werden heute in unterschiedlichem Maße von demselben Feind angegriffen: der Unterernährung oder der Krankheit, der Not oder dem Haß, der Schande, die einige wenige den vielen antun. Der Imperialismus ist ein Krebsgeschwür. Dieses Buch ist nur eine bescheidene klinische Abhandlung: Es handelt von einem Tumor besonderer Art, jenem des Hilfs- oder sogenannten »sekundären« Imperialismus. Es stellt das theoretische und praktische Wissen dar, das ich aus neun Jahren parlamentarischer Erfahrung, praktischer und theoretischer Tätigkeit im Schoße des Schweizer Volkes geschöpft habe. Doch die Metastase ist nahe. Der Imperialismus dehnt sein verheerendes Werk mit erschreckender Geschwindigkeit über die ganze Erde aus. Das einzige Mittel, davon zu genesen, ist hier wie dort die gemeinschaftliche Tat all jener Männer und Frauen, die entschlossen sind, die Herrschaft des Kapitals und der Ware zu brechen, das Elend und die Lüge abzuschaffen und ihr entstelltes Leben zu einem gemeinsamen, sinnvollen Schicksal umzugestalten.

Diese paar Schlußbemerkungen sind kein politisches Programm: Ein solches Programm, eine solche Theorie können nur aus dem gemeinsamen revolutionären Kampf des Schweizer Volkes hervorgehen. Ich beschränke mich darauf, einige Perspektiven aufzuzeigen.

Erste Perspektive: Die von der kapitalistischen Gesellschaft ausgeübte imperialistische Gewalt verwandelt das Leben der abhängigen Menschen in eine pervertierte Existenz (im Westen) oder in ein grausames Golgatha (in der Dritten Welt). Der von Fideismus und geschäftlicher Propaganda versklavte, geschundene und abgestumpfte Mensch der europäischen Industriestaaten ist unfähig, zu einer klaren Erkenntnis der imperialistischen Mechanismen zu gelangen (und diese in ihrer geistigen Struktur aufzunehmen und zu verarbeiten). Im Westen muß deshalb die gegenwärtige Phase des Klassenkampfes mit besonderer Intensität auf theoretischer Ebene geführt werden.

Die erste, banale Aufgabe des Revolutionärs, das heißt des Menschen im Aufbruch, ist es, sich den Sinn für den Schrecken zu bewahren. Seine Aussagen werden zuerst nur das eine Ziel haben: *zu zeigen, daß das, was gezeigt wird, falsch ist.* Sich in seinem tiefsten Innern diesen Sinn für den Schrecken zu bewahren, ihn zum Fundament der täglichen Wahrnehmung zu machen, das scheint mir die unerläßliche Bedingung für jeden wirklichen antiimperialistischen Kampf zu sein. Es gilt, die Entdeckung des Verbrechens, das lautlos an andern begangen wird, in Worte zu fassen und ins Bewußtsein zu rufen. Es gilt, die Oligarchien zu entlarven und mit analytischer Vernunft die weltweiten Kausalitäten ihrer Praktiken zu erkennen. Die Zerstörung der von der Oligarchie auferlegten Symbolwerte ist heute vordringlich.

Zweite Perspektive: Wie kann das Symbolsystem, das die Praxis der primären, sekundären und peripheren Oligarchien maskiert, theoretisch zerstört werden, ohne daß vorgängig und praktisch die Repressionsmaschinerie, welche die Macht dieser Symbole ausmacht, zerschlagen wird?

Das Grundproblem dieses Buches ist der antiimperialistische Kampf. Wie wirkt er sich auf den Klassenkampf aus? Oder, genauer, welche *internationale Funktion* hat der Klassen-

kampf heute?[1] Deutlicher: Jeder Klassenkampf ist ein antiimperialistischer Kampf, nicht umgekehrt. Der antiimperialistische Kampf ist eine Etappe innerhalb des Klassenkampfes, darf aber nicht mit ihm selbst verwechselt werden.
Beispiel: Der antiimperialistische Kampf in Europa setzt heute eine bedingungslose Unterstützung der OPEC (Organisation der erdölproduzierenden Staaten) und die Ablehnung der Internationalen Energie-Agentur selbst dann voraus, wenn vom Standpunkt des Klassenkampfes aus zahlreiche Führer der OPEC als Feinde zu betrachten sind. Vom Standpunkt des antiimperialistischen Kampfes aus gesehen ist es unstatthaft, die arabischen Emire anzuklagen, weil sie die Kontrolle über ihre Bodenschätze übernehmen, den multinationalen Gesellschaften gerechte Preise für das Rohöl diktieren und die jahrhundertealte Abhängigkeit ihrer Länder[2] brechen; es ist hingegen notwendig und richtig, sie als reaktionäre und gegen das Volk eingestellte Führer ihrer jeweiligen Staaten zu entlarven.
Anderes Beispiel: Der »Arbeitsfriede« in der Schweiz stellt einen Verrat an der Arbeiterklasse dar, der heute noch ihren Kampf als Klasse bremst. Wenn der Arbeitsfriede abgelehnt werden muß, so heißt das jedoch nicht, daß auch das Bündnis der Gewerkschaften mit der nationalen Bourgeoisie im Kampf gegen die wachsende Macht der multinationalen Gesellschaften über den nationalen Produktionsapparat abgelehnt werden muß, denn das kann ein wirksamer Schritt im antiimperialistischen Kampf, und das heißt auch im Klassenkampf, sein.

1 Eine Besinnung auf Marx ist hier nützlich. Marx hat am Programm der deutschen Arbeiterpartei, dem sogenannten Gothaer Programm, heftige Kritik geübt. Dieses Programm reduziert die antiimperialistische Frage auf eine rein subjektive Angelegenheit: Das Programm behauptet, der Klassenkampf gebe den deutschen Revolutionären ein »Bewußtsein der internationalen Brüderlichkeit der Völker«. Nun aber handelt es sich weder zum Zeitpunkt des Kongresses von Gotha in Deutschland, noch heute in der Schweiz um psychologische Veränderungen, um gute Gefühle! Es handelt sich um die instrumentale, materielle Verbindung zwischen Klassenkampf und antiimperialistischem Kampf. Deshalb werde ich die konkrete geschichtliche Funktion des antiimperialistischen Kampfes niemals im Sinne meiner bürgerlichen Weggenossen verstehen.
2 Das ist wahr, auch wenn die Maßnahmen der OPEC heute in dramatischer Weise die Nationen der Dritten Welt treffen, die keine Erdölproduzenten sind und dennoch die OPEC unterstützen.

Letztes Beispiel: Es ist eine kämpferische Pflicht im europäischen Klassenkampf, die ideologische Funktion der Religion im Dienste der imperialistischen Oligarchie aufzudecken; aber ebenso den Weltkirchenrat in seinem Kampf gegen die Apartheid-Politik in Südafrika zu unterstützen.

Die Unterscheidung von Klassenkampf und antiimperialistischem Kampf scheint mir unerläßlich, wenn man verhindern will, daß die Kämpfenden sich auf unwirksame Randpositionen festlegen. Keiner kann den Kampf, den er da, wo er nun einmal steht, führen kann und muß, auf andere abwälzen.
Ich erinnere mich an eine Nacht im April 1964 in Genf. Ich war 1958–1959 in Kuba gewesen. Ich wollte dorthin zurückkehren, um dort zu leben. Die Freunde der kubanischen Delegation zur ersten Welthandelskonferenz hatten mich ins Hotel Interkontinental bestellt. Wir diskutierten bis zum Morgengrauen. Che Guevara war dabei. In seiner warmherzigen Ironie, die immer ein wenig verwirrend war, sagte er zu mir:

> »Aber du, du bist hier im Gehirn des Monstrums! Was willst du mehr? Dein Schlachtfeld liegt hier . . .«[3]

Er zeigte mir die Stadt Genf, die – verunstaltet durch die wuchernden Banken – unter unseren Augen erwachte. Ich war ein wenig verletzt, weil er sich meiner Auswanderung widersetzt hatte. Aber Che Guevara hatte recht. Wer glaubt, es genüge, daß man auswandert und sich im Geiste in einen singhalesischen Buschkämpfer, einen palästinensischen Fedayin oder einen chilenischen Widerstandskämpfer verwandelt, der tut nichts anderes, als das Terrain, auf dem er steht, denen zu überlassen, die es gegenwärtig beherrschen.[4]

3 Gespräch mit dem Autor; siehe: J. Ziegler, *Guevara, ein Revolutionär,* Sammelwerk, Verlag Fischer, Frankfurt/Main 1969, S. 68 ff.

4 Gleichwohl kann man daraus nicht ableiten, daß die Machtergreifung der vereinigten Linken in Frankreich oder der Schweiz – selbst wenn dies eine wichtige Etappe im Klassenkampf dieser Länder darstellte –, plötzlich die Bedingungen der Ausbeutung und der Beherrschung der peripheren Völker durch jene des Zentrums verändern würde. Um das zu erreichen, müßte beispielsweise die Einheit der Linken eine gewaltige Rüstungsindustrie schleifen, die exportorientiert ist, woraus der Verlust von Arbeitsplätzen resultierte, der unmöglich hingenommen und auch nicht unverzüglich ausgeglichen werden könnte. Wenn anderseits jeder Europäer im Jahr 50 kg Fleisch verzehrt, wenn jeder Bewohner der Dritten Welt weniger als 5 kg konsumiert und wenn das physiologische Minimum bei 20 kg pro Person und Jahr liegt, würde ein

Die wichtigste politische Aufgabe im antiimperialistischen Kampf ist es, eine Front zu schaffen, die über jene hinausgeht, die der Klassenkampf ohnehin erfordert. Oder weiter: Der antiimperialistische Kampf als Etappe des Klassenkampfes setzt, in Europa wie anderswo, *vorübergehende Bündnisse mit dem Klassenfeind* voraus, aber nur so weit, als diese Bündnisse den antiimperialistischen Kampf betreffen und ihm dienen.[5]

Letzte Perspektive: Die Welt wird sich mit ihrer Vergangenheit des Schreckens und des Leidens nie aussöhnen können. Doch diese Welt trägt in sich den Keim, den Willen, den realisierbaren Traum von einer egalitären gerechteren Gesellschaft. Marx schreibt an Ruge:

weltweiter Ausgleich der Lebensmittelkaufkraft eine Herabsetzung des Lebensstandards eines jeden westlichen Bürgers im Verhältnis von 5:1 notwendig machen. Es liegt auf der Hand, daß eine solche weltweite Umverteilung, die Voraussetzung für jede Errichtung eines menschlichen politischen Systems, im theoretischen Rahmen der heutigen europäischen Linksparteien nicht denkbar ist.

Bemerken wir schließlich, daß sich ähnliche, aber entgegengesetzte Probleme an der Peripherie stellen: Mehrere Staaten der Dritten Welt haben, wie etwa China, Kuba, Algerien, auf der Ebene der inneren Revolution, des Aufbaus einer gerechteren nationalen Gesellschaft, beeindruckende Veränderungen zustande gebracht. Aber keiner davon ist aus bekannten Gründen in der Lage, eine Außen-, Handels- und Militärpolitik zu betreiben, die rein antiimperialistisch wäre. Alle machen, um zu überleben, dem weltweiten imperialistischen System Konzessionen, denn, das ist wahr, sie müssen ihre Feinde einen nach dem anderen schlagen.

5 Das Problem der humanitären Hilfe, der technischen Zusammenarbeit, des Roten Kreuzes etc. ist anderer Art: Es stellt sich außerhalb der Probleme der antiimperialistischen Front und stellt sich nicht in Bündnisbegriffen. Angesichts des Roten Kreuzes, der technischen Zusammenarbeit, der humanitären Hilfe sind die antiimperialistischen Kämpfer uneins: Es besteht kein Zweifel, daß die Mehrzahl der humanitären Institutionen eine Alibirolle im Dienste der Oligarchie spielt und dazu beiträgt, das ursprüngliche Verbrechen zu vertuschen. Aber ich bin nicht der Meinung, daß man dogmatisch jede Zusammenarbeit mit ihnen ablehnen sollte. Ich denke mir das so: Zeit ist menschliches Leben. Wenn die humanitäre Hilfe des kapitalistischen Staates oder einer Wohltätigkeitsorganisation, die durch private Spenden (darunter auch solche der Oligarchie) es erlaubt, auch nur ein einziges Kind zu retten, muß man sie unterstützen. Wenn das Internationale Komitee vom Roten Kreuz, in welchem die Leiter weltweiter Trusts der Chemie (Ciba-Geigy), der Nahrungsmittelindustrie (Nestlé), der Uhrenindustrie (Vereinigung der Uhrenfabrikanten) sitzen, den Lagern in Santiago, den paraguayischen oder tschechischen Gefängnissen ein einziges Opfer entreißen kann, muß man seine Aktion unterstützen. Kein Begriff hat »recht« gegen das Leben, denn es gibt nichts Wahreres auf der Welt, als das Leben der Menschen. Genauer gesagt, die Existenz eines Kindes, das Überleben eines Gefangenen kann nicht gemessen werden an einer Idee.

»Der Kritiker kann aus den eigenen Formen der existierenden Wirklichkeit die wahre Wirklichkeit als ihr Sollen und ihren Endzweck entwickeln.«

Und Ernst Bloch sagt es noch deutlicher, einem jeden von uns:

»... Denn wenn wir sterben, auch wenn wir stets als solche sterben, die noch viel Leben brauchten, um fertig zu werden, so bleibt doch die Erde, und die Waffen lassen sich weiter geben.«

Die Geschichte ist unsere Transzendenz. »Das isolierte Individuum ist eine Abstraktion, und die leerste von allen« (Régis Debray). Der Geschichte wohnt eine Eschatologie, eine Lehre, ein Wissen von ihrem Endzweck inne.

Jeder Mensch bestitzt von nun an ein klares Bewußtsein seines nicht abgeschlossenen Lebens. Das, was die lebendige Wirklichkeit und die Fähigkeiten, die sie in uns entwickelt, uns zu entfalten erlauben, ist nur ein verschwindend kleiner Teil all jener Taten, Gefühle und Erkenntnisse, die wir eigentlich verwirklichen möchten.[6] Der Teil an Gewolltem, aber Unrealisierbarem in uns, ist ungeheuer. Es lebt in uns als *Utopie.*

Klassenkampf und antiimperialistischer Kampf werden letztlich von denselben Maßstäben bestimmt: jenen der einsehbaren Bestimmung unseres Daseins. Konkret: Die planetare Gesellschaft, die nach streng solidarischen Grundsätzen errichtet ist, in der die gegenseitige aktive Hilfe an Stelle des Profitstrebens tritt und die Suche nach dem Glück aller die erbärmliche Staats- und Klassenräson verdrängt, liegt heute noch in weiter Ferne, d. h. sie ist ein reiner Wunschtraum. Doch: »Wovon geträumt wird, dessen Fehlen tut nicht weniger weh, sondern mehr« (Ernst Bloch).

Das Fehlen fördert die positive Einsicht und der Wunsch ist eine Kraft der Geschichte.

Viele Seiten wären nötig, um zu zeigen, welche Rolle die Hoffnung und die Utopie im revolutionären Prozeß spielen. Ein venezolanisches Volkslied faßt zusammen, was ich sagen möchte:

6 »Theoretisch« ist hier in seiner eigentlichen etymologischen Bedeutung verstanden: »theorema«-Gesamtschau, Schau des einigmachenden Prinzips Gottes; siehe E. Bloch, *Prinzip Hoffnung*, Bd. II, Suhrkamp, 1969.

Se puede mater el hombre
Pero no mataran la forma
En que se alegraba su alma
Cuando soñaba ser libre.[7]

»Man kann den Menschen töten
Aber nicht die Art
Wie seine Seel' sich freut
Wenn er davon träumt,
frei zu sein.«

7 »Vas caminando sin huellas«, Pläne-Verlag 1974.

Nachwort zur 3. Auflage: Der helvetische Banken-Banditismus (Nachtrag 1976—1980)

> Hehl fetzia
> in deinen hoehlen
> lagern die schaetze der welt
> bewacht
> von puenktlichen gnomen
> beschuetzt
> von milizen und mirages
> heilig heilig heilig: das asylrecht des geldes —
> und abends
> erroeten panoramisch die alpen
> summen die wohnfabriken zuhauf
> und dienstverweigerer meditieren
> friedlich in ihren zellen.
>
> *Kurt Marti,* Heil Vetia

I.

Die *Schweizerische Kreditanstalt* (SKA) steht unter den fünf Großbanken der Schweiz bloß an dritter Stelle. Sie unterhält jedoch seit Jahrzehnten die anerkanntermaßen beste Fluchtorganisation für illegal erworbene oder illegal transferierte Auslandsgelder. Wo immer auf der Welt ein geplagter Kapitalist schwarze Millionen illegal und diskret in die Schweiz transportieren will, hilft ein *SKA*-Mann. *SKA*-Männer sind berühmt für ihr kaltes Blut.

Einige Beispiele: Nach Bekanntmachung des »Acto Institutional No. 5« durch den brasilianischen Diktator General Garastazu Medici im Dezember 1968 beschlossen die Kommandanten der Zweiten und Vierten Armee, stationiert in Sao Paulo bzw. Rio de Janeiro, gegen die internationalen Devisenschieber vorzugehen. Agenten der berüchtigten Geheimdienste der Marine, der FAB (Forces aereas brasileiras) und der Armee verhafteten, verhörten und folterten Fluchtgeldtransporteure und Spekulanten des Geld-Schwarzmarktes. Zwei Devisenschieber entzogen sich der Verhaftung durch den Sprung aus dem Fenster ihres Bürohochhauses in der Avenida Rio Branco (Rio de Janeiro). Alex Hägler jedoch, Vertreter der *SKA* in Rio de Janeiro, saß während der schlimmen Zeit ruhig in seinem Büro: er empfing, tröstete, ermutigte seine verängstigten Klienten; nach bewährter *SKA*-Manier wickelte er auch in dieser Zeit sämtliche Transfergeschäfte nach Zürich via Panama ohne schriftliche Spuren ab; sein Büro war und ist leer; ein paar gediegene Mahagoni-Sessel, ein Tisch, ein Blumenstrauß – mehr steht nicht im Saal. Das Wort des *SKA*-Mannes – überall auf der Welt – genügt für die Sicherheit illegaler Millionen-Transfers.

Ein anderes Beispiel: 1966 stimmte die Mehrheit der Delegierten der UNO-Generalversammlung der Namibia-Resolution der schwarz-afrikanischen Staaten zu: Südafrika wurde das Mandat über Namibia (ehemals Deutsch-Südwestafrika) entzogen. Die lange, bis heute noch dauernde internationale Quarantäne des Apartheid-Staates begann. Fast sämtliche ausländische Großbanken, Finanzgesellschaften und multinationalen Industrieunternehmen begannen ab 1966 diskret eine Doppelrolle zu üben: in Südafrika selbst führten sie ihre lukrativen Geschäfte weiter, gegenüber dem westlichen Ausland aber, vor ihren eigenen öffentlichen Meinungen (in der Schweiz, der Bundesrepublik, USA, England, Frankreich) spielten sie die Rolle der besorgten Geschäftsleute, die die Apartheidpolitik moralisch verurteilen, aus Gründen ökonomischer Rationalität jedoch gezwungen sind, mit den Rassisten in Johannesburg im Geschäft zu bleiben. Nicht so die flotte *SKA*: ihr Mann in Johannesburg – der dynamische *Pio Eckstein*, südafrikanisch-schweizerischer Doppelbürger, Generaldirektor der *SKA*-Filiale in Südafrika – schwang sich auf zum internationalen Propagandisten der weißen Rassisten-Diktatur. Erst die Regierung Vorster, dann die Regierung Botha, lohnten den *SKA*-Herren am Zürcher Paradeplatz diesen Einsatz fürstlich: Pio Eckstein ist offizieller »Finanzberater« (das heißt tatsächlich: Finanzminister) des Ministerpräsidenten Manjope des Bantustans von Bophuto-Tswana.

Bophuto-Tswana beherbergt 37 Minen, unter ihnen: die zweitgrößte Platinmine der Welt.

Drittes Beispiel: In Buenos Aires putschten im Dezember 1976 die Offiziere. Sofort setzten Verhaftungen, Folter, Massenerschießungen von Gewerkschaftern, sozialdemokratischen und liberalen Parlamentsabgeordneten, Journalisten, Studenten, Priestern, Arbeitern, Künstlern ein. Die Lenkung der Wirtschaft wurde einem einheimischen Großgrundbesitzer namens Martines de Hotz und seinem Freund, einem argentinischschweizerischen Doppelbürger namens Allemann anvertraut. Die Öffentlichkeit der zivilisierten Welt – die internationalen charitativen Organisationen (Amnesty International, Internationale Liga für Menschenrechte, u. a.) – begegneten der argentinischen Greuelherrschaft mit Ablehnung. Nicht so die *SKA*-Konzernleitung am Zürcher Paradeplatz: sie mobilisierte ein internationales Bankenkonsortium, das der bedrängten Diktatur den ersten, dringlich benötigten Überbrückungs-Kredit von 420 Millionen Dollar gewährte. Zu Beginn 1977 lud Junta-Chef Videla schweizerische Wirtschaftsjournalisten zur Besichtigung des argentinischen Law-and-Order-Staates ein: dem Redakteur der offiziösen *Schweizerischen Depeschenagentur,* Bernard Baumgartner, sprach er den persönlichen Dank der Junta für die helvetische Sofort-Hilfe aus.

1977 aber ging der mächtigen, erfahrenen *SKA* eine Sache schief: In ihrer Filiale von Chiasso schaltete der Hauptdirektor *Ernst Kuhrmeier.* Das Gesetz des Dschungels gilt nicht nur für die Beziehungen, welche die *SKA* zu den Wirtschaftssystemen und Völkern der Dritten Welt unterhält, sondern auch für die innerbetrieblichen Konkurrenz-Verhältnisse, welche die Aufstiegs-Chancen der verschiedenen *SKA*-Satrapen regeln. Kuhrmeier – wie alle anderen Hauptdirektoren an der Peripherie oder im Zentrum des *SKA*-Reiches – stand unter unerhörtem, täglichen Leistungsdruck. 1977: Wahlen stehen in Italien bevor; ein kommunistischer Wahlsieg – das hieße konkret, eine kommunistisch-christlichsoziale Koalitions-Regierung (der »historische Kompromiß«) – gerät in den Bereich des Möglichen. In der nahen Lombardei zittern die Begüterten. Zweimal pro Woche hält der Banken-Prinz aus der Schweiz in Mailand Hof: jeden Mittwoch empfängt Kuhrmeier die verängstigten italienischen Großbürger in einem diskreten Salon der *Banco di Roma* oder der *Banca Commerciale Italiana.* Beide Etablissements gehören dem italienischen Staat, genauer der IRI (Instituto per la Riconstruzione Industriale, eine staatliche Organisation), und ihre beiden Generaldirektoren werden von Kuhrmeier für ihre Komplizenschaft fürstlich belohnt. Ganz große Kunden, die selbst den Generaldirektoren der zwei staatlichen Banken nicht mehr trauen, empfängt Kuhrmeier in der Mailänder Luxusherberge Jolly Hotel President.

Ein Lastwagen, getarnt als Gemüsetransport, bringt tonnenweise Lire-Noten in die Schweiz. Kuhrmeier und die *SKA* erfinden immer neue Schliche des illegalen Devisentransfers: Fiktiv-Gesellschaften in Liechtenstein und der Schweiz schießen wie Pilze aus dem Boden. In der *SKA*-Filiale in Chiasso funktioniert ein hervorragender Braintrust, bestehend — nebst Chef Kuhrmeier — aus den Herren Claudio Laffranchi (Tessiner christdemokratischer Parlamentsabgeordneter), Sergio Catenazzi, Meinrad Perler und Sergio Marzano, der vor dem Auffliegen des Skandals aus dem erlesenen Gremium ausscheidet. Im Sommer 1976 führt die *SKA*-Filiale Chiasso die elektronische Verwaltung der Kundenkonten ein. Dabei entdeckt die Direktion, daß Marzano der *SKA* die runde Summe von 2,5 Millionen Schweizerfranken gestohlen hat. Marzano, ein im Tessin geborener Italiener, ist jedoch so intim in die Fluchtgeldorganisation verstrickt, daß die *SKA*-Oberen den Mann mit seiner Beute ziehen lassen. Er wechselt diskret die Bank. Dem *SKA*-Braintrust geht zur juristischen Verschleierung der Delikte das Tessiner Staranwaltsbureau Maspoli und Noseda an die Hand. Alfredo Noseda altert, Franco Maspoli stirbt 1974. Zwei dynamische Neulinge treten auf den Plan: die Anwälte Alessandro Pedrazzini und Alberto de Marchi; diese verlangen jetzt nicht nur Honorar, sondern auch, in Millionenhöhe, Schweigegelder und Kommissionen, berechnet nach der Höhe der illegal aus Italien ausgeführten Summen. In der Tessiner Kantonsregierung sitzen ihre christ-demokratischen Helfer, insbesondere der Präsident des Staatsrates, Fabio Vassalli.

In der *SKA*-Konzernleitung von Zürich herrscht Bewunderung: Serge Demiéville (verantwortlicher Direktor für die *SKA*-Filialen in der Romanischen Schweiz und im Tessin), Bernhard Henggeler, (Direktor des bankinternen Inspektorates), Josef Mueller (Chef des SKA-Sicherheitsdienstes und Hugo von der Crone (SKA-Rechtsberater), pilgern nach Chiasso und feiern dort die Erfolge ihres Freundes Kuhrmeier. Im Hotel Corso von Chiasso fließt der *SKA*-Champagner zu Ehren der tüchtigen Kollegen von der Piazza Independenza. Selbst Heinz Wuffli, der wortkarge SKA-Oberste, spendet Kuhrmeier fast wöchentlich Lob und Preis am Telefon. Kuhrmeiers Berufung in die Generaldirektion nach Zürich steht unmittel-

bar bevor. Den Bau seiner Generaldirektoren-Villa am Zürichberg hat Kuhrmeier bereits in Auftrag gegeben.
Da gerät plötzlich Sand ins gut geölte Räderwerk: am Rande der Autobahn Mailand–Como wird ein bekannter Mailänder Devisenschieber und Kuhrmeier-Agent erschossen aufgefunden. Die italienische Polizei schließt auf Mord. Verbindungen werden hergestellt, Gerüchte steigen auf. Denn in Lugano sind die Konkurrenten von der *Schweizerischen Bankgesellschaft*, vom *Schweizerischen Bankverein* und anderen Banken, die in Fluchtgeldgeschäfte mit Italien operieren, schon längst kreidebleich vor Neid. Anonyme Anzeigen gegen die *SKA*, Kuhrmeier, Lafrancchi und ihre Gehilfen gehen bei den Justizbehörden ein. Das Unvorstellbare passiert: im Justizpalast am Corso Helvetico in Lugano eröffnet der furchtlose junge Staatsanwalt des Bezirkes Sotto-Ceneri, Paolo Bernasconi, die Strafuntersuchung. Warnungen, Druck, Empfehlungen, diskrete Vorstellungen von lokalen Politikern, helvetischen Bankherren und privaten »Freunden« bleiben erfolglos. Der gottesfürchtige, Macht und Geld verachtende Staatsanwalt Bernasconi führt seine Untersuchung – bestehend aus einer immer größer werdenden Anzahl von Einzelverfahren – bis zum bitteren Ende. Das vorläufige Ende ist bekannt: Im Schwurgerichtsprozeß von 1978 wird die *SKA*-Leitung von Chiasso zu Gefängnisstrafen verurteilt. Der Präsident der Tessiner Regierung, Fabio Vassali, demissioniert. In der imperialen Hochburg von Zürich blitzen die Dolche: Der Präsident der Generaldirektion, oberster Herr im düsteren Haus, Heinz Wulffli, und seine nächsten Würdenträger, werden von einem konkurrierenden Klan verjagt. 1979 finden in der ganzen Eidgenossenschaft Parlamentswahlen statt: ein paar Politkomplizen verlieren ihr Mandat. An anderen *SKA*-Alliierten geht das Unwetter unversehens vorbei: Nello Celio, ehemaliger eidgenössischer Finanzminister, Geschäftsanwalt aus Lugano und *SKA*-Verwaltungsrat, dem vom Staatsanwalt vorgeworfen wurde, daß er in Umgehung eidgenössischer Gesetze noch als Bundesrat (eidgenössischer Minister) illegale Immobilientransaktionen mit ausländischen *SKA*-Kunden im Tessin getätigt habe, bleibt in Macht, wenn auch nicht in Ehren.
Zwei Monate nach seiner Einlieferung wird Ernst Kuhrmeier

tot in seiner Zelle aufgefunden; die Polizei behauptet: Herzinfarkt.

Zur Illustration des helvetischen Banken-Banditismus sei hier nur eine der erfindungsreichsten *SKA*-Strategien erläutert: die italienischen Fluchtmilliarden, welche die *SKA*-Transporteure jahrelang illegal aus Italien ausführten und in die Schweiz brachten, wurden zum Teil in Liechtenstein »weiß gewaschen«. Rund zwei Milliarden Schweizer Franken — die Summe, die gerichtsnotorisch bekannt geworden ist, stellt vermutlich nur einen Bruchteil des Deliktwertes dar — wurden von der *SKA*, natürlich in Verletzung der schweizerischen Steuergesetze, an eine eigens für diesen Zweck gegründete Vaduzer Fiktivgesellschaft, namens *Texon* übertragen. Die *Texon* investierte dann diese Milliarden als Auslandskapital — d. h. als Kapital, das auch bei einer kommunistischen Machtübernahme in Italien geschützt sein würde — in verschiedene italienische Industrie-, Handels, Immobilien- und Finanzgesellschaften: die *Texon* besaß das größte Wein- und Spirituosenunternehmen des Landes, kaufte eine Insel in der venezianischen Lagune, baute luxuriöse Ferienparadiese, fabrizierte Konsumgüter und spekulierte auf dem lombardischen Immobilien-Markt. Die Texongelder stammten von rund tausend italienischen Gläubigern. Die Gesellschaft wurde, nach der Entdeckung des *SKA*-Skandals, liquidiert.

Eine tröstliche Nachricht immerhin: Die *SKA*-Generaldirektion in Zürich, vorübergehend verunsichert durch die Schlagzeilen in der Weltpresse — die meisten Schweizer Blätter hielten sich diskret zurück — beschloß, die ausländischen Kunden voll zu entschädigen. Nicht nur das: mit Nachsteuern, Entschädigung, Bußen und Gerichtskosten — dazuzurechnen dürften wohl noch einige Abfindungsmillionen für gestürzte Akteure und Alliierte sein — verlor die *SKA* die bescheidene Summe von zweieinhalb Milliarden Schweizer Franken; sie deckte diesen Verlust aus ihren eigenen Reserven; der Hilfsfonds, den die alarmierte Nationalbank anbot, mußte von den Herren am Paradeplatz gar nicht erst beansprucht werden.

Der zufällig entdeckte Skandal von Chiasso legte nun die Spitze des Eisberges frei: Im Bilanzjahr 1979 erfuhr der Reingewinn des gesamten *SKA*-Imperiums — trotz des Lokalschadens im Tessin und des internationalen Vertrauensschwundes – eine Nettosteigerung gegenüber dem Vorjahr um 13 %.

Seit der ersten deutschen Ausgabe dieses Buches (1976) sind noch andere Bankfassaden eingestürzt. Zum Beispiel jene der *Schweizerischen Bankgesellschaft (SBG)*, des mächtigsten Finanzimperiums der Schweiz. Philippe de Weck, Freiburger Aristokrat und Präsident der Internationalen Vereinigung katholischer Arbeitgeber, trat 1979 vorzeitig zurück, während der Thurgauer Infanterie-Oberst Robert Holzach das Kommando in der *SBG*-Konzernzentrale in Zürich übernahm. Unter dem frommen De Weck war die *SBG* zum ersten Goldhändler des Westens und zur internationalen Hausbank des südafrikanischen Rassistenstaates geworden. Allerdings schien De Weck der nackten Brutalität und der Verschlagenheit der sich in Prätoria befehdenden Boeren-Klans nicht gewachsen. Dies ist die Vorgeschichte des Skandals:
1976 beschloß der damalige Chef der südafrikanischen Rassendiktatur und De Weck-Freund Balthazar Vorster die seiner Apartheid- und Expansionspolitik gegenüber kritisch eingestellte öffentliche Meinung des Westens zu unterwandern. Auf sein Geheiß organisierte der BOSS (Bureau of State Security), der südafrikanische Geheimdienst, zusammen mit Informationsminister Mulder und dessen Staatssekretär Rhoodie eine Strategie der Infiltration der westlichen Presse und der Korruption westeuropäischer und amerikanischer Parlamentarier und Journalisten. Ein Agent namens Luis Luydt versuchte, in USA die auflagenstarke Tageszeitung *The Washington Star* und in Paris die Wochenzeitung *L'Express* zu kaufen. In London kaufte die von Luydt geführte Finanzgesellschaft die Zeitschrift *West-Africa*, die dann in Südafrika die englisch-sprachige Pro-Apartheid-Zeitung *The Citizen* gründete. Der *BOSS* und seine Agenten Luydt und Rhoodie arbeiteten mit Geldern aus einem von der südafrikanischen Regierung zur Verfügung gestellten Geheimfonds, der auf mehrere Nummernkonten bei der Schweizerischen Bankgesellschaft in Zürich verteilt wurde. Die südafrikanische Regierung hatte ein Problem: Millionenbeträge waren nötig, um die ins Auge gefaßten Parlamentarier, Journalisten, Verleger

zu korrumpieren und um Zeitungen aufzukaufen oder zu gründen. Das Geld stand als Geheimfonds in Prätoria zur Verfügung. Wie aber konnte es in »brauchbares«, legales Investitions- und Finanzkapital verwandelt werden? De Weck wußte Bescheid: Die Regierung Vorster überwies die Millionen im illegalen Fluchtgeld-Transfer nach Zürich. Rhoodie, Luydt und die von ihnen kontrollierten Fiktivgesellschaften erhielten alsdann von einer Finanzgesellschaft mit dem phantasievollen Namen *Thesaurus Continentale Effekten-Gesellschaft* offizielle Industriekredite. Über diesen Kredit wurden dann die offiziellen Kauf- und Beteiligungsgeschäfte abgewickelt. Der Präsident der *Thesaurus* heißt Bruno Saager, ihr Hauptdirektor H. Keller. Die Gesellschaft selbst gehört der *Schweizerischen Bankgesellschaft*. Der Südafrika-Skandal der *SBG* flog durch reinen Zufall auf: Ein intensiver Machtkampf, der der gescheiterten Angola-Invasion der südafrikanischen Armee 1976 folgte, entbrannte innerhalb der Führungsmannschaft der Nationalen Partei (sie hat seit 1948 die Mehrheit im exklusiv weißen Parlament von Johannesburg). Die Infiltrations- und Korruptions-Strategie des *BOSS* hatte nicht die erwarteten Resultate gezeitigt. Rhoodie war zudem noch mit acht Millionen Dollar im Ausland verschwunden. Ministerpräsident Vorster mußte demissionieren, der Chef des *BOSS* wurde abgesetzt. Zwei feindliche Klans kämpften um die Nachfolge: Dem Informationsminister Mulder – den der einst den deutschen Nationalsozialisten verbundene Brüderbund und die Transvaal-Partei unterstützten – stand der Verteidigungsminister Botha – unterstützt vom Offizierskorps und der niederländisch-reformierten Kirche – gegenüber. Die öffentliche, endgültige Abrechnung fand in der Parlamentssitzung vom 7. Dezember 1978 statt: dort enthüllte Botha die ganze Dimension des Skandals, in den sein Gegenspieler Mulder, Rhoodie, der Geheimdienst und deren Freunde von der *Schweizerischen Bankgesellschaft* verwickelt waren. Mulder verlor die Schlacht. Botha wurde Ministerpräsident von Südafrika.

SBG-Präsident Philippe de Weck ging in Pension.

Im Unglücksjahr 1979 traf auch das viertgrößte Bankenimperium der Eidgenossenschaft, die biedere *Schweizer Volksbank* (Hauptsitz in Bern), ein Schicksalsschlag. Schweizer Großbanken halten sich stets Parlamentarier oder Altmitglieder des Bundesrates im Verwaltungsrat. Die *Schweizerische Volksbank*, die um jeden Preis vom *SKA*-Debakel profitieren und in die obersten Ränge der schweizerischen Großbankenhierarchie aufsteigen wollte, rief – zwei Wochen nach seiner Demission, da sind die internationalen, in der Bundesexekutive gewonnenen Beziehungen noch frisch – den früheren eidgenössischen Wirtschaftsminister Ernst Brugger an ihre Spitze. Der Angriff auf den amerikanischen Markt begann. Ein Irrtum aber unterlief den Bankiers aus Bern: In den USA gibt es – anders als in der Schweiz – eine echte Börsen- und Bankenkontrolle, die auch vor Großbanken und Alt-Bundesräten nicht haltmacht. Am 7. September 1979 »erwischte« – der Ausdruck stammt von der banknahen Zürcher »Weltwoche« – die amerikanische *Commidity Futures Trading Commission (CFTC)* die Volksbank: sie ließ ein riesiges illegales, von der *Schweizerischen Volksbank* in Szene gesetztes kontinentales Spekulationsgeschäft auf Silber auffliegen. Börsenkursmanipulationen sind in den USA verboten. Wer eine Vielzahl von Spekulations-Termin-Kontrakten, die ein und dasselbe Handelsgut zum Objekt haben, laufen läßt, muß das der Aufsichtsbehörde, der *CFTC* zuvor melden. Die *Schweizerische Volksbank* hatte ihren illegalen Coup glänzend geplant: Über eine Vielzahl verschiedener Broker-Firmen (Börsenhändler-Firmen) in verschiedenen Städten ließ sie über zwei weitauseinanderliegende Warenterminbörsen, die *Comex* in New York und den *Mid American Commidities Exchange* in Chicago, 250 Silber-Termin-Kontrakte laufen. Am 19. Oktober verlangte die *CFTC* die Namensliste der 250 Spekulanten, die am Börsenmanöver der *Schweizerischen Volksbank* beteiligt sind. Die Herren aus Bern verweigerten die Auskunft – und sprangen hinter dem helvetischen Bankgeheimnis in Deckung. Die Amerikaner waren nicht beeindruckt. Sie erhoben Klage. Der Prozeß läuft in New York zu dem Zeitpunkt, da ich diese Zeilen schreibe.

II.
Die Welt der multinationalen helvetischen Finanzimperien ist von jener der Genfer, Zürcher, Basler Privatbankiers um Lichtjahre entfernt. Die Großbanken in der Zürcher Bahnhofstraße herrschen über Kolonien auf fünf Kontinenten, finanzieren Diktatoren und besitzen internationale Industrie-Imperien. Sie stürzen Regierungen, manipulieren Währungen und boykottieren, meist erfolgreich, jedes Reformregime in einem rohstoffreichen unterentwickelten Land. Die Welt der protestantischen, jüdischen, seltener katholischen Privatbankiers ist ganz anders: hier wird hinter verschlossenen Türen, an deren Außenseite nur ein kleines Messingschild mit gewundenen Initialen den Hausherrn verrät, mit auserwählten Kunden über die Anlage von Vermögen diskutiert. Privatbanken sind meist sogenannte »Einfache Personen-Gesellschaften« — bei ihnen steht jeder Teilhaber mit seinem ganzen persönlichen Vermögen und dem seiner Familie für die eventuellen Verluste der Bank gerade.
Am 9. Mai 1977 brach die zweitgrößte Privatbank der Schweiz, die *Bank Leclerc und Compagnie*, am Boulevard du Théatre in Genf zusammen. Robert Leclerc war 1946 in die Bank seines Vaters, in der schon sein Bruder arbeitete, eingetreten. 1952 wurde er »Associé«, voll haftender Gesellschafter, zusammen mit drei anderen Privatbankiers. Am 19. Januar 1978 holte ihn die Polizei und lieferte ihn ins Genfer Untersuchungsgefängnis Champ-Dollon ein. Bertrand de Muralt, Associé der *Bank Leclerc*, wurde in seiner Wohnung erschossen aufgefunden. Die Leiche von Charles Bouchard, Ex-Generaldirektor einer *Leclerc*-Gesellschaft, fanden Spaziergänger am Ufer des Genfer Sees beim Dorf Hermanec im Wasser. Die Genfer Polizei schloß zunächst auf Selbstmord. Am 19. April 1980 jedoch verfügte Untersuchungsrichter Jean-Pierre Trembly die Eröffnung einer Strafuntersuchung — wegen Verdachts auf Mord.
Robert Leclerc ist der Prototyp des Schweizer Privatbankiers: sympathisch, arrogant, scheinheilig, verschlagen. Sein persönliches Einkommen betrug vor dem Krach 1,6 Millionen Schweizerfranken pro Jahr. Davon versteuerte er — dank der guten Nachsicht der Steuerbehörden — bloß 300 000 Franken jährlich. Leclerc ist mit der Familie des französischen

Staatspräsidenten Valéry Giscard d'Estaing eng befreundet. Französische Finanzgesellschaften und begüterte französische Familien deponierten ihr Geld im Haus Boulevard du Théatre No. 2. Mit dem französischen Fluchtgeld baute Leclerc im Wallis, unterhalb des Nobel-Kurortes Montana-Crans, eine Stadt auf freier Alp, den Ort Aminona. Walliser Geschäftsanwälte und hilfreiche Parlamentarier erwarben ihm die nötigen Ausnahmebewilligungen für die Hochhausblöcke im Lärchenwald.

Intimfreund des Robert Leclerc war der französische Prinz Jean de Broglie, der als Staatssekretär im Außenministerium mit den algerischen Aufständischen in Evian verhandelt hatte. De Broglie, Freund des Valéry Giscard d'Estaing, gehörte zu den Gründern der Partei des französischen Präsidenten, der Parti Républicain Indépendant. Er galt als der wichtigste Geldgeber dieser Partei. In der Nationalversammlung saß er als ihr Abgeordneter. Zusammen mit Leclerc gründete er die luxemburgische Firma *Sodotex*: sie verkaufte Waffen in alle Welt, organisierte die Kapitalflucht aus Spanien und Frankreich, fälschte Dokumente und war im internationalen Devisengeschäft aktiv. Am 24. Dezember 1976 tritt Prinz de Broglie aus dem Haus eines Geschäftsfreundes an der Rue des Dardanelles in Paris. Zwei anonyme Mörder erschießen ihn auf dem Trottoir. Das Imperium des Robert Leclerc und seiner Schweizer Bankpartner bricht zusammen.

Interessant und für die Zukunft der Schweizer Privatbankiers bedeutsam ist die Art, wie der Liquidationsprozeß der Bank abläuft: Am 31. Dezember 1979 wurde der dritte und vorläufig letzte Bericht der vom Gericht eingesetzten Liquidatoren publiziert. Die Liquidatoren, zwei Genfer Geschäftsanwälte und ein Treuhänder, nehmen zuerst einmal für sich selbst 10 Millionen Franken Honorarvorschuß in Anspruch. 27 weitere Millionen gelten als »Liquidationsspesen«. Leclerc selbst, am 11. April gegen eine Kaution von 500 000 Franken auf freien Fuß gesetzt, lebt bereits wieder in Saus und Braus – am 17. August 1979 feierte er mit Champagner und Kaviar in Gstaad den Sieg seiner Pferde beim dortigen internationalen Concours Hippique. Ansonsten residiert er in seinem Schloß in Champs (Frankreich), nahe der Schweizer Grenze. Gegenüber der Justiz behauptet er, er wisse nicht, wo das

Geld geblieben sei, seine Bank hätte keine Buchhaltung geführt. Vergeblich spürten die Liquidatoren dem Verbleib von 330 Millionen Franken nach. Dokumente gibt es tatsächlich keine.

Aber — o Wunder! — anstatt die völlig insolvente *Leclerc-Bank* in Konkurs zu setzen und damit die Partner zur Verantwortung zu ziehen, beschlossen die Liquidatoren und die Justiz, den Gläubigern ein Konkordat aufzuzwingen. Die etwa achthundert bekannten Gläubiger (die Mehrzahl der ausländischen Opfer *Leclercs* hatten sich nicht gemeldet) bekommen magere 9 % ihres Kapitals zurück. Der Mythos des unbeschränkt haftenden Privatbankiers ist verflogen.

Dienstag, 25. März 1980 im Flugzeug Genf–Nizza: Neben mir sitzt der Generaldirektor einer in Genf niedergelassenen französischen Kommerzbank; wir kennen uns aus gemeinsamer Zeit an der Universität. Der Kommerz-Bankier ist wütend über das Konkordat: »Eine solche Untat schadet dem internationalen Ansehen sämtlicher Schweizer Bankiers.« Ich frage: »Warum akzeptiert denn Raymond Foëx (Genfer Generalstaatsanwalt) ein solches Konkordat?« Er antwortet: »Foëx will am Leben bleiben.«

III.

Das Schweizer Schieber- und Spekulantenparadies gibt (dank der Blindheit der Eidgenössischen Bankenkommission, in der Privatbankiers, bürgerliche Ex-Politiker und banknahe Geschäftsanwälte das Regiment führen) auch vielen ausländischen Finanzpiraten Raum:

Gefeiert und beschützt von angesehenen schweizerischen Verwaltungsräten walteten da kürzlich noch Vater und Sohn *Hervel.* Vater Theodor, französischer Staatsbürger, hatte in den afrikanischen Kolonien Milliarden gehäuft. Die Dekolonisation kam, und Hervel zog mit seiner Beute nach Genf. Zusammen mit Sohn Serge (Jahrgang 1946) gründete er die *Hervel und Kompagnie-Finanzgesellschaft* in Genf, die *Sogervim Holdings* in Freiburg und in Curacao die *International Investment Bank (I.I.B.)* Das *Hervel*-Imperium betrieb alle möglichen Geschäfte: es verkaufte (unter Umgehung der schweizerischen Gesetze) Helikopter an Pinochet und Waffen an andere südafrikanische und asiatische Despoten, spekulierte mit sogenannten »sensiblen« Rohstoffen, handelte mit Kaffee, medizinischen Geräten usw. usf. Vater Hervel entdeckte auch einen neuen Markt: Patente für modernste Waffensysteme, die – weil von den waffenproduzierenden Nationalstaaten nicht ausgebeutet – auf dem freien Markt zu kaufen sind. Viele dieser Patente wurden von *Hervel* erworben, verkauft, vermarktet. Aus aller Welt strömte das Fluchtgeld in die *Hervel*-Koffer: *Hervel* war jahrelang einer der heißesten Tips unter Privatbankiers, Vermögensverwaltern und individuellen Spekulanten – die Hervel-Zertifikate stiegen ab 1973 astronomisch. Börsenkundlich attestierter Mehrwert-Zuwachs 1973: 29,5 % gegenüber dem Vorjahr; 1974: 28,6 %; 30,2 % für 1975; 25,5 % für 1976 und allein für das erste Semester 1977 22 % ... Dann kam der Sturz: das Imperium stellte plötzlich seine Profitausschüttung und Rückzahlung an Kunden ein. Vater Hervel verschwand in Südamerika. Sohn Serge wurde mit einem falschen Reisepaß von El Salvador in Marseille gefaßt. Zurück blieben die distinguierten schweizerischen Verwaltungsräte. Die hatten von allem nichts gewußt.

Ich zitiere hier den Fall *Hervel,* weil er zeigt, wie recht Bertolt Brecht hat, wenn er sagt: »Eine Bank gründen und eine Bank ausrauben, ist genau dasselbe: gestohlen wird immer das Geld der Klienten.« Als im Genfer *Palais de Justice* 1979 endlich der Prozeß gegen Vater und Sohn Hervel – nicht aber gegen die Schweizer Gehilfen – eröffnet wurde, standen die Richter vor einem schwierigen Problem: das Hervel-Imperium, mit seinen Banken, Investitions- und Finanzgesellschaften hatte jahrelang auf Schweizer Boden fast ohne schriftliche Buchhaltung und ohne Dokumente funktioniert! Genau wie die *Bank Leclerc.* Das scheint so unglaublich, daß ich hier den Untersuchungs-Bericht des Finanzredakteurs der Pariser Tageszeitung *Le Monde* (15. 12. 1979) zitiere:

> »In den Archiven (der Hervel Gesellschaften) fand das Genfer Konkursamt keines jener Dokumente, die normalerweise über die Geschäfte von Fiduziar- und Vermögens-Verwaltungs-Gesellschaften Auskunft geben. Selbst die kriminellsten unter diesen Gesellschaften hinterlassen gewöhnlich solche schriftliche Spuren. Mitten in einem Haufen von Korrespondenzschriften, die den Informationsaustausch zwischen den in der ganzen Welt verstreuten (Hervel) Ge-

sellschaften – meist in Curacao und Liechtenstein konzentriert – dokumentieren, findet man bloß einige Schülerhefte; in diesen Heften sind die Identität der Klienten, die Hervel ihr Geld gebracht haben, aufgezeichnet, sowie die Höhe ihrer Depots und die Summe der viermonatlichen Profite, die Hervel ihnen ausgezahlt hat. Von den eigentlichen Geschäftsaktivitäten (Investitionen, Börsengeschäften etc.) des Hervel-Imperiums aber fehlt jede Spur.«

Ein anderes Beispiel ausländischer Finanzpiraten auf helvetischem Boden ist *Michele Sindona*, Freund zweier Päpste, Genie der multinationalen Finanzakrobatie. 1979 begann der Prozeß gegen den flüchtigen Sindona in New York: die Anklageschrift enthielt 99 Punkte. In den meisten Sindona-Manövern spielen Schweizer Banken eine entscheidende Rolle. *Ein Beispiel:* Sindona kontrollierte die *Banca Unione* und die *Banca Privata Finanziara* in Mailand. Von beiden Banken zog er Riesensummen ab (die Anklage redet von »Plünderung«) und kaufte damit die *Franklin National Banc* in *New York.* Diese Operation wurde abgewickelt – wie zahlreiche andere auch – über zwei Genfer Banken, die Sindona kontrollierte: die *Amincor* und die *Finabank.* Als das Sindona-Imperium zusammenbrach, verfügte das Eidgenössische Finanzdepartment eine Buße gegen die Direktion der *Amincor-Bank.* Aber wie das in der Schweiz so üblich ist, die kleine Schelte blieb geheim: auf eine Interpellation des Berner Nationalrates und Präsident des Schweizerischen Gewerkschaftsbundes, Dr. Richard Müller (Januar 1980), weigerte sich der Bundesrat, Auskunft über die Höhe der Buße zu geben!

IV.

Wo immer in der weiten Welt ein armer Diktator seine Pfründe verlor, konnte er – auch in der Berichtsperiode 1976 bis 1980 – für die Sicherung seiner Beute auf die tatkräftige Hilfe der Schweizer Bankphilantropen zählen. *Zwei Beispiele: September 1978:* in Iran beginnt die Revolution. Zwei Monate nach der ersten Massendemonstration treten die Bankbeamten in Streik und besetzen die Banken. In der Zentralbank von Teheran fotokopieren die aufständischen Beamten die Archive und verschicken die Fotokopien an die internationale Presse. Allein die Dokumente aus der Zentralbank beweisen, daß zwischen September und Ende November 1978 von 144 Personen (der Familie *Pahlewi,* Hofministern, Generälen und Savak-Leuten) eine Summe, die ungefähr einem Fünftel aller Deviseneinnahmen aus dem Öl-Export eines Jahres von ganz Iran entspricht, ins Ausland überwiesen worden ist. Der Schah, seine Familie, Militärs, Höflinge und Savak-Polizisten haben – gemäß dieser Dokumentation – in nur vier Monaten mehr als 4,5 Milliarden Dollars auf Schweizer Nummernkonten versenkt. Die *Pahlewi-Foundation,* die Privatstiftung des Schahs, über die ein großer Teil der illegalen Transfers gelaufen sind, ist bei der *Schweizerischen Bankgesellschaft,* Rue de la Confédération, Genf, domiziliert. Nach der Flucht des Schahs 1979 verlangte die neue persische Regierung von der Regierung in Bern Blockierung der iranischen Plündergelder. Bern reagierte verlegen: Gegen die bestehende Rechtsordnung – lies Bankgeheimnis – könne man nichts tun.[1]

Die iranische Regierung wurde auf den Zivilprozeßweg verwiesen. Das heißt: Die Schah-Gelder bleiben dort, wo sie sind, im gepanzerten Untergrund der Rue de la Confédération (Genf) und der Bahnhofstraße (Zürich).

Das zweite Beispiel: 1979 floh der bewährte Menschenfreund und Stütze der Demokratie, General *Anastasio Somoza,* samt seinem Hof, auf seine Güter in Miami. Ein Schweizer Bürger namens Rappold, Ehemann einer Somoza-Tochter und Präsident der *Vision-Holding,* ging dem Diktator zur Hand. Zwei Jahre Befreiungskrieg, systematische Plünderung der Wirtschaft, Evakuierung der Gold- und Devisenreserven der Nationalbank von Managua auf Somoza-Konten im Ausland, hatten Nicaragua völlig ruiniert. Die sandinistische Regierung entdeckte Dokumente, welche den Transfer eines Teils des Somoza-Beutegutes in die Schweiz attestieren. Die neue Regierung von Managua beauftragte die römische Anwaltsfirma des Senators Lelio Basso (heute von den ehemaligen Partnern des 1979 verstorbenen Senators geleitet) mit der

1 Der Bundesrat irrt: 1948 hat die Schweiz zum Beispiel die rumänischen, ungarischen, bulgarischen Konten offiziell blockiert (als Gegenmaßnahme gegen Verstaatlichung schweizerischen Eigentums in diesen Ländern). Die Kompetenz zum offiziellen Konto-Arrest besitzt der Bundesrat.

Wiedereinbringung der Somoza-Beute in den USA, der Schweiz usw. Alles deutet darauf hin, daß Nicaragua – genau wie Iran – leer ausgehen wird: Rappold zog sich nach New York zurück, die *Vision Europa* hat den Großteil ihrer Aktivitäten eingestellt, die betroffenen Schweizer Banken haben vorsorglich mitgeteilt, sie wüßten von keinen illegalen Kapitalien aus Nicaragua und im übrigen hätten sie von einem Herrn Somoza nie gehört.

Anhang: Die Banken-Initiative

I. Vorbemerkung

»Geld ist das Blut der Armen« schreibt Léon Bloy. Es wäre unsinnig zu glauben, eine Volksabstimmung, die – wenn sie erfolgreich ausginge – den helvetischen Banken-Banditismus bremsen würde, könnte die Säulen der imperialistischen Weltordnung einreißen. Nur die Unduldsamkeit der Menschen, ihr vorbestimmtes Schicksal weiter zu erleiden, der Aufstand der Unterdrückten in der Dritten Welt, der Generalstreik, die zivile Gehorsamsverweigerung der Ausgebeuteten in den östlichen und westlichen Industrieländern, können die heute herrschenden Oligarchien stürzen und uns in diesem letzten Viertel des zwanzigsten Jahrhunderts dem Traum von der einen lebendigen Menschheit einen Schritt näherbringen.
Trotzdem kommt der gegenwärtig in der Schweiz laufenden Verfassungsinitiative gegen den Mißbrauch des Bankgeheimnisses und der Bankenmacht eine große praktische, für die Entwicklung der Völker der Dritten Welt und für das Ansehen des Schweizer Volkes wichtige Bedeutung zu. Ich gebe hier zuerst den Text der Initiative wieder, über den das Schweizer Volk abstimmen wird. Daran schließen sich die Erläuterungen der Urheber an.

II. Der Initiativtext

Art. 31 quater, Absätze 3—6 (neu) der Schweizerischen Bundesverfassung:
Abs. 3

a) Die Banken, Finanzgesellschaften, Anstalten und anderen Personen, die gewerbsmäßig Vermögen Dritter entgegennehmen, verwalten oder veräußern, sind den Behörden und Gerichten in Steuer- und Strafsachen zur Auskunft verpflichtet. Das Amtsgeheimnis dieser Behörden und Gerichte bleibt gewahrt.
b) Die Auskunftspflicht entfällt, soweit die mutmaßlichen Einkommen nach pflichtgemäßer Auffassung der Steuerbehörden durch Lohnausweis belegt sind, und soweit verrechnungsteuerpflichtige Vermögen die gesetzlich zu bestimmende Höhe nicht überschreiten. Die Gesetzgebung erläßt Bestimmungen zur Sicherung und rationellen Ausgestaltung der Auskunftspflicht und gegen Umgehungen.

c) Die Gesetzgebung regelt im übrigen die Gewährleistung des Bankgeheimnisses.
d) Die Gesetzgebung regelt den Grundsatz der Unterstützung von Strafverfahren im Ausland, auch bei Steuer- und Währungsdelikten. Vorbehalten bleiben die Sicherheit und Hoheitsrechte der Schweiz, der Schutz von Personen vor politischer und rassischer Verfolgung sowie schwere Mängel des Verfahrens und das Gegenrecht.

Abs. 4

a) Die Banken und Finanzgesellschaften veröffentlichen neben ihren ordentlichen Bilanzen auch konsolidierte Jahresrechnungen, wobei sie sämtliche Bewertungen offenlegen, die zur Bildung oder Auflösung von Reserven führen. Sie veröffentlichen ihre aktiven und passiven Beteiligungen, den Wert der verwalteten und hinterlegten Kunden- und Treuhandvermögen und geben die ausgeübten Verwaltungsratsmandate und Depotstimmrechte bekannt.
b) Nationalbank und Bankenkommission berichten jährlich dem Parlament über Lage und Entwicklung der Banken und Finanzgesellschaften.

Abs. 5

Die Gesetzgebung erläßt Bestimmungen zur Begrenzung der Verflechtung zwischen Banken und andern Unternehmen.

Abs. 6

Die Gesetzgebung regelt die Versicherungspflicht der Banken für Einlagen, soweit keine Staatsgarantie besteht.

Übergangsbestimmungen

Dem behördlichen Auskunftsrecht entgegenstehende Bestimmungen des Bundes sind aufgehoben.

Auf die Verfolgung von Verstößen gegen Steuervorschriften, die vor Inkrafttreten dieses Verfassungsartikels verübt werden, finden die Bestimmungen über die Pflicht zur Auskunftserteilung der Banken keine Anwendung.

III. Was die Banken-Initiative fordert

Abs. 3

1. Bekämpfung der Steuerhinterziehung, Internationale Solidarität

Das Bankgeheimnis dort aufheben, wo es zur Prellung der öffentlichen Hand im In- und Ausland mißbraucht wird.

Bekämpfung der Steuerhinterziehung

Die Auskunftspflicht der Banken so regeln, daß die Selbständigerwerbenden in Zukunft steuerlich in gleicher Art erfaßt werden können, wie heute die Arbeitnehmer mit dem Lohnausweis.

Das Bankgeheimnis aber für jene aufrechterhalten, die der Steuerbehörde einen Lohnausweis vorlegen müssen und ihre Ersparnisse auf Sparheften (oder andern verrechnungspflichtigen Anlagen) haben.

Internationale Solidarität

Schmutzige Gelder aus dem Ausland aus Wirtschaftskriminalität, Steuerhinterziehung oder Devisenvergehen fernhalten, indem die Möglichkeit der Auskunftserteilung an ersuchende ausländische Regierungen eingeführt wird. Dabei aber den Schutz der Menschenrechte vorbehalten.

Schutz des Werkplatzes Schweiz
Eine wichtige Ursache für die Frankenverteuerung, die unsere Exportindustrie zur Abwanderung ins Ausland zwingt, beseitigen.
Abs. 4
2. Publizität
Durch die *Publizitätspflicht* der Banken Licht in ihre versteckten Reserven und ihre Machtstellung in der übrigen Wirtschaft bringen und die risikoreichen internationalen Verschuldungsnetze aufdecken.
Dem *Parlament* die Gelegenheit geben, die Geschäftstätigkeit der Banken jährlich zu diskutieren.
Abs. 5
3. Bankeneinfluß
Die Machtstellung der Banken über die andern Unternehmen beschränken und ihre Verwaltungsmandate, Depotstimmrechte und Beteiligungen begrenzen.
Abs. 6
4. Sparerversicherung
Die Banken verpflichten, für den Fall eines Zusammenbruchs die Einlagen der *Sparer zu versichern.*

Weitere Publikationen von Jean Ziegler

La Contrerévolution en Afrique, *Payot, 1963.*

Sociologie de la nouvelle Afrique, *Gallimard, 1969.* Deutsche Ausgabe: Politische Soziologie des Neuen Afrika, *Nymphenburger, 1966.*

Sociologie et Contestation, *Ed. Gallimard, 1969.*

Le Pouvoir africain, *Ed. Le Seuil, 1971, 1979.*

Les Vivants et la Mort, *Ed. Le Seuil, 1975.* Deutsche Ausgabe: Die Lebenden und der Tod, *Luchterhand,* 1977; *Ullstein* 1980.

Main basse zur l'Afrique, *Ed. Le Seuil,* 1978. Deutsche Ausgabe: Afrika: Die neue Kolonisation, *Luchterhand,* 1980.

Retournez les fusils! Manuel de sociologie d'opposition, *Ed. Le Seuil,* 1980.